2025 国家统一法律职业资格考试

百日通关攻略

BAIRI TONGGUAN GONGLÜE

理论法

嗨学法考 组编

王炜 编著

中国农业出版社

北 京

图书在版编目（CIP）数据

国家统一法律职业资格考试·百日通关攻略. 理论法 / 嗨学法考组编；王炜编著. -- 北京 ： 中国农业出版社，2024. 9. -- ISBN 978-7-109-32497-8

Ⅰ. D92

中国国家版本馆CIP数据核字第2024NX7543号

国家统一法律职业资格考试·百日通关攻略·理论法

GUOJIA TONGYI FALÜ ZHIYE ZIGE KAOSHI · BAIRI TONGGUAN GONGLÜE · LILUNFA

中国农业出版社出版

地址：北京市朝阳区麦子店街18号楼

邮编：100125

责任编辑：全　聪

文字编辑：陈亚芳

责任校对：赵　硕

印刷：正德印务（天津）有限公司

版次：2024年9月第1版

印次：2024年9月第1次印刷

发行：新华书店北京发行所

开本：787mm×1092mm　1/16

总印张：89.5

总字数：2233千字

总定价：298.00元（全8册）

使用指南

第一次使用本书的同学们，请花几分钟阅读本页，了解如何最大限度地使用这本书。另外，本书的权益是配套课程及题库，扫码即可获取8位作者的240小时配套精讲课程及章节精炼3500题。同学们可以对着本书，听课、练习！

知识点

这里是高频考察的知识点，须仔细阅读，如未完全理解可立即听课加深理解。

图表

简洁明了的表格，提炼考点的关键信息，方便你对比记忆。

例

举例子，方便你更易读懂重要知识点。

题

精选与章节知识点相结合的题，助你及时检验学习成果，查漏补缺。

注意

关键信息提示，加深理解，避免忽视重点信息。

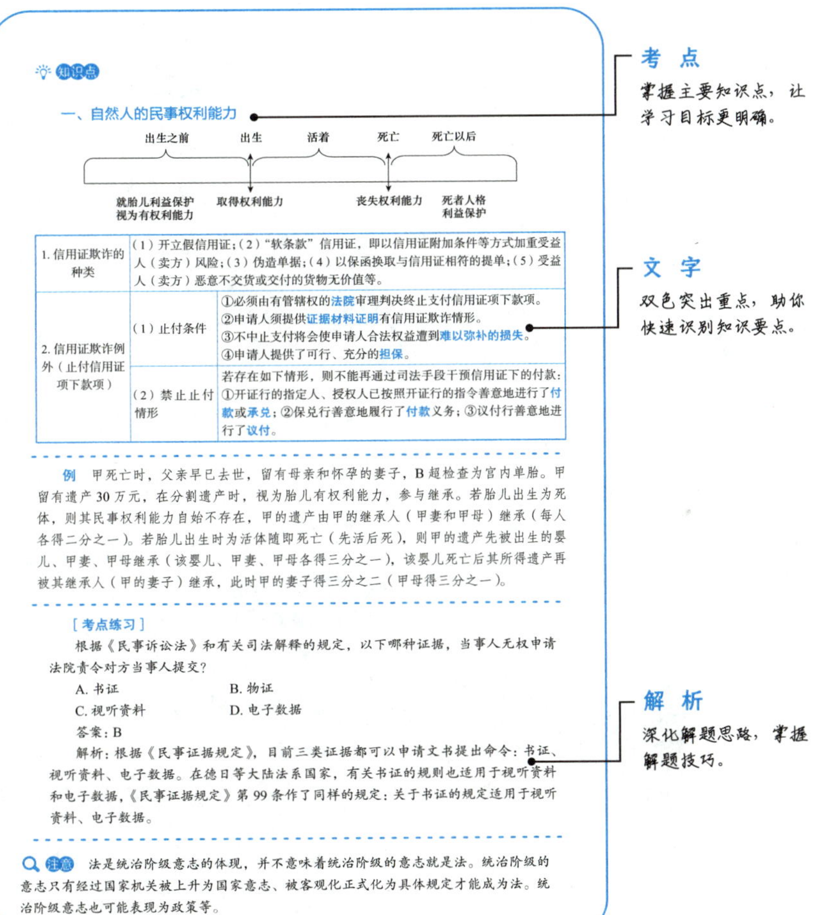

知识点

一、自然人的民事权利能力

1. 信用证欺诈的种类	(1)开立假信用证;(2)"软条款"信用证，即以信用证附加条件等方式加重受益人(卖方)风险;(3)伪造单据;(4)以保函换取与信用证相符的提单;(5)受益人(卖方)恶意不交货或交付的货物无价值等。	
2. 信用证欺诈例外(止付信用证项下款项)	(1)止付条件	①必须由有管辖权的法院审理判决终止支付信用证项下款项。 ②申请人须提供证据材料证明有信用证欺诈情形。 ③不中止支付将会使申请人合法权益遭到难以弥补的损失。 ④申请人提供了可行、充分的担保。
	(2)禁止止付情形	若存在如下情形，则不能再通过司法手段干预信用证下的付款:①开证行的指定人、授权人已按照开证行的指令善意地进行了付款或承兑;②保兑行善意地履行了付款义务;③议付行善意地进行了议付。

例　甲死亡时，父亲早已去世，留有母亲和怀孕的妻子，B超检查为宫内单胎。甲留有遗产30万元，在分割遗产时，视为胎儿有权利能力，参与继承。若胎儿出生为死体，则其民事权利能力自始不存在，甲的遗产由甲的继承人(甲妻和甲母)继承(每人各得二分之一)。若胎儿出生时为活体随即死亡(先活后死)，则甲的遗产先被出生的婴儿、甲妻、甲母继承(该婴儿、甲妻、甲母各得三分之一)，该婴儿死亡后其所得遗产再被其继承人(甲的妻子)继承，此时甲的妻子得三分之二(甲母得三分之一)。

[考点练习]

根据《民事诉讼法》和有关司法解释的规定，以下哪种证据，当事人无权申请法院责令对方当事人提交?

A. 书证　　B. 物证

C. 视听资料　　D. 电子数据

答案：B

解析：根据《民事证据规定》，目前三类证据都可以申请文书提出命令：书证、视听资料、电子数据。在德日等大陆法系国家，有关书证的规则也适用于视听资料和电子数据，《民事证据规定》第99条作了同样的规定：关于书证的规定适用于视听资料、电子数据。

注意　法是统治阶级意志的体现，并不意味着统治阶级的意志就是法。统治阶级的意志只有经过国家机关被上升为国家意志、被客观化正式化为具体规定才能成为法。统治阶级意志也可能表现为政策等。

考点

掌握主要知识点，让学习目标更明确。

文字

双色突出重点，助你快速识别知识要点。

解析

深化解题思路，掌握解题技巧。

未完待续……

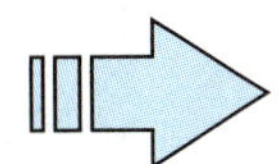

扫码获取
配套课程及题库

课 程 使 用 指 导

仅需一键扫码，就可领取与图书完全配套的精讲课程。段波、张宇琛等8位作者在等你哦！

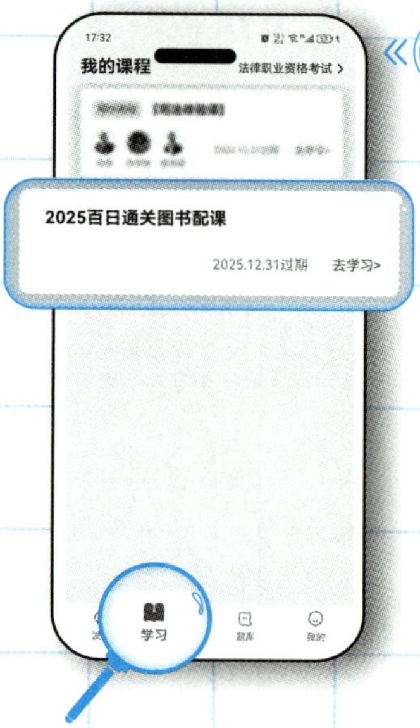

step 1

点击学习——在这里找到2025考季百日通关课程，点击进入。

step 2

点击课程——在这里可以看到8大科目并可随意切换，选定相应科目后，点击学习即可听课。

step 3

点击题库——在这里切换做题模式。

点击客观题——在这里可以切换“客观题”和“主观题”两种考试形式，选定科目后即可看到相应的章节精炼。

数字化题库记录你的做题数据、错题集、收藏夹、练习历史，方便查漏补缺。

目 录

第二编 宪法

第三编　司法制度和法律职业道德

第四编 习近平法治思想

第五编 中国法律史

理论法备考概述

一、理论法考试分值介绍

理论法是国家统一法律职业资格考试（以下简称“法考”中法理学、宪法、司法制度与法律职业道德、习近平法治思想以及中国法律史五个科目的统称。

根据考生回忆，在法考中，理论法每年至少考 80 分，占到法考总分（480 分）的 1/6 以上。其中，理论法在客观题考 50 分左右，在主观题考 30—40 分。

二、理论法备考常见误区

理论法是法考中当之无愧的重点科目，然而，每年都有大量考生对理论法重视程度不够，在理论法备考上投入的时间和精力较少，导致理论法得分较低，进而影响了法考总成绩，考完追悔莫及。

为什么大量考生对理论法重视程度不够？通过多年与学员的交流，我把考生的心态误区总结为两点。

误区一：很多考生认为“理论法知识太抽象，太枯燥，将来从事法律工作用不上，所以没必要花精力学”。

分析：1. 相对于民法、刑法等学科，理论法确实相对抽象、枯燥，很多人对理论法没有兴趣，但是，从应试角度，理论法命题难度低于民法、刑法等学科，其特点是“分值占比高，难度不算大”因此，理论法备考性价比高。

2. 在未来法律工作中，的确很少能直接运用理论法知识，但是，理论法对法考取证非常重要，如果因不重视理论法，导致法考没通过，纵使其他科目学得再好，未来也无法从事相关工作。

结论：既然是参加考试，就不能仅仅以兴趣为导向，要更加务实，理论法备考性价比高，值得考生高度重视。

误区二：很多考生认为“理论法要拿分纯靠背，考前突击背一背就足够了”。

分析：1.“理论法要拿分纯靠背”这句话，只适用于司考时代前期的真题（大约 2010 年以及更早年份的题目），司考时代后期，理论法的“活题”就开始增加。法考时代，“活题”更多，这些题目把知识点放入法律典故，融入实务案例，藏于法律谚语。例如，在近年法考中，命题人通过法律谚语考查“法的效力与法的实施”通过刑事诉讼法相关法条考查“法律解释的种类”通过“商鞅立木”的典故考查“立法与法的实施”，通过火灾保险赔偿的案例考查“法律解释方法的适用模式”等。类似的题目还有很多，要做对这些“活题”必须理解相关知识。

2. 法考时代，理论法确实还有不少题目重点考背诵，但是，如此多学科，如此多考点，仅仅靠考前突击背诵是不够的，建议考生先理解后记忆。

结论：法考时代的理论法命题，既考记忆，也考理解，建议考生不要死记硬背，而要“听课理解，做题强化，考前背诵”三步走，这样才能把知识有效转化为分数。

三、理论法备考总体规划

轮次	要点	说明
第一轮	听课 + 做题	**1. 本轮总体目标：**结合本书规划，突破理论法，打好基础 **2. 本轮首要任务：**听课。建议把本书配套课程完整听一遍，通过听课，达成对考点的初步理解 **3. 本轮次要任务：**做题。建议通过题库，配合听课，把近 10 年真题做一遍，通过做题深化理解
第二轮	做题 + 看书	**1. 本轮总体目标：**通过做题、看书，强化重点，查漏补缺 **2. 本轮首要任务：**做题。建议通过题库，把近 10 年真题再做一遍，通过做题巩固重点，发现薄弱点 **3. 本轮次要任务：**看书。发现薄弱点后，迅速回归教材，通过看书重新掌握，必要时也可有针对性地听与薄弱点相关的课
第三轮	做题 + 背诵	**1. 本轮总体目标：**回顾错题，背诵重点，精准记忆 **2. 本轮首要任务：**背诵。把老师平时强调的重点以及做题发现的薄弱点反复背诵，尽量做到精准记忆 **3. 本轮次要任务：**做题。回顾错题为主、做新修考点模拟题为辅，以做题配合背诵，进一步强化印象

四、理论法备考核心原则

（一）心态：整体务必重视，细节切勿求全

理论法备考性价比很高，从宏观上，考生务必重视，在理论法上留足时间、精力，至少安排三轮学习。从微观上，考生要避免完美主义，切勿追求面面俱到。因为法考是通过型考试，拿到 60% 的分数即可拿到 A 证，因此学习要做到“主要精力学重点”，不要“眉毛胡子一把抓”。

为了帮助考生明确重点，本书结合历年真题考点考频统计，以及法考改革以来的命题特色，将知识点内容按重要性标注了星级（从一星到五星）。建议考生：第一轮打基础时，把一星到五星知识点全部学一遍；第二轮强化时，重点学习三星、四星和五星知识点；第三轮冲刺时，重点背诵四星和五星知识点。

（二）听课：听课促进理解，勾画批注重点

理论法内容距离考生日常生活较远，难免抽象枯燥，因此，建议考生初学时通过听课促进理解。老师在课上会多举例子、多作类比、多讲原理，帮助考生理解，从而打好基础。建议考生听课时，勾画批注重点，“好记性不如烂笔头”，勾画批注可以增强听课

效果，也会让考生在二轮、三轮复习时迅速定位重点，提升复习的效率和精准度。

（三）做题：做题多多益善，贯穿备考全程

做题对法考所有科目备考都非常重要。然而，很多考生存在一种共性误区，以致考试失利。他们认为备考应当“前期听课，后期做题”。不料，八大科目听课听了几个月，一做题时发现知识点忘了七七八八，挫败感很强，于是转头进行二轮听课……整个考季，这些考生课听了很多，题没做多少，对知识的掌握停留在表层，达不到考试要求，分数自然不理想。

考生要想跳出上述误区，就要把做题贯穿备考全程。首先，在备考前期，边听课，边做题，听完一节课，做一节课的题目，通过做题，强迫自己集中精力，积极思考，运用所学知识解决问题，从而深化对考点的理解。其次，在备考中期，通过二轮做题，巩固所学知识，发现薄弱环节，针对性查漏补缺。最后，在备考后期，通过重做错题，强化重点，辅助记忆。

有些考生（特别是在职考生）表示：“老师，我也知道做题重要，但是奈何时间实在不够，课都怕听不完，哪有时间做题？”对此，我的建议是：整块时间听课，碎片时间做题。不妨把日常玩手机的时间抽出一部分，关掉短视频，打开手机题库，积少成多，水滴石穿。

（四）背诵：平时化整为零，考前集中突击

背诵对理论法备考非常重要，但是备考不仅要背理论法，还有其他科目，因此，考生不能把背诵仅仅集中在考前，否则压力大，背不完，容易情绪崩溃。

建议考生日常背诵和突击背诵相结合，例如，第二轮强化时，在做题的基础上，就可以启动背诵，配合做题，利用碎片时间背诵题目考查的考点。平时背得越多，考前背诵压力就越小。

总之，希望考生高度重视理论法，严格执行备考规划，坚持备考核心原则，争取法考一举通关。

第一编　法理学

概述　法理学考情与备考要点

一、考试分值

法考改革后，司法部官方不再公布真题以及答案，因此题目多源自考生的回忆。法理学考查情况如下：

在客观题考试中，法理学每年每套卷考查12分左右。

在主观题考试中，法考改革后，主观题均直接针对中国特色社会主义法治理论以及习近平法治思想命题，不直接考查法理学。

二、命题特点

（一）重点非常突出

法考各个学科都有"**重者恒重**"的命题特点，这一特点在法理学命题中表现得尤为典型。法理学一共有四章内容，根据考生回忆，分值分布如下：

第一章：法的本体，分值占比大于50%。

第二章：法的运行，分值占比大于30%。

第三章：法的演进，分值占比小于10%。

第四章：法与社会，分值占比小于10%。

由此我们不难得出结论：在法考中，法理学命题重点非常突出，“**绝对重点前两章，重中之重第一章**”。因此，本书以及本书的配套课程会围绕前两章内容详细展开，对于后两章内容则会点明重点，点到即止。

（二）内容看着抽象，命题角度固定

法理学这四章有非常多的抽象名词，仅以第一章第一节为例，我们会看到“实证主义”“非实证主义”“分析主义法学”“法社会学”“法现实主义”“传统自然法”“第三条道路”等名词。大量抽象名词让很多考生感到无所适从。考生不要被法理学抽象晦涩的表象吓倒，实际上，在法考中，法理学命题角度很固定，只要掌握常见命题角度，做对题目拿到分数就不难。因此，本书对法理学的重要考点均总结了常见命题角度，并配以经典题目，让大家不仅学会知识，而且知道“为什么这样出题”，学会解题。

（三）理解与记忆并重

考生如果想在法理学取得不错的分数，仅靠死记硬背是远远不够的。法考改革后，很多考点均结合历史典故、现实案例、法律条文或者法律谚语命题，以近年法考为例，命题人通过“法的最佳解释者是法律本身”的法律谚语考查“法律解释”通过网络游戏版权保护的案例考查“法律漏洞的填补”。考生仅靠记忆知识点无法做对类似题目，必须在理解的基础上活学活用，才能得出正确答案。因此，一方面，考生应结合本书内的例子理解考点，先理解，再记忆；另一方面，应多做题，通过做题强化理解，加深记忆。

三、备考建议

学习目标：充分理解法理学的考点，在理解的基础上记忆关键点。

具体做法：

首先，结合本书配套课程理解知识点。对于难点内容，考生如果一遍听不懂可以多听一两遍，理解之后无论做题还是背诵均可以事半功倍。

其次，法理学真题至少做三遍。第一遍做题，建议配合听课。学习一节知识点，配套做一节题目。考生不要在意做题的正确率，做题的目的是调动思考，增进理解。第二遍做题，建议在法理学课程完整听完之后，做题发现薄弱点，针对性强化。第三遍做题，建议在冲刺阶段，配合背诵，做题的目的是增进记忆。

最后，法理学重要考点需考前背诵。考生要把本书法理学部分强调的重点在考前进行精准记忆。通过“前期理解，做题强化，考前背诵”三步走，相信法理学可以获得理想的分数。

第一章　法的本体

扫描右侧二维码“听课 + 做题”，直达最佳学习效果

1. 在线听课：学习本章节核心考点讲解课程。

2. 在线刷题：点击进入题库做章节练习。

第一节　法的概念★★★★

应试导读

本节内容是法考的四星级考点，比较重要，在客观题考试中，一般每套卷每一到两年出 1 道题，分值 1—2 分。重难点提示：本节中“法的概念的学说”非常抽象，是整个法理学的重难点，考生要避免畏难心理，避免死记硬背，应当结合案例和真题进行理解。

知识点

一、法的概念的学说

关于法是什么，法学家们并没有达成共识，围绕**内容正确性（符合道德）、权威性制定（国家制定）、法的实效（实际社会效果）**这三个要素的取舍，法学家们对法的概念产生了争议。

争议的核心问题：法律是不是必须符合道德？

不是	实证主义 “恶法亦法”	分析主义法学	**权威性制定**是法的概念的首要要素
		法社会学 法现实主义	**社会实效**是法的概念的首要要素
是	非实证主义 “恶法非法”	传统自然法	**道德**是法的概念的唯一要素
		第三条道路	既强调道德，又强调权威性制定和社会实效

【背诵口诀】

实证非道德，道德非实证。

分析主义法，权威是首要。

社会学现实，关键看实效。

传统自然法，道德是唯一。

第三条道路，三点都需要。

【命题角度】

法的概念的学说常见命题角度：

1. 给考生一句话 / 一段话，问这句话 / 这段话体现了哪个法学流派的学说。

2. 考查法学流派的学说之间的异同。

【经典题目】

“法学作为科学无力回答正义的标准问题，因而是不是法与是不是正义的法是两个必须分离的问题，道德上的善或正义不是法律存在并有效力的标准，法律规则不会因违反道德而丧失法的性质和效力，即使那些同道德严重对抗的法也依然是法。”关于这段话，下列说法正确的是（　　）。(2015–01–90)

A. 这段话既反映了实证主义法学派的观点，也反映了自然法学派的基本立场

B. 根据社会法学派的看法，法的实施可以不考虑法律的社会实效

C. 根据分析实证主义法学派的观点，内容正确性并非法的概念的定义要素

D. 所有的法学学派均认为，法律与道德、正义等在内容上没有任何联系

解析要点：

A 项：“即使那些同道德严重对抗的法也依然是法”，即“恶法亦法”，反映实证主义法学派的观点，未反映自然法学派的观点，A 项错误。

B 项：社会法学派认为，社会实效是法的概念的首要要素，B 项错误。

C 项：分析实证主义法学派认为，权威性制定是法的概念的首要要素，法律可以不考虑内容正确性，C 项正确。

D 项：非实证主义法学派认为，定义法的概念时，道德因素被包括在内，法与道德是相互联结的，D 项错误。

综上所述，本题答案是 C 项。

【答案】C

二、马克思主义关于法的本质的基本观点

阶级性	法的本质首先反映为**法的阶级性**
	法是国家意志的体现，实质上是**统治阶级意志**的体现
	法是统治阶级**共同意志**的体现，不是统治阶级内部各个成员、集团、阶层的意志简单相加
	法的制定和实施要**考虑被统治阶级**的承受能力
物质制约性	法的本质最终反映为**法的物质制约性**
	物质生活条件或物质生产关系是**最终决定因素** 其他因素，比如政治、文化、历史传统等也会对法产生影响

注意 法是统治阶级意志的体现，并不意味着统治阶级的意志就是法。统治阶级的意志只有经过国家机关被上升为国家意志、被客观化正式化为具体规定才能成为法。统治阶级意志也可能表现为政策等。

【背诵口诀】

马克思主义关于法的本质的基本观点：首先阶级，最终物质。

三、国法

到目前为止，有关法的概念的争论并未终结，但是，任何特定国家的法律人，在其工作过程中，都必须以该国现行有效的法律作为处理法律问题的出发点和前提。所谓特定国家现行有效的法，笼统地讲是指国法。

国法	国家专门机关（立法机关）制定的法（成文法）
	法院或法官在判决中创制的规则（判例法）
	国家通过一定的方式认可的习惯法（不成文法）
	其他执行国法职能的法（如教会法）

【背诵口诀】

国法：现行有效是国法，判成习惯和其他。（解释："判成习惯和其他"是指判例法、成文法、习惯法和其他法）

四、法的特征

规范性	法是一种规范。规范是人们行为的标准、尺度（针对不特定主体反复适用）
	法是一种社会规范（调整人与人之间的行为）。法不是自然法则（自然事物之间的客观必然联系），也不是技术规范（调整人与自然之间的关系）
国家意志性	法是由国家制定或认可的社会规范
国家强制性	任何规范都有保障自己实现的力量，但法律的保障力量是国家强制力
	国家强制力只是最终保障力量，并不是唯一力量
普遍性	法对于国家主权管辖范围内的一切成员一律平等适用。不同于道德、社团章程
严格明确的程序性	程序的基本含义是指按照规则进行的活动或过程 法的创制、执行、适用、监督等都是严格按照一定的明确的程序来进行的 【注意】其他社会规范：道德、习俗不具有程序性；纪律、政策、宗教的创制、执行或实施虽然是按照一定规则进行的，但是它们的程序性不像法的程序性表现得明显、严格和正式
可诉性	可争讼性：可以用来作为起诉、辩护的根据
	可裁判性：可以用来作为法院裁判的直接依据

五、法的作用

（一）法的作用

<table>
<tr><td rowspan="5">规范作用</td><td>指引作用：对本人行为的引导
法的指引是一种规范性指引，是通过一般规则对同类的人或行为的指引
确定的指引——通过设定义务来实现（应为或不为）
不确定的指引——通过宣告权利来实现（可为）</td></tr>
<tr><td>评价作用：判断、衡量他人行为的合法性</td></tr>
<tr><td>预测作用：预先估计到人们相互之间会如何行为</td></tr>
<tr><td>教育作用：通过法的实施对一般人的行为产生影响：
示警作用（反面）
示范作用（正面）</td></tr>
<tr><td>强制作用：制裁违法犯罪，强制人们守法</td></tr>
<tr><td rowspan="2">社会作用</td><td>三个领域：社会经济生活、政治生活、思想文化生活领域</td></tr>
<tr><td>两个方向：政治职能（阶级统治职能）、社会职能（执行社会公共事务的职能）</td></tr>
</table>

【背诵口诀】

法的规范作用：指引自己，评价他人，预测对方，教育大众，强制违法者。

（二）法的局限性

1. 法的作用范围不可能是无限的。
2. 法律受其他社会规范、社会条件和环境制约。
3. 法律与事实之间的对应难题，不是法律自身所能够完全解决的。
4. 自身条件的制约，如表达法律的语言具有开放性。

【命题角度】

法的作用常见命题角度：给考生一个案例，请考生判断该案例体现法的哪种作用。

【经典题目】

2011年7月5日，某公司高经理与员工在饭店喝酒聚餐后表示：别开车了，“酒驾”已入刑，咱把车推回去。随后，高经理在车内掌控方向盘，其他人推车缓行。记者从交警部门了解到，如机动车未发动，只操纵方向盘，由人力或其他车辆牵引，不属于酒后驾车。但交警部门指出，路上推车既会造成后方车辆行驶障碍，也会构成对推车人的安全威胁，建议酒后将车置于安全地点，或找人代驾。鉴于我国对“酒后代驾”缺乏明确规定，高经理起草了一份《酒后代驾服务规则》，包括总则、代驾人、被代驾人、权利与义务、代为驾驶服务合同、法律责任等共六章二十一条邮寄给国家立法机关。关于高经理和公司员工拒绝“酒驾”所体现的法的作用，下列说法正确的是（　　）。（2011–01–89）

A. 法的指引作用　　B. 法的评价作用

C. 法的预测作用　　D. 法的强制作用

解析要点：

“某公司高经理与员工在饭店喝酒聚餐后表示：别开车了，‘酒驾，已入刑，咱把车推回去。”可见，相关刑法条款只是对高经理等行为人本人产生了引导作用，属于指引作用，A 项正确。题干案例未体现其他作用，B、C、D 项错误。

综上所述，本题答案是 A 项。

【答案】A

第二节 法的价值★★★★

应试导读

本节内容是法考的四星级考点，比较重要，在客观题考试中，一般每套卷每一到两年出 1 道题，分值 1—2 分。同时，本节内容也可能和其他章节内容结合命题。重难点提示：本节中，“法的价值冲突的解决原则”是整个法理学的重难点，考生应结合案例进行深入理解，进而学会区分两种解决原则。

知识点

一、法的价值的种类

秩序	1. 秩序是维持人类存在与发展的前提和基础条件 2. 秩序是法的基础价值
自由	1. 自由是人之所以为人的本质属性，自由必然是法的价值之一 2. 自由需要法律限制，限制自由是为了更好地保障自由 3. 法律不得无故限制或剥夺自由，基本原则是： （1）伤害原则：伤害他人权利、利益的行为，需要法律进行禁止或限制。例如：法律禁止杀人放火 （2）道德主义原则（冒犯原则）：违背特定社会道德的行为，需要法律进行禁止或限制。例如：法律禁止公开焚烧国旗 （3）家长主义原则：伤害自身的行为，需要法律进行禁止或限制。例如：法律禁止驾驶机动车不系安全带
人权	1. 人权是一种权利，是指“人因其为人”就应该享有的权利 2. 人权是人凭自己是人而享有的权利，不依赖国家或者国家法 3. 人权根本上是一种道德权利，在逻辑上先于法律权利，可以作为法的评价标准，必须尽可能被转化为法律权利
正义	作为法的价值的正义主要涉及的是分配正义。分配正义涉及的对象是一个共同体或社会如何分配其成员作为共同体的一分子的基本权利与义务，它所遵循的准则有： 1. 平等原则或无差别原则：每一个人作为社会或共同体的成员享有相同的基本的社会权利与义务 2. 差别原则：即按照每个社会成员自身的贡献进行分配 3. 个人需求的原则：即使有的社会成员因先天的因素作出的贡献很小或没有作出贡献，但是他作为人应该得到维持其存在的物与东西，即满足他作为人的必然的客观的个人需求

【背诵口诀】

法律限制自由的三个原则：

“伤害”禁止害别人；

“家长”禁止害自己；

“冒犯”禁止犯公德。

分配正义的三个原则：

平等原则“人人一致”

差别原则“按劳分配”

个人需求“按需分配”

【经典题目】

我国《民法典》增设居住权。下列关于居住权的说法，哪一项是错误的？（　　）（2020年考生回忆版）

A. 居住权既是一项道德权利，又是一项法律权利

B. 从逻辑上看，居住权先于民法典而存在

C. 人民群众的基本需求已经全部纳入法律的调整范围

D. 增设居住权有助于保护弱势群体的利益

解析要点：

A、B项：居住权属于人权，人权是一项法律权利，从根本上是一种道德权利，在逻辑上先于法律权利。人权是每个人作为人应享有或享有的权利，不依赖国家或者国家法。A、B项正确。

C项：“已经全部纳入”措辞过于绝对，C项错误。

D项：居住权的设立，保障了部分社会弱势群体的基本生存权利，体现了民法的人文关怀精神，符合现代人权保障的要求，D项正确。

综上所述，本题答案是C项。

【答案】C

二、法的价值冲突的解决原则

个案中的比例原则	在具体个案中，如某种价值的实现必须以其他价值损害为代价时，个案中的比例原则要求我们应当把被损害的价值降低到最小限度。例如，为了维护公共秩序，必要时可能会实行交通管制，但应尽可能实现最小损害或最少限制，以保障社会上人们的自由。该做法体现了个案比例原则
价值位阶原则	不同位阶的价值发生冲突时，价值位阶原则要求我们优先保护高位阶价值，牺牲低位阶价值。例如，临产孕妇黄某由于胎盘早剥被送往医院抢救，若不尽快进行剖宫产手术将危及母子生命。当时黄某处于昏迷状态，其家属不在身边，且联系不上。经医院院长批准，医生立即实施了剖宫产手术，挽救了母子生命。医院院长的做法优先保护了母子的生命权，牺牲了家属的知情权，体现了价值位阶原则。

【背诵口诀】

位阶应取舍，比例求兼顾（损害要最小）。

【命题角度】

法的价值冲突的解决原则常见命题角度：给考生一个案例，请考生判断该案例体现法的价值冲突的哪种解决原则。

【经典题目】

为保护自身的人身和财产安全，甲在家门口安装了监控摄像头。对门邻居乙发现该摄像头可以详细记录自己家庭成员进出住宅以及亲友来访情况。于是，乙以监控范围侵犯自身隐私权为由，将甲起诉至法院。法院认为，甲为保证自己的人身、财产安全而安装监控装置，虽然具有一定的合理性，但同时也负有不妨害他人合法权益的义务。最终，法院判决甲将监控摄像头调整位置，使摄像头无法拍摄到乙家门口。关于本案，下列哪些说法是正确的？（2023 年考生回忆版）

A. 法院的判决体现了法律限制自由的家长主义原则

B. 法院的判决考虑了个案中的比例原则

C. 法官的判决体现了法的指引作用

D. 本案涉及的隐私权是对世权利

解析要点：

A 项：家长主义原则是指伤害自身的行为，需要法律进行禁止或限制。伤害原则是指伤害他人权利、利益的行为，需要法律进行禁止或限制。本案中，法官认定甲的摄像头妨害了乙的隐私权，故进行限制，体现了法律限制自由的伤害原则。A 项错误。

B 项：在具体个案中，如某种价值的实现必须以其他价值损害为代价时，个案中的比例原则要求我们应当把被损害的价值降低到最小限度。本案中，法官并未要求拆除摄像头，而是要求调整位置，兼顾了甲的安全和乙的隐私权，同时体现了对甲的损害降低到最小限度，体现了个案中的比例原则。B 项正确。

C 项：法的规范作用根据其作用的主体范围和方式的不同，可以分为：指引作用、评价作用、预测作用、强制作用和教育作用。如果法是对行为人本人产生了影响，就是指引作用。本案中，法官的判决并非对行为人本人的影响，不体现指引作用。C 项错误。

D 项：绝对权利又称“对世权利”，对应不特定的义务人。隐私权属于绝对权利、对世权利，对应不特定的义务人。如乙是自身隐私权的权利主体，所有其他人都是义务主体，负有不得侵犯乙的隐私权的义务。D 项正确。

综上所述，本题答案为 BD。

【答案】BD

第三节　法的要素★★★★★

应试导读

本节内容是法考的五星级考点，非常重要，在客观题考试中，一般每套卷每年至少出 1 道题，分值至少 1—2 分。重难点提示：“法律规则的分类”“法律规则和法律原则的区别”是重中之重，考生应理解到位；“法律概念”是法考改革后大纲新增考点，也是备考重难点，值得考生重点关注。

知识点

法律由法律规范组成，包括法律规则和法律原则。

法律规则，是指以一定的逻辑结构形式具体规定人们的法律权利、法律义务以及相应的法律后果的一种法律规范。例如，《民法典》第1047条规定：结婚年龄，男不得早于22周岁，女不得早于20周岁。

法律原则，是指为法律规则提供某种基础或本源的综合性、指导性的价值准则或规范。例如，《民法典》第7条规定：民事主体从事民事活动，应当遵循诚信原则，秉持诚实，恪守承诺。

【背诵口诀】

规则较具体，原则很抽象。

一、法律规则

（一）法律规则的逻辑结构（新三要素说）

<table>
<tr><td>假定条件</td><td colspan="3">法律规则中有关适用该规则的条件和情况的部分，即法律在什么时间、空间、对什么人适用以及在什么情景下对人的行为有约束力</td></tr>
<tr><td rowspan="3">行为模式</td><td rowspan="3">法律规则中规定人们如何具体行为之方式或范型的部分</td><td>权利模式</td><td>可为模式（可以）</td></tr>
<tr><td rowspan="2">义务模式</td><td>应为模式：积极义务（应当）</td></tr>
<tr><td>勿为模式：消极义务（禁止）</td></tr>
<tr><td rowspan="2">法律后果</td><td rowspan="2">法律规则中规定人们在作出符合或不符合行为模式的要求时应承担相应的结果的部分</td><td>合法后果</td><td>许可、保护和鼓励</td></tr>
<tr><td>违法后果</td><td>不予保护、制裁等</td></tr>
</table>

例如，《民法典》第1049条规定：要求结婚的男女双方（假定条件）应当亲自到婚姻登记机关申请结婚登记（行为模式）。符合本法规定的，予以登记，发给结婚证（法律后果）。

注意 法律规则的三要素在逻辑上虽然缺一不可，但在实践中可能被省略。

（二）法律规则与语言、法律条文

<table>
<tr><td rowspan="2">语句</td><td>规范语句</td><td>直接使用道义助动词的语句。道义助动词："可以""必须""不得"等。
例1：《民法典》第1046条规定：结婚应当男女双方完全自愿，禁止任何一方对另一方加以强迫，禁止任何组织或者个人加以干涉。第1047条规定：结婚年龄，男不得早于22周岁，女不得早于20周岁。（命令句）
例2：《民法典》第1109条规定：外国人依法可以在中华人民共和国收养子女。（允许句）</td></tr>
<tr><td>陈述句</td><td>没有使用道义助动词的语句。
例如：《民法典》第25条规定：自然人以户籍登记或者其他有效身份登记记载的居所为住所；经常居所与住所不一致的，经常居所视为住所。</td></tr>
</table>

（续）

<table>
<tr><td rowspan="2">法律条文</td><td>规范性条文</td><td>直接表述法律规范（规则和原则）的条文。</td></tr>
<tr><td>非规范性条文</td><td>规定法律技术类内容（如术语界定、公布时间和机关、生效日期等）的条文。
《刑法》第 98 条【告诉才处理的含义】本法所称告诉才处理，是指被害人告诉才处理。如果被害人因受强制、威吓无法告诉的，人民检察院和被害人的近亲属也可以告诉。（法律术语的界定）
《刑法》第 452 条【施行日期】本法自 1997 年 10 月 1 日起施行。（法律生效的日期）</td></tr>
</table>

（三）法律规则的分类

<table>
<tr><td rowspan="2">根据内容规定不同</td><td>授权性规则：具体规定权利或权力的规则（可为模式）</td></tr>
<tr><td>义务性规则：具体设定义务的规则
——命令性规则：设定“积极义务”的规则（应为模式）
——禁止性规则：设定“消极义务”的规则（勿为模式）</td></tr>
<tr><td rowspan="3">根据内容的确定性程度不同</td><td>确定性规则：内容本身已经确定，无须援引其他法律规定或委托其他机关另行制定相应规则。法律条文中规定的绝大多数法律规则属于此种规则</td></tr>
<tr><td>委任性规则：需委托其他国家机关进行规定。例如：《计量法》第 32 条规定：中国人民解放军和国防科技工业系统计量工作的监督管理办法，由国务院、中央军事委员会依据本法另行制定</td></tr>
<tr><td>准用性规则：需援引其他法律规定。例如：《商业银行法》第 17 条规定：商业银行的组织形式、组织机构适用《中华人民共和国公司法》的规定</td></tr>
<tr><td rowspan="2">根据对行为的限定程度和范围不同</td><td>强行性规则：内容有强制性，必须遵从，不得自由协商变更</td></tr>
<tr><td>任意性规则：内容有任意性，可自由选择，也可自由协商变更</td></tr>
</table>

【背诵口诀】

法律规则分类，三组三句话。

第一组：授权可为，命令应为，禁止勿为。

第二组：确定独立，委任机关，准用文件。

第三组：强行必须干，任意可商量。

【命题角度】

法律规则的分类常见命题角度：给考生一个法条，请考生判断该法条体现哪种法律规则。

【经典题目】

《治安管理处罚法》第 115 条规定：“公安机关依法实施罚款处罚，应当依照有关法律、行政法规的规定，实行罚款决定与罚款收缴分离；收缴的罚款应当全部上缴国库。”关于该条文，下列哪一说法是正确的？（　　）（2016–01–08）

A. 表达的是禁止性规则

B. 表达的是强行性规则

C. 表达的是程序性原则

D. 表达了法律规则中的法律后果

解析要点：

A 项：该条规定使用了道义助动词“应当”，因此应为命令性规则而非禁止性规则，A 项错误。

B 项：该条规定的内容公安机关必须遵守，不允许随意更改，属于强行性规则，B 项正确。

C 项：该条规定内容明确具体，属于法律规则，不属于法律原则，C 项错误。

D 项：该条规定只表达了假定条件和行为模式，未表达法律后果，D 项错误。

综上所述，本题答案是 B 项。

【答案】B

二、法律原则

（一）法律原则的分类

产生基础不同	公理性原则：在国际范围内具有较大的普适性的原则
	政策性原则：一个国家或民族出于一定的政策考量而制定的一些原则
适用范围不同	基本原则：整个法律体系或某一部门适用的原则
	具体原则：某一部门法中特定情形下适用的原则
涉及的内容和问题不同	实体性原则：直接涉及实体法问题的原则
	程序性原则：直接涉及程序法问题的原则

（二）法律规则和法律原则的区别

	法律规则	法律原则
性质	法律规则是一种“应该做”的规范，直接要求规范主体“做”或“实施”某行为或活动	法律原则是一种“应该是”的规范，法律规则是以法律原则为前提或基础的，是法律原则或理念和价值的具体化和详细化
内容	明确具体，削弱自由裁量	笼统模糊，赋予自由裁量
适用范围	适用范围窄	适用范围广
适用方式	主要以“全有或全无的方式”适用	不以“全有或全无的方式”适用

（三）法律原则的适用条件

1. 穷尽法律规则，方得适用法律原则。
2. 除非为了实现个案正义，否则不能舍弃法律规则而直接适用法律原则。
3. 没有更强理由，不得径行适用法律原则。

案例延伸

里格斯诉帕尔默案

美国纽约上诉法院在 1889 年曾经审理过这样一个案件：帕尔默是其祖父所立遗嘱中指定的财产继承人，因恐其祖父撤销遗嘱并为了及早获得遗产，帕尔默将其祖父毒死。

后来帕尔默被其姑妈里格斯诉至法院。

面对这一案件，法官必须裁决帕尔默是否能够依据该项遗嘱继承其祖父的遗产。根据纽约州有关遗嘱的法律规则的规定，该遗嘱有效，帕尔默有权继承其祖父的遗产。但是，这样判决将明显带来不公正的结果，后来法官并没有依据有关遗嘱的法律规则裁决案件，而是依据普通法中的一项原则，即“任何人都不得从他的不当行为中获利”，作出裁决，帕尔默无权继承其祖父的财产。

泸州遗赠案

1994 年黄某某与张某某相识，于 1996 年年底公开以夫妻名义租房同居。2001 年 2 月，黄某某被确诊为肝癌晚期，在他住院治疗期间，张某某以妻子身份陪侍在黄某某的病床前。2001 年 4 月，黄某某立下公证遗嘱，将其去世后的住房补贴、公积金和原住房售价的一半赠给张某某。黄某某去世后，由于其妻蒋某某拒绝执行该遗嘱，张某某诉至法院。最后，法院以原告与被告丈夫间的婚外情为由，认定被告丈夫将财产赠给原告的遗赠协议违背我国《民法通则》第 7 条关于“民事活动应当尊重社会公德”的法律原则（该原则在民法上被称为“善良风俗”原则），宣告该遗赠协议无效。

【经典题目】

全兆公司利用提供互联网接入服务的便利，在搜索引擎讯集公司网站的搜索结果页面上强行增加广告，被讯集公司诉至法院。法院认为，全兆公司的行为违反诚实信用原则和公认的商业道德，构成不正当竞争。关于该案，下列哪一说法是正确的？（　　）（2016–01–09）

A. 诚实信用原则一般不通过“法律语句”的语句形式表达出来

B. 与法律规则相比，法律原则能最大限度实现法的确定性和可预测性

C. 法律原则的着眼点不仅限于行为及条件的共性，而且关注它们的个别性和特殊性

D. 法律原则是以“全有或全无”的方式适用于个案当中

解析要点：

A 项：法律规范必须通过“法律语句”来表达，法律规范包括法律规则和法律原则，诚实信用原则作为法律原则，必须通过“法律语句”的语句形式表达。A 项错误。

B 项：在内容上，法律规则明确具体，法律原则抽象模糊，因此法律规则更能实现法的确定性和可预测性。B 项错误。

C 项：法律原则的着眼点不仅限于行为及条件的共性，而且关注它们的个别性。在本案中，抽象模糊的诚实信用原则结合了具体个案，才体现出其意义。C 项正确。

D 项：法律原则不是以“全有或全无”的方式适用，同一个案中可以同时适用多个法律原则。D 项错误。

综上所述，本题答案是 C 项。

【答案】C

【总结】

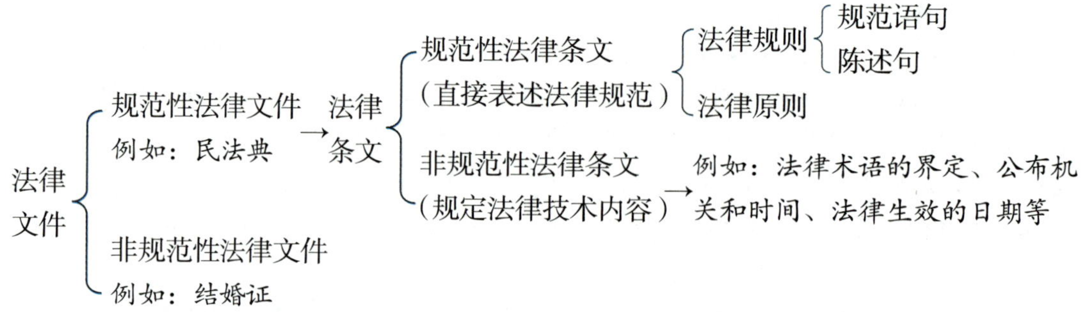

三、法律概念

（一）法律概念的含义

法律概念指任何具有法律意义的概念。

法律概念既包括法律和法学中所特有的具有专门法律意义的概念，如“法人”“债权”等，也包括来自日常生活但具有法律意义的概念，如“故意”“过失”等。

（二）法律概念的分类

1. 根据概念的定义要素是否确定，可以分为：

确定性概念	语意构成清晰的概念。例如，已满 12 周岁不满 14 周岁的人
不确定性概念	不确定性概念是语意构成不清晰的概念，语意构成的不清晰主要包括歧义、模糊和评价的开放性等。例如，情节恶劣

2. 根据概念的定义要素之间的关系的不同，可分为：

分类概念	定义要素之中不存在可分级的要素的概念。特点：边界清晰，非此即彼。例如，人
类型概念	定义要素之中含有可分级的要素的概念。特点：边界模糊，弹性较大。例如，暴力

3. 根据概念的功能，可分为：

描述性概念	描述事实的概念。具有真假之分
评价性概念	包含对事实或事物的价值判断的概念
论断性概念	基于对某个事实的确认来认定（论断）另一个事实的存在的概念。例如，民法 上的宣告死亡

【经典题目】

关于法律概念，下列哪些认识是错误的？（　　）（2019 年考生回忆版）

A. 法律规范是由法律概念构成的，法律概念相对于法律规范具有一定的独立性

B. 含有评价性概念的语句涉及适用者的主观价值判断，在法律实务中，描述性概念往往会被转化为评价性概念

C. 论断性概念是指基于对某个事实的确认来认定另一个事实的存在的概念，“宣告死亡”即属于论断性概念

D. 法律概念是指法律中所特有的概念，不包含来自日常生活中的概念

解析要点：

A 项：法律概念相对于法律规范具有一定的独立性，例如，刑法中的“枪支”“弹药”“爆炸物”等法律概念具有一定独立性，不依赖于法律规范而存在。A 项正确。

B 项：在法律实务中，往往将评价性概念转化为描述性概念。例如，将盗窃罪的“数额较大”认定为“1 000 元至 3 000 元以上”。B 项错误。

C 项：论断性概念是基于对某个事实的确认来认定（论断）另一个事实的存在的概念。例如，民法上的宣告死亡。C 项正确。

D 项：法律概念既包含法律中所特有的概念，例如“既遂”“未遂”，也包含来自日常生活中的概念，例如“侮辱”“诽谤”。D 项错误。

综上所述，本题答案是 BD 项。

【答案】BD

四、权利和义务

（一）权利和义务的语义类型

主张权：指法律主体可以要求或请求他人作出或不作出一定的行为。例如，民法中的请求权	与主张权相对应的**职责性义务**：一般来说是**命令**义务人作或不作的某些行为
自由权：指法律主体被允许自主地决定做什么或不做什么，而且他人不得干涉。例如，公民有进行科学研究、文学艺术创作和其他文化活动的自由	与自由权相对应的**职责性义务**：一般来说是**禁止**义务人作或不作的某些行为
权力权：是指法律主体拥有能够使得其与其他法律主体之间的法律关系发生变化的法律上的力量或强力。因此，它也可以被称为法律能力，可以创立、维持或改变法律主体之间的法律关系。例如，国家机构及其工作人员的职权 注意：主张权、自由权是一阶权利，权力权是二阶权利	**服从性义务：**与权力权相对应的语义类型是**服从性义务**，一般来说是义务人负有服从或屈服于权力持有者对他们之间的法律地位或法律关系的改变的义务

【背诵口诀】

权力和义务的语义类型：主张他人干，自由自己干，权力强改变。

（二）权利和义务的分类

1. 根据根本法与普通法律规定的不同，可以将权利义务分为：

基本权利义务	基本权利义务是**宪法**所规定的人们在国家政治生活、经济生活、文化生活和社会生活中的根本权利和义务 例如，选举权和被选举权、财产权、受教育的权利和义务、依法纳税
普通权利义务	普通权利义务是**宪法以外的普通法律**所规定的权利和义务 例如，民法规定的用益物权、担保物权

2. 根据相对应的主体范围可以将权利义务分为：

绝对权利义务	绝对权利和义务，又称“对世权利”和“对世义务”，是对应不特定的法律主体的权利和义务，绝对权利对应不特定的义务人，绝对义务对应不特定的权利人 例如，物权是绝对权利

（续）

相对权利义务	相对权利和义务，又称“对人权利”和“对人义务”，是对应特定的法律主体的权利和义务，相对权利对应特定的义务人，相对义务对应特定的权利人 例如，债权是相对权利

3. 根据权利义务主体的性质，可以将权利义务分为：

个人权利义务	个人权利义务是指公民个人（自然人）在法律上所享有的权利和应履行的义务
集体权利义务	集体（法人）权利义务是国家机关、社会团体、企事业组织等的权利和义务
国家权利义务	国家权利义务是国家作为法律关系主体在国际法和国内法上所享有的权利和承担的义务

（三）权利和义务的相互联系

结构上	两者是紧密联系、不可分割的。没有无义务的权利，也没有无权利的义务
数量上	两者的总量是相等的
产生和发展上	两者经历了一个从浑然一体到分裂对立再到相对一致的过程 1. **原始社会：**由于还不存在法律制度，权利和义务的界限也不很明确，两者实际上是混为一体的 2. **阶级社会：**随着阶级社会、国家的出现和法律的产生，权利和义务发生分离。在剥削阶级法律制度中，两者甚至在数量分配上也出现不平衡：统治者集团只享受权利，而几乎把一切义务强加于被统治者 3. **社会主义社会：**社会主义法律制度的建立，实行“权利和义务相一致”的原则，使两者之间的关系发展到了一个新的阶段
价值上	1. **等级社会：**如奴隶社会和封建社会，法律制度往往强调**以义务为本位**，权利处于次要的地位 2. **民主法治社会：**法律制度往往强调**以权利为本位**，较为重视对个人权利的保护，因此权利是第一性的，义务是第二性的，义务设定的目的是保障权利的实现

【经典题目】

王甲经法定程序将名字改为与知名作家相同的“王乙”，并在其创作的小说上署名“王乙”以增加销量。作家王乙将王甲诉至法院。法院认为，公民虽享有姓名权，但被告署名的方式误导了读者，侵害了原告的合法权益，违背诚实信用原则。关于该案，下列哪一选项是正确的？（　　）（2017–01–10）

A. 姓名权属于应然权利，而非法定权利

B. 诚实信用原则可以填补规则漏洞

C. 姓名权是相对权

D. 若法院判决王甲承担赔偿责任，则体现了确定法与道德界限的“冒犯原则”

解析要点：

A 项：姓名权属于应然权利，同时《民法典》也明确规定了姓名权，因此，姓名权也属于法定权利。A 项错误。

B 项：诚实信用原则是法律原则，本案中，法院通过诚实信用原则填补民法规则的漏洞，维护了原告和读者的合法权益。B 项正确。

C 项：姓名权是绝对权而不是相对权，姓名权的义务人不确定，同时，无须通过义务人实施一定行为即可实现。C 项错误。

D 项：法院判决王甲承担赔偿责任，体现了“伤害原则”，因为王甲的行为侵害了知名作家王乙的合法权利，故应当受到限制。D 项错误。

综上所述，本题答案是 B 项。

【答案】B

第四节　法的渊源★★★★★

应试导读

本节内容是法考的五星级考点，非常重要，在客观题考试中，一般每套卷每年至少出 1 道题，分值至少 1—2 分。同时，本节内容很有可能与宪法监督等考点结合命题，总体分值在 3—4 分。重难点提示：本节中，“当代中国的正式法律渊源的制定主体”是重中之重，必须精准记忆。

知识点

法的渊源是能够作为法律决定的大前提的规范准则来源的那些资料。

正式渊源具有明文规定的法律效力，即具有法的约束力。

非正式渊源不具有明文规定的法律效力，但具有法律说服力。

一、当代中国的正式法律渊源

行政区划：

省级：省、自治区、直辖市。

市级：设区的市、自治州。

县级：县、不设区的市、市辖区、自治县。

乡级：乡、镇、民族乡。

种类	制定机关	说明
宪法	第一届全国人大第一次全体会议	宪法是根本法，具有最高法律效力 宪法的制宪主体是人民，制宪机关是第一届全国人大第一次全体会议

（续）

种类	制定机关	说明
法律	全国人大 全国人大常委会	基本法律由全国人大制定，全国人大闭会时，可由全国人大常委会部分补充和修改（不能与该法律基本原则相抵触）。例如：刑法、刑事诉讼法 其他法律由全国人大常委会制定。例如：文物保护法、商标法等 公布方式：主席发布主席令 【要点对比】 广义的法律，泛指一切具有法律约束力的规范性文件。例如，“法律面前人人平等”一句中的“法律” 狭义的法律，仅指全国人大及其常委会制定的规范性文件。例如，当代中国法的正式渊源中的“法律” 【注意】全国人民代表大会及其常务委员会可以根据改革发展的需要，决定就特定事项授权在规定期限和范围内暂时调整或者暂时停止适用法律的部分规定
行政法规	国务院	名称：条例、规定、办法 公布方式：总理签署国务院令 【注意】国务院可以根据改革发展的需要，决定就行政管理等领域的特定事项，在规定期限和范围内暂时调整或者暂时停止适用行政法规的部分规定
地方性法规	1. 省、自治区、直辖市的人大及其常委会 2. 设区的市或自治州的人大及其常委会	名称：条例、规则、规定、办法 【注意】1. 立法要求：设区的市或自治州的人大及其常委会可以对城乡建设与管理、生态文明建设、历史文化保护、基层治理等方面的事项制定地方性法规，报省、自治区的人民代表大会常务委员会批准后施行 2. 协同立法：省、自治区、直辖市和设区的市、自治州的人民代表大会及其常务委员会根据区域协调发展的需要，可以协同制定地方性法规，在本行政区域或者有关区域内实施。省、自治区、直辖市和设区的市、自治州可以建立区域协同立法工作机制
自治条例和单行条例	民族自治地方（自治区、自治州、自治县）的人大	自治条例：综合性法规 单行条例：有关某一方面事务的规范性文件 自治区的自治条例和单行条例，报全国人大常委会批准后生效 自治州、自治县的自治条例和单行条例，报省级人大常委会批准后生效 【背诵口诀】 事先审查三批准，区级条例全人常 州县条例省人常，市州法规省人常
部门规章	国务院各部门	国务院各部委根据法律和国务院制定的行政法规、决定、命令制定、发布的规章
地方政府规章	1. 省、自治区、直辖市的人民政府 2. 设区的市、自治州的人民政府	省、自治区、直辖市和设区的市、自治州的人民政府根据法律、行政法规和本省、自治区、直辖市的地方性法规制定的规章 【注意】设区的市、自治州的人民政府制定地方政府规章，限于城乡建设与管理、生态文明建设、历史文化保护、基层治理等方面的事项。已经制定的地方政府规章，涉及上述事项范围以外的，继续有效 【背诵口诀】 “城乡太励志”（城乡建设与管理、生态文明建设、历史文化保护、基层治理）

（续）

种类	制定机关	说明
国际条约、国际惯例	国际条约是指我国作为国际法主体同外国缔结的双边、多边协议和其他具有条约、协定性质的文件。条约生效后，对缔约国的国家机关、团体和公民具有法律上的约束力	
	国际惯例是指以国际法院等各种国际裁决机构的判例所体现或确认的国际法规则和国际交往中形成的共同遵守的不成文的习惯	
其他	1. 军事法规和军事规章：中央军事委员会制定的军事法规和军内有关方面制定的军事规章 2. 监察法规：国家监察委员会根据宪法和法律制定的监察法规 3. 特别行政区的各种法律："一国两制"条件下特别行政区的各种法律 4. 经济特区法规：经济特区所在地的省、市的人民代表大会及其常务委员会根据全国人民代表大会的授权决定，制定法规，在经济特区范围内实施 5. 浦东新区法规：上海市人民代表大会及其常务委员会根据全国人民代表大会常务委员会的授权决定，制定浦东新区法规，在浦东新区实施 6. 海南自由贸易港法规：海南省人民代表大会及其常务委员会根据法律规定，制定海南自由贸易港法规，在海南自由贸易港范围内实施	

二、正式法律渊源的效力原则

（一）效力等级

<table>
<tr><td colspan="3">宪法</td></tr>
<tr><td colspan="3">法律、国际公约</td></tr>
<tr><td colspan="3">行政法规</td></tr>
<tr><td rowspan="3">部门规章</td><td colspan="2">省级地方性法规</td></tr>
<tr><td>省级政府规章</td><td>市级地方性法规</td></tr>
<tr><td colspan="2">市级政府规章</td></tr>
</table>

【背诵提示】

1. 效力等级不用死记硬背，应当首先把制定机关背下来。**一般而言，制定机关地位越高，其制定的规范性法律文件效力也就越高**。例如，某省人大制定的地方性法规，效力高于该省政府制定的政府规章。

2. 特殊记忆：**行政法规的效力等级高于地方性法规**。

（二）冲突解决原则

不同位阶之间渊源冲突	上位法优于下位法原则

（续）

同一位阶之间渊源冲突	同一制定主体	1. 新法优于旧法 2. 特别法优于一般法 3. 新的一般法与旧的特别法冲突，制定机关裁决
	不同制定主体	1. 规章之间不一致——**国务院裁决** 2. 根据授权制定的法规与法律不一致——**全国人大常委会裁决** 3. 地方性法规与部门规章不一致——**国务院提意见** 情况一：国务院认为适用地方性法规，决定用地方性法规 情况二：国务院认为适用部门规章，提请全国人大常委会裁决

三、当代中国非正式法律渊源

在当今的中国，法的非正式渊源主要包括以下几类：

非正式渊源	习惯	社会习惯
	判例	指导性案例（作为非正式渊源的指导性案例只能由最高人民法院颁布）
	政策	国家政策、中国共产党的政策

【经典题目】

某区质监局以甲公司未依《食品安全法》取得许可从事食品生产为由，对其处以行政处罚。甲公司认为，依特别法优先于一般法原则，应适用国务院《工业产品生产许可证管理条例》（以下简称《条例》）而非《食品安全法》，遂提起行政诉讼。对此，下列哪些说法是正确的？（　　）（2017–01–56）

A.《条例》不是《食品安全法》的特别法，甲公司说法不成立

B.《食品安全法》中规定食品生产经营许可的法律规范属于公法

C. 若《条例》与《食品安全法》抵触，法院有权直接撤销

D.《条例》与《食品安全法》都属于当代中国法的正式渊源中的"法律"

解析要点：

A、D 项：《条例》属于行政法规，《食品安全法》是法律，《条例》无法成为《食品安全法》的特别法，当代中国法的正式渊源中的"法律"是指狭义的法律。A 项正确，D 项错误。

B 项：《食品安全法》中规定食品生产经营许可的法律规范，调整的是行政机关与行政相对人之间的不平等关系，属于公法。B 项正确。

C 项：法院没有权力直接撤销与法律抵触的行政法规。C 项错误。

综上所述，本题答案是 AB 项。

【答案】AB

第五节　法的效力★★

应试导读

本节内容是法考的二星级考点，重要性一般，在客观题考试中，一般每三到五年出1道题，分值1—2分。重难点提示：本节中，“法的对人效力”和“法的溯及力”需要考生相对重点关注。

知识点

法的效力，即法的约束力，指人们应当按照法律规定的行为模式来行为、必须服从的法律之力。

效力范围	对人效力	属地主义：法律适用于该国管辖区域内的所有人，不论是否为本国公民，都受法律约束和保护；本国公民不在本国，则不受本国法律约束和保护
		属人主义：法律只适用于本国公民，不论其身在国内还是国外；非本国公民即便身在该国领域内也不适用
		保护主义：以维护本国利益作为是否适用本国法律的依据。任何侵害本国利益的人，不论其国籍和地域，都要受本国法律追究
		以属地主义为主，属人主义、保护主义相结合，这是近代以来多数国家采用的原则，我国也是如此
	空间效力	一国主权所及的全部领域，包括领土、领水及其底土和领空，以及作为延伸意义的领土，如驻外使领馆、该国的境外飞行器和船舶
		生效：(1) 自法律公布之日起生效；(2) 法律规定生效时间；(3) 法律公布后符合一定条件生效
效力范围	时间效力	废止： 1. 明示废止。例如：《民法典》第1260条规定：本法自2021年1月1日起施行。《中华人民共和国婚姻法》《中华人民共和国继承法》《中华人民共和国民法通则》《中华人民共和国收养法》《中华人民共和国担保法》《中华人民共和国合同法》《中华人民共和国物权法》《中华人民共和国侵权责任法》《中华人民共和国民法总则》同时废止 2. 默示废止（因适用新法而使旧法事实上被废止）
		溯及力： 含义：法对其生效前的事件和行为是否适用。若适用，则有溯及力 原则：现代国家，一般均坚持不溯及既往原则 例外：有利追溯，承认法的溯及力。例如，刑法“从旧兼从轻”原则

【经典题目】

2020年12月，郝某驾车无偿带好友赵某出游，驾驶过程中因不知何处飞来的石子砸裂前挡风玻璃，致使赵某受伤。次月，赵某诉至法院要求郝某赔偿。法官认为，对于郝某出于情谊的“好意同乘”行为，我国《民法典》首次明确规定应减轻责任。因此，

法官通过调解，赵某最终同意减轻郝某的责任，最终调解结案。对此，下列哪些说法是正确的？（ ）（2021年考生回忆版）

A. 郝某的责任被减轻，属于自愿协议免责

B. 郝某的责任属于道德责任，法院无权进行裁判

C. 法官依照《民法典》进行调解，体现了法的强制作用

D. 本案应适用《民法典》，体现了法的时间效力中的"有利追溯"

解析要点：

A项：郝某的责任被减轻，是因为根据法官调解双方自愿达成协议减轻责任，属于自愿免责。A项正确。

B项：郝某此类行为的责任，在《民法典》上有明确规定，因此，法院可以根据《民法典》进行依法调解或者依法裁判。B项错误。

C项：法的规范作用根据其作用的主体范围和方式的不同，可以分为指引作用、评价作用、预测作用、强制作用和教育作用。强制作用的对象是违法者，且一般情况下会运用强制手段，本题中郝某并非违法者，且题目中未体现强制手段。C项错误。

D项：溯及力是指法对生效前的事件和行为是否适用。若适用，则有溯及力。现代国家，一般均坚持不溯及既往原则，但例外是有利追溯，例如刑法"从旧兼从轻"原则。本题中，适用《民法典》有利于被告人，故体现有利追溯原则。D项正确。

综上所述，本题答案是AD项。

【答案】AD

第六节　法律部门与法律体系★

应试导读

本节内容是法考的一星级考点，重要性一般，在客观题考试中，一般每套卷每五到十年出1道题，分值1—2分。

知识点

一、法律部门

（一）法律部门的含义

法律部门，又称部门法，是根据一定标准和原则对一国现行的全部法律规范进行划分所形成的同类法律规范的总称。

（二）法律部门的划分标准

主要标准	按照法律所调整的社会关系的性质和种类的不同来划分法律部门，是划分法律部门的主要标准。例如，调整平等主体之间的人身关系和财产关系的法律规范被划入民法部门

（续）

辅助标准	法律调整方法是划分法律部门的辅助标准。例如，将凡属于用刑罚作为制裁手段的法律规范划为刑法部门

（三）公法、私法和社会法

1. 公法与私法是大陆法系国家的一项基本分类，最早由古罗马法学家乌尔比安提出。现在公认的公法部门包括宪法和行政法等，私法包括民法和商法等。

2. 随着社会的发展，又形成了一种新的法律即社会法，如社会保障法。社会法是介于公法和私法之间的法。

二、法律体系

法律体系的含义	法律体系，又称部门法体系，是指一国的全部现行法律规范，按照一定的标准和原则，划分为不同的法律部门而形成的内部和谐一致、有机联系的整体
当代中国法律体系	当代中国的法律体系主要由七个法律部门构成：宪法及宪法相关法，行政法，民商法，经济法，社会法，刑法，诉讼与非诉讼程序法

第七节　法律关系★★★★

应试导读

本节内容是法考的四星级考点，比较重要，在客观题考试中，一般每套卷每一到两年出1道题，分值1—2分。重难点提示：本节中，“法律关系的分类”“法律关系的产生、变更和消灭”是重中之重，考生应通过听课和做题保证理解到位，同时牢记关键点。

知识点

法律关系，是在法律规范调整社会关系过程中形成的人们之间的权利义务关系。

法律关系的性质和特征：

法律关系是根据法律规范建立的一种社会关系，具有合法性。

法律关系是一种特种社会关系，体现国家意志性。

法律关系是特定法律主体之间的权利和义务关系。

一、法律关系的分类

标准	结果	特点	示例
根据法律关系产生的依据、执行的职能和实现规范的内容不同	调整性法律关系	基于合法行为产生，执行法的调整职能，无须适用法律制裁	民事法律关系（如买卖合同、婚姻）
	保护性法律关系	基于违法行为产生，执行法的保护职能，旨在恢复被破坏的社会关系，需要适用法律制裁	刑事法律关系

（续）

根据法律主体的地位是否平等	平权性法律关系 （横向法律关系）	主体地位平等 权利义务具有一定程度的任意性	民事法律关系
	隶属性法律关系 （纵向法律关系）	主体地位不平等 权利义务具有强制性（不能随意转让与放弃）	行政管理关系 行政处罚关系
根据法律主体多少及其权利义务是否一致	单向法律关系	一方仅享有权利，另一方仅履行义务	不附条件的赠与关系
	双向法律关系	存在两个密不可分的单向权利义务关系	买卖法律关系
	多向法律关系	三个或三个以上相关法律关系的复合体	行政法中的人事调动关系
根据相关法律关系的地位和作用	第一性法律关系 （主法律关系）	能够独立存在，居于支配地位	借贷法律关系 实体法律关系 调整性法律关系
	第二性法律关系 （从法律关系）	不能独立存在，居于从属地位	担保法律关系 程序法律关系 保护性法律关系

二、法律关系的主体、内容和客体

主体	1. 法律关系的主体是法律关系的参加者，大体上归属于两方：一方是权利的享有者，称为权利人；另一方是义务的承担者，称为义务人 2. 在我国，法律关系的主体包括公民（自然人）、机构和组织（法人）、国家
内容	法律关系的内容，就是法律关系主体之间的法律权利和法律义务
客体	1. 法律关系的客体是指法律关系主体权利和义务指向的对象 2. 法律关系的客体归纳起来，有以下几类：物、人身、精神产品、行为结果

三、法律关系的产生、变更和消灭

法律关系产生、变更和消灭的条件：1. 法律规范的变化；2. 法律事实的变化。

法律规范是法律关系产生、变更和消灭的法律依据。

法律事实是法律规范所规定的，能够引起法律关系产生、变更和消灭的客观情况或现象。根据是否以人们的意志为转移，可以分为两类：

法律事件	不以当事人的意志为转移	自然事件：自然灾害、生老病死等
		社会事件：社会革命、战争等
法律行为	以当事人的意志为转移	合法行为：符合法律规定的行为
		违法行为：违反法律规定的行为

【背诵口诀】

事件"天"注定，行为"人"打拼。

【命题角度】

法律关系常见命题角度：

1. 给考生一个案例，请考生判断案例中的法律关系是哪种法律关系。

2. 给考生一个案例，请考生判断案例中的法律事实是法律事件还是法律行为。

【经典题目】

王某恋爱期间承担了男友刘某的开销计 20 万元。后刘某提出分手，王某要求刘某返还开销费用。经过协商，刘某自愿将该费用转为借款并出具了借条，不久刘某反悔，以不存在真实有效借款关系为由拒绝还款，王某诉至法院。法院认为，"刘某出具该借条系本人自愿，且并未违反法律强制性规定"，遂判决刘某还款。对此，下列哪些说法是正确的？（　　）（2014–01–53）

A. "刘某出具该借条系本人自愿，且并未违反法律强制性规定"是对案件事实的认定

B. 出具借条是导致王某与刘某产生借款合同法律关系的法律事实之一

C. 因王某起诉产生的民事诉讼法律关系是第二性法律关系

D. 本案的裁判是以法律事件的发生为根据作出的

解析要点：

A 项："刘某出具该借条系本人自愿，且并未违反法律强制性规定"属于对案件事实的认定，是法律推理的小前提。A 项正确。

B 项："出具借条"是引起借款合同法律关系产生的一个重要事实，当然，引起借款合同法律关系产生，还需要其他法律事实，例如"刘某自愿将该费用转为借款"，因此，出具借条是导致王某与刘某产生借款合同法律关系的法律事实之一。B 项正确。

C 项：民事诉讼法律关系是程序法律关系，因此相对于实体法律关系，属于第二性法律关系。C 项正确。

D 项：本案中法院判决刘某还款的理由是"刘某出具该借条系本人自愿，且并未违反法律强制性规定"。可见，刘某自愿出具借条，由自身意志支配，所以属于法律行为而非法律事件。D 项错误。

综上所述，本题答案是 ABC 项。

【答案】ABC

第八节　法律责任★★★★

应试导读

本节内容是法考的四星级考点，比较重要，在客观题考试中，一般每套卷每一到两年出 1 道题，分值 1—2 分。重难点提示：本节中，"法律责任的竞合"相对重要，考生可以结合刑法"法条竞合""想象竞合"等考点加深理解。

知识点

一、法律责任的概念

含义	法律责任，是指行为人由于违法行为、违约行为或法律规定而应承受的某种不利的法律后果
引起原因	法律责任是由三种原因所引起：1. 违法行为；2. 违约行为；3. 法律特别规定 【注意】前两种原因引起的法律责任被称为过错责任，后一种原因引起的法律责任被称为无过错责任
特征	法律责任是由法律规定的，具有法定性 法律责任的追究最终是由国家强制力保证的，具有国家强制性

二、法律责任的竞合

法律责任的竞合，是指一个法律主体的同一个法律行为导致了两种或两种以上的法律责任的产生，并且这些法律责任之间是冲突的。

法律责任竞合可能是同一部门法之中的不同法律责任的竞合，比如民法上的违约责任和侵权责任的竞合；也可能是不同部门法之中的不同法律责任的竞合，比如民事责任与行政责任的竞合，民事责任与刑事责任的竞合，甚至是三者的竞合。

【背诵口诀】

法律责任的竞合：一个行为，多种责任，互相冲突，选择其一。

三、归责与免责

归责	含义	法律责任的归结，即特定国家机关根据法定职权与程序对行为人应该承担的法律责任进行判断与认定
	原则	责任法定：责任的性质、范围、方式等预先由法律规定 责任公正：人人平等、定性公正、定量公正 效益原则：在追究责任时，应当进行成本收益分析 责任自负：谁违法谁负责，反对株连或变相株连
免责	含义	由于出现法律上规定的条件或法律允许的条件，责任人所应承担的法律责任被部分或全部免除
	条件	1. 时效免责；2. 不诉免责；3. 自愿协议免责；4. 不可抗力、正当防卫、紧急避险免责；5. 自首立功免责；6. 人道主义免责等

【经典题目】

李某向王某借款200万元，由赵某担保。后李某因涉嫌非法吸收公众存款罪被立案。王某将李某和赵某诉至法院，要求偿还借款。赵某认为，若李某罪名成立，则借款合同因违反法律的强制性规定而无效，赵某无须承担担保责任。法院认为，借款合同并不因李某犯罪而无效，判决李某和赵某承担还款和担保责任。关于该案，下列哪些说法是正确的？（　　）（2016–01–59）

A. 若李某罪名成立，则出现民事责任与刑事责任的竞合

B. 李某与王某间的借款合同法律关系属于调整性法律关系

C. 王某的起诉是引起民事诉讼法律关系产生的唯一法律事实

D. 王某可以免除李某的部分民事责任

解析要点：

A 项：本题中，若李某的罪名成立，则其借款这一行为，既构成刑法上的非法吸收公众存款罪，又构成民法中的借款合同的违约。但是，这两个法律责任并不互相冲突，可以同时追究，因此不是民事责任与刑事责任的竞合。A 项错误。

B 项：调整性法律关系是基于人们的合法行为而产生，保护性法律关系是由于违法行为而产生，本题中，法院认为借款合同有效，因此李某与王某间的借款合同法律关系属于调整性法律关系。B 项正确。

C 项：本案中，王某的起诉只是引起民事诉讼法律关系产生的法律事实之一，民事诉讼法律关系产生还需要法院受理。C 项错误。

D 项：民事责任可以基于权利人的放弃而部分或者全部免除。D 项正确。

综上所述，本题答案是 BD 项。

【答案】BD

第二章　法的运行

扫描右侧二维码"听课 + 做题"，直达最佳学习效果

1. 在线听课：学习本章节核心考点讲解课程。
2. 在线刷题：点击进入题库做章节练习。

第一节　立法★★★★

应试导读

本节内容是法考的四星级考点，比较重要，在客观题考试中，一般每套卷每一到两年出 1 道题，分值 1—2 分。随着 2023 年《立法法》的修改，本节内容在未来法考中的重要性很可能进一步上升。重难点提示：本节中，"立法的定义""立法原则"重在理解，"立法程序"中的程序细节需要记忆，考生可以通过口诀和做题辅助记忆。

知识点

一、立法的定义

广义的立法概念	泛指**一切有权的国家机关**依法制定、认可、修改和废止不同效力等级的法律、法规、规章的活动，它既包括国家最高权力机关及其常设机关制定宪法和法律的活动，也包括有权的地方权力机关制定地方性法规的活动，还包括国务院、国务院各部委等机构和有权的地方行政机关制定行政法规和规章的活动
狭义的立法概念	仅指**享有国家立法权的国家机关**的立法活动，即**国家的最高权力机关及其常设机关**依法制定、修改和废止**宪法和法律**的活动

二、立法原则

科学立法原则	尊重社会客观实际情况，揭示立法内在规律；健全立法机关主导、社会各方有序参与立法的途径和方式
民主立法原则	立法体现广大人民的意志和要求；通过法律规定保障人民参与立法活动；坚持立法公开，坚持群众路线
依法立法原则	一切立法活动都必须以宪法为依据，遵循宪法原则，符合宪法精神，立法活动要有法律根据

三、立法程序

步骤	全国人大	全国人大常委会
提案	有权向全国人大提案的主体：全国人大主席团、一个代表团、全国人大常委会、全国人大各专门委员会、国务院、中央军事委员会、最高人民法院、最高人民检察院、国家监察委员会或者三十名以上的代表联名 【总结】 “两团”“两委”“两高”“两央”“一监”“三十名代表” 【背诵口诀】 “三十名代表，团委监高央”	有权向全国人大常委会提案的主体：全国人大常委会委员长会议、国务院、中央军事委员会、最高人民法院、最高人民检察院、国家监察委员会、全国人大各专门委员会、常委会组成人员十人以上联名 【总结】 “两委”“两高”“两央”“一监”“十名常委” 【背诵口诀】 “十名常委，监高央委”
审议	1. 全体会议上，提案机关作说明 2. 各代表团和有关专门委员会提出审议意见 3. 宪法和法律委员会进行统一审议，提出审议结果报告和法律草案修改稿 4. 法律草案修改稿经各代表团审议，由宪法和法律委员会修改，然后提出法律草案表决稿，由主席团提请大会全体会议表决	一般应当经过三次常委会会议审议后再交付表决，若该议案各方面的意见比较一致，则两次审议即可；或者该议案是部分修改的法律案，各方面的意见比较一致，或者遇有紧急情形的，也可一次审议即交付表决 【注意】列入常务委员会会议审议的法律案，因各方面对制定该法律的必要性、可行性等重大问题存在较大意见分歧搁置审议满两年的，或者因暂不付表决经过两年没有再次列入常务委员会会议议程审议的，委员长会议可以决定终止审议，并向常务委员会报告；必要时，委员长会议也可以决定延期审议
表决通过	宪法修正案：由全国人大代表的2/3以上多数通过 法律案：由主席团提请大会全体会议表决，由全体代表的过半数通过	法律案：由委员长会议提请常委会全体会议表决，由常委会全体组成人员的过半数通过
公布	国家主席根据全国人大及其常委会的决定，公布法律 法律签署公布后，法律文本以及法律草案的说明、审议结果报告等，应当及时在全国人民代表大会常务委员会公报（标准文本）和中国人大网以及在全国范围内发行的报纸上刊载	

第二节　法的实施★★★★

应试导读

本内容是法考的四星级考点，也是近年的命题热点，比较重要，在客观题考试中，一般每套卷每一到两年出1道题，分值1—2分。

知识点

法的实施，亦称法律的实施或法律的施行，是指法律在社会现实生活中具体运用的过程。

法律实施包括执法、司法、守法和法律监督四个环节。

一、执法

广义的执法，或称法的执行，是指所有国家行政机关、司法机关及其公职人员依照法定职权和程序实施法律的活动。

狭义的执法，专指国家行政机关及其公职人员依法行使管理职权、履行职责、实施法律的活动。

执法的特点	1. 执法活动具有国家权威性和国家强制性：行政机关执行法律的过程就是代表国家进行社会管理的过程，具有国家权威性和强制性，社会大众应当服从 2. 执法主体具有特定性：执法权是宪法和法律赋予的职权，在我国，只有行政机关及其公职人员、法律或法规授权的组织及其工作人员、行政机关委托的组织才能作为执法的主体 3. 执法内容具有广泛性：执法是以国家名义对社会实行全方位的组织管理的行为，在现代社会，社会关系和社会事务日益复杂，执法的内容和范围日益广泛 4. 执法具有主动性和单方面性：行政机关在进行社会管理时，应当以积极的行为主动执行法律、履行职责，而不一定需要行政相对人的请求和同意 5. 执法权的行使具有优益性：执法机关在行使执法权时，依法享有法定的行政优益权，即执法权具有优先行使和实现的效力
执法的原则	1. 合法性原则：行政机关必须根据法定权限、法定程序和法治精神进行管理，越权无效。这是现代法治国家行政活动的一条最基本的原则 2. 合理性原则：行政机关在严格执行规则的前提下做到公平、公正、合理、适度，避免由于滥用自由裁量权而形成执法轻重不一、标准失范的结果 3. 效率原则：行政机关应当在依法行政的前提下，讲究效率，主动有效地行使其权能，以取得最大的行政执法效益

二、司法

司法，又称法的适用，通常指国家司法机关根据法定职权和法定程序，具体应用法律处理案件的专门活动。

注意 在我国，司法机关是指人民法院和人民检察院。

司法的特点	1. 司法是由特定的国家机关及其公职人员，按照法定职权实施法律的专门活动，具有国家权威性 2. 司法是司法机关以国家强制力为后盾实施法律的活动，具有国家强制性 3. 司法是司法机关依照法定程序、运用法律处理案件的活动，具有严格的程序性及合法性 4. 司法必须有表明法的适用结果的法律文书，如判决书、裁定书和决定书等
司法的原则	司法公正原则、司法平等原则、司法合法原则、司法机关依法独立行使职权原则、司法责任原则

三、守法

守法，是指公民、社会组织和国家机关以法律为自己的行为准则，依照法律行使权利、履行义务的活动。

守法内容	守法内容包括行使法律权利和履行法律义务 守法是行使法律权利和履行法律义务的有机统一
守法义务	守法义务是指公民、社会组织和国家机关遵守或服从法律的义务 守法义务不同于法律义务。法律义务来自特定国家的法律，但守法义务不是来自法律本身。普遍的观点认为，守法义务来自道德，或者说守法义务是道德义务而不是法律义务 关于守法义务是否实际存在，自然法学者一般主张实际存有一个守法义务，法实证主义者一般否认守法义务

四、法律监督

狭义的法律监督	狭义的法律监督，是指特定的国家机关，依照法定权限和法定程序对于各种法律活动的合法性进行的检查、监察、督促和指导，以及由此形成的法律制度
广义的法律监督	广义的法律监督，是指所有国家机关、各政党、各社会组织、舆论媒体和公民对于各种法律活动的合法性进行的监督
国家法律监督体系	国家法律监督体系，具体包括国家权力机关、行政机关、监察机关和司法机关的法律监督
社会法律监督体系	社会法律监督体系，具体包括各政党、各社会组织和公民依照宪法和有关法律，对各种法律活动的合法性进行的监督，具体分为中国共产党的监督、人民政协的监督、各民主党派的监督、人民团体和社会组织的监督、公民的监督、舆论媒体的监督等

【经典题目】

王某向市环保局提出信息公开申请，但未在法定期限内获得答复，遂诉至法院，法院判决环保局败诉。关于该案，下列哪些说法是正确的？（　　）（2016–01–60）

A. 王某申请信息公开属于守法行为

B. 判决环保局败诉体现了法的强制作用

C. 王某起诉环保局的行为属于社会监督

D. 王某的诉权属于绝对权利

解析要点：

A 项：守法包括履行义务和行使权利。本题中，王某申请信息公开是行使权利的表现。A 项正确。

B 项：法院判决环保局败诉，意味着环保局是违法者，必须承担法律责任，体现了法的强制作用。注意：法院判决环保局败诉也体现了法的评价作用。B 项正确。

C 项：王某的行为是公民监督，属于社会法律监督体系。C 项正确。

D 项：绝对权利又称为“对世权利”，对应不特定的义务人。相对权利又称为“对人权利”，对应特定的义务人。本题中，王某的诉权是相对权，对应特定的义务人，即环保局。D 项错误。

综上所述，本题答案是 ABC 项。

【答案】ABC

第三节 法律适用★★★★

应试导读

本节内容是法考的四星级考点，比较重要，在客观题考试中，一般每套卷每一到两年出 1 道题，分值 1—2 分。同时，本节内容也可能和其他章节内容结合命题。重难点提示：(1) 通过本节学习，考生应重点掌握“大前提与小前提的区别”“内部证成与外部证成的区别”(2)“法的发现与法的证成”是法考改革后大纲新增内容，同样值得考生重点关注。

知识点

一、法律适用的目标

法律人适用法律的最直接的目标就是要获得**一个合理的法律决定**，在法治社会，合理的法律决定就是指法律决定具有**可预测性**和**正当性**。

含义	**可预测性**建立在法律规定的基础上，尽可能地避免武断和恣意，这是形式法治的要求，旨在实现法律的确定性、安定性 **正当性**建立在实质价值和道德考量的基础上，这是**实质法治**的要求，旨在实现法律的正当性、合目的性
关系	法律决定的可预测性和正当性存在**一定的紧张关系**：实现了可预测性，未必实现了正当性；实现了正当性，未必实现了可预测性 因此，从整体法治来看，必然要求作法律决定的人努力在二者之间寻找**最佳的协调**；对特定时间段内的特定国家的法律人来说，**可预测性具有初始的优先性**

【经典题目】

沈某通过遗嘱继承了爷爷遗产房子的所有权，然后起诉至法院，要求继祖母李某搬离房子。法院认为，此住房是李某唯一住房，且李某年事已高，无其他生活来源，如让其搬离会违背社会公序良俗。虽然此房屋并未登记设立居住权，但根据《民法典》规定居住权的立法目的，应当承认李某的居住权利。故判决沈某败诉。关于该案，下列哪些说法是正确的？（　　）(2021 年考生回忆版)

A. 法院的判决体现了法律分配正义的个人需求原则

B. 为了证成李某的权利，法院做了目的论扩张

C. 沈某的所有权是普通权利，李某的居住权是基本权利

D. 法院考量公序良俗原则，是为了确保判决的合目的性

解析要点：

A 项：法律分配正义的个人需求原则，是指人之为人应该得到维持其存在的物与东

西，法律应该满足他作为人的必然的客观的个人需求。本案中，法院满足了年事已高且无生活来源的李某的居住需求，体现了法律分配正义的个人需求原则。A 项正确。

B 项：目的论扩张是法律规范的文义未能涵盖某类案件，但依据规范目的扩张规范的适用范围。本案中，此房未按《民法典》规定登记设立居住权，但法院基于设立居住权的目的是保障弱势群体，认定李某享有居住权，体现了目的论扩张。B 项正确。

C 项：基本权利是宪法所规定的人们在国家政治生活、经济生活、文化生活和社会生活中的根本权利，普通权利是宪法以外的普通法律所规定的权利，居住权规定于《民法典》，也属于普通权利。C 项错误。

D 项：判决的正当性和合目的性均是实质法治的要求，法院考量了公序良俗原则，保障了本案中的老年人居有定所，安度晚年，从而确保了判决的合目的性，维护了实质法治，保证了判决结果符合社会道德，维护了公平正义。D 项正确。

综上所述，本题答案是 ABD 项。

【答案】ABD

二、法律适用的步骤

确定案件事实（小前提）+ 确定法律规范（大前提）→推导法律决定（结论）。

注意 实际上，三个步骤不是独立且严格区分的单个行为，它们可以相互转换。

三、法律证成

证成，就是给一个决定提供充足理由的活动或过程。

外部证成	是指对法律决定所依赖的前提的证成
内部证成	是指法律决定必须按一定推理规则，从前提中逻辑地推导出来

【背诵口诀】

法律规范大前提。
案件事实小前提。
外部证成证前提（大小前提是否真实合理）。
内部证成证结论（大小前提是否能够推导出结论）。

【命题角度】

法律证成常见命题角度：

1. 给考生一个法律决定，请考生区别大前提与小前提。
2. 给考生一个法律决定，请考生区别外部证成与内部证成。

【经典题目】

关于法的适用，下列哪一说法是正确的？（　　）（2015–01–15）

A. 在法治社会，获得具有可预测性的法律决定是法的适用的唯一目标
B. 法律人查明和确认案件事实的过程是一个与规范认定无关的过程
C. 法的适用过程是一个为法律决定提供充足理由的法律证成过程
D. 法的适用过程仅仅是运用演绎推理的过程

解析要点：

A 项：法律人适用法律的直接目标是获得一个合理的法律决定，合理的法律决定需要同时具有可预测性（形式法治的要求）和正当性（实质法治的要求）。A 项错误。

B 项：法律人查明和确认案件事实的过程不是一个纯粹的事实归结过程，而是一个在法律规范与事实之间的循环过程，即目光在规范与事实之间来回穿梭。B 项错误。

C 项：法律适用的过程，无论是寻找大前提还是确定小前提，都是用来向法律决定提供支持程度不同的理由；所谓“证成”，便是给一个决定提供充足理由的活动或过程。C 项正确。

D 项：法的适用过程可以采用演绎推理、类比推理、归纳推理和设证推理等多种推理形式。D 项错误。

综上所述，本题答案是 C 项。

【答案】C

四、法的发现与法的证成

定义	法的发现：法律人的心理因素与社会因素引发或引诱其针对特定案件作出某个具体决定或判断的事实行为过程
	法的证成：法律人对其所作的决定和判断提供尽可能充足的理由支持，保证其决定或判断理性、正当、正确的推理或论证过程
联系	法的发现和法的证成不是两个先后各自独立发生的过程，而是同一个过程的不同层面
区别	法的发现：结论先于理由 法的证成：理由先于结论
启示	基于法律决定的合理性要求，相比法的发现，法的证成具有优先性 理由一：影响法的发现的心理因素与社会因素不公开 理由二：影响法的发现的心理因素与社会因素不具有普遍必然性

第四节　法律解释★★★★★

应试导读

本节内容是法考的五星级考点，非常重要，在客观题考试中，一般每套卷每年出 1 道题，分值 1—2 分。同时，本节内容也可能和其他章节内容结合命题。重难点提示：（1）通过本节学习，考生应重点掌握“法律解释的方法”以及“正式解释与非正式解释的区分”（2）“法律解释方法的适用模式”是法考大纲新增考点，考生也应特别关注。

知识点

一、法律解释的方法

法律解释方法	文义解释	又称语法解释、文法解释、文理解释、语义学解释，是指按照表达法律的语言文字的日常意义或者技术意义来解释说明法律的含义 【注意】平义解释、扩张解释和限缩解释都属于文义解释
	体系解释	也称逻辑解释、系统解释，是指将被解释的法律条文放在整部法律乃至整个法律体系中，联系此法条与其他法条的相互关系来解释法律
	历史解释	依据正在讨论的法律问题的历史事实对某个法律规定进行解释
	比较解释	根据外国的立法或判例学说对某个法律规定进行解释
	主观目的解释	又称立法者目的解释，是指根据参与立法的人的意志或立法的资料揭示某个法律规定的含义
	客观目的解释	根据理性的目的对某个法律规定进行解释。客观目的解释可以使法律决定与特定社会的伦理与道德要求相一致

【要点对比】

文义解释——看字面意思（保证“可预测性”）。

体系解释——联系上下文。

历史解释——古今对比。

比较解释——中外对比。

主观目的解释——看立法者目的。

客观目的解释——看理性目的（追求“正当性”）。

【经典题目】

法谚云：“法的最佳解释是法律本身。”对此，下列哪一说法是正确的？（　　）（2022 年考生回忆版）

A. 法律之外无解释

B. 立法的过程就是解释法律的过程

C. 解释法律可以运用客观目的解释

D. 有法律就有最佳解释

解析要点：

A 项：法律之外既有有法律解释权的国家机关对法律作出的正式解释，又有没有法律解释权的机关、团体、组织或个人对法律作出的非正式解释，因此，法律之外有解释。A 项错误。

B 项：立法的过程确实离不开立法者对法律规范含义的解释和说明，但是，立法过程除了解释说明法律规范，还包括立法者制定规范。B 项错误。

C 项：客观目的解释可以使法律决定与特定社会的伦理与道德要求相一致，从而使法律决定具有最大可能的正当性。因此，解释法律可以运用客观目的解释。C 项正确。

D 项：表达法律的用语具有歧义性、模糊性和价值的开放性，因此，有法律未必有最佳解释，可能针对同一法律规范，特定的时间段内的特定国家的法律人作出了两种以上相互对立、冲突的解释，并没有高下优劣之分。D 项错误。

综上所述，本题答案是 C 项。

【答案】C

二、法律解释方法的适用模式与位阶

法律人针对特定案件事实对某个法律文本或法的渊源进行解释时，既可能只适用 一种法律解释方法，也可能同时适用两种以上的法律解释方法。

法律解释方法有三种适用模式：单一模式、累积模式与冲突模式。

单一模式	所谓单一模式，是指法律人针对特定案件事实对特定法律文本或法的渊源进行解释时，只适用一种法律解释方法。一般来说，这个模式中的那个单一的法律解释方法就是语义学法律解释方法 法律人运用单一模式的条件：那个单一的解释方法是证成对某个法律文本或法的渊源的解释结果的充分理由，从而证成法律决定并使人们能够在理性上接受该法律决定 例如，《刑法》第 140 条生产、销售伪劣产品罪规定的“以次充好”，是指以低等级、低档次产品冒充高等级、高档次产品，或者以残次、废旧零配件组合、拼装后冒充正品或者新产品的行为
累积模式	所谓累积模式，是指法律人针对特定案件事实同时适用两种以上的法律解释方法对特定法律文本或法的渊源进行解释，而且在最终意义上得到了相同的解释结果 这个模式不是不同的法律解释方法偶然地遭遇或碰在一起，而是它们相互独立地证成了相同法律解释结果，它们各自的证成力累积在一起而形成了一个整体的证成力
冲突模式	所谓冲突模式，是指法律人针对特定案件事实同时适用两种以上的法律解释方法对特定法律文本或法的渊源进行解释，而得到至少两个相互对立、冲突的解释结果，而且这些解释结果证成了不同法律决定 冲突模式的运用：冲突模式运用的关键和根本之处不在于法官或法律适用者运用不同的相互独立的法律解释方法证成不同的法律解释结果，而在于证成哪一个法律解释结果具有优先性，即解决冲突问题。这就必然涉及法律解释方法的位阶问题
位阶	文义解释→体系解释→主观目的解释→历史解释→比较解释→客观目的解释 【注意】这个位阶关系不是固定的，若存在更强理由，优先性关系可以推翻

【背诵口诀】

单一模式：“一锤定音式”——一种方法，一个结论。

累积模式：“殊途同归式”——两种方法，一个结论。

冲突模式：“大相径庭式”——两种方法，两个结论。

三、当代中国的法律解释体制

正式解释（法定解释、有权解释），是指有法律解释权的国家机关、官员作出的有法律约束力的解释。

非正式解释，是指没有法律解释权的机关、团体、组织或个人对法律作出的不具有法律约束力的解释，包括学理解释和任意解释。

种类	主体	对象	说明
立法解释	全国人大常委会	宪法和法律（狭义）	立法解释与法律的效力相同
司法解释	最高人民法院 最高人民检察院	法律适用过程中具体法律应用问题	包括：审判解释、检察解释、联合解释 【注意】指导性案例不属于司法解释
行政解释	国务院及其主管的部门	有关法律法规	针对不属于审判和检察工作中的具体法律应用问题，以及自身制定的法规
地方国家机关的解释	地方人大常委会和政府	地方性法规	针对地方性法规条文本身需要进一步明确界限或作补充规定的，由制定的地方人大常委会解释 属于地方性法规如何具体应用问题，由同级人民政府解释

【命题角度】

法律解释常见命题角度：给考生一个案例，请考生判断案例中运用的是哪种解释方法。

【经典题目】

李某在某餐馆就餐时，被邻桌互殴的陌生人误伤。李某认为，依据《消费者权益保护法》第 7 条第 1 款中“消费者在购买、使用商品和接受服务时享有人身、财产安全不受损害的权利”的规定，餐馆应负赔偿责任，据此起诉。法官结合该法第 7 条第 2 款中“消费者有权要求经营者提供的商品和服务，符合保障人身、财产安全的要求”的规定来解释第 7 条第 1 款，认为餐馆对商品和服务之外的因素导致伤害不应承担责任，遂判决李某败诉。对此，下列哪一说法是不正确的？（　　）（2013–01–13）

A. 李某的解释为非正式解释

B. 李某运用的是文义解释方法

C. 法官运用的是体系解释方法

D. 就不同解释方法之间的优先性而言，存在固定的位阶关系

解析要点：

A 项：非正式解释，是指没有法律解释权的机关、团体、组织或个人对法律作出的不具有法律约束力的解释，包括学理解释和任意解释。本案中，李某属于普通公民，所作解释为任意解释。A 项正确。

B 项：文义解释是指按照表达法律的语言文字的日常意义或者技术意义来解释说明法律的含义。本案中，李某解释的是相关条款的表面文义。B 项正确。

C 项：体系解释是指将被解释的条文放在整部法律当中乃至整个法律体系当中，联系此条文和其他法条的相互关系来解释法律。本案中，法官结合了其他条款来解释，因此运用了体系解释方法。C 项正确。

D 项：在各种法律解释方法之间，位阶关系不是固定的，若存在更强理由，优先性关系可以推翻。D 项错误。

综上所述，本题答案是 D 项。

【答案】D

第五节　法律推理★★★★★

应试导读

本节内容是法考的五星级考点，非常重要，在客观题考试中，一般每套卷每年出1道题，分值1—2分。同时，本节内容也可能和其他章节内容结合命题。重难点提示：通过本节学习，考生应重点掌握六种常见推理方法之间的区别。

知识点

法律推理，就是指法律人在从一定的**前提**推导出**法律决定**的过程中所必须遵循的推论规则。

演绎推理	演绎推理是从**一般到个别**的推论 演绎推理经典形式：**三段论**（大前提—小前提—结论） 演绎推理是一种**必然性推理**，所谓“必然”意味着只要前提为真（正确），则结论一定为真（正确） 例1：所有的人都会死，苏格拉底是人，所以苏格拉底会死 例2：饮酒后驾驶机动车的，处暂扣6个月机动车驾驶证，并处1000元以上2000元以下罚款。甲饮酒后驾驶机动车。甲应处暂扣6个月机动车驾驶证，并处1000元以上2000元以下罚款（法律规范大前提，案件事实小前提，大小前提得结论）
归纳推理	归纳推理是**从个别到一般**的推论。例如，从“一只乌鸦是黑的”“两只乌鸦是黑的”“三只乌鸦是黑的”……推导出“所有乌鸦都是黑的” 归纳推理的分类：包括**完全归纳推理**（必然性推理）与**不完全归纳推理**（或然性推理） 归纳推理的推理规则：被考察对象数量要尽可能多，范围尽可能广，差异尽可能大
类比推理	类比推理是**从个别到个别**的推论，又称“相似性论证”它在本质上是一种比较，一般形式为：A（类）事物具有a、b、c、d等属性，B（类）事物具有a、b、c属性，因此B（类）事物也具有d属性 例1：地球上有水、大气层和适当的温度，且存在生物。火星上也有水、大气层和适当的温度。因此，火星上也存在生物 例2：某法院在审理一起合同纠纷案时，参照最高法院发布的第15号指导性案例所确定的“法人人格混同”标准作出了判决。法官在该案中运用了类比推理
反向推理	反向推理又称“反面推论”，从“一件事是什么”推出“不同的事不是什么”，“**明示其一即否定其余**”。反向推理是或然性推理，主要运用于高度重视法律安定性或确定性价值的法律规范 例如，法律明文规定为犯罪行为的，依照法律定罪处刑；法律没有明文规定为犯罪行为的，不得定罪处刑
当然推理	当然推理包括两种形式：举轻以明重；举重以明轻 【注意】考虑到罪刑法定原则，不能从刑法将某种行为规定为犯罪，推导出在性质上比它更严重的行为也是犯罪

（续）

设证推理	设证推理又称“推定”，是指从某个结论或事实出发，依据某个假定的法则推导出某个前提或曾发生的事实的推论（由果推因） 例如，在宋代话本小说《错斩崔宁》中，刘贵之妾陈二姐因轻信刘贵欲将她休弃的戏言连夜回娘家，路遇年轻后生崔宁并与之结伴同行。当夜盗贼自刘贵家盗走 15 贯钱并杀死刘贵，邻居追赶盗贼遇到陈、崔二人，因见崔宁刚好携带 15 贯钱，遂将二人作为凶手捉拿送官。邻居就是运用设证推理方法断定崔宁为凶手 设证推理是一种效力很弱、很不确定的推理，要求推理者尽可能地去增强其可信度

【背诵口诀】

演绎一般到个别，归纳个别到一般，类比个别到个别。

反向明一否其余，当然轻重要对比，设证由果倒推因。

【命题角度】

法律推理常见命题角度：给出一个案例，请考生判断案例运用的是哪种推理方式。

【经典题目】

新郎经过紧张筹备准备迎娶新娘。婚礼当天迎亲车队到达时，新娘却已飞往国外，由其家人转告将另嫁他人，离婚手续随后办理。此事对新郎造成严重伤害。法院认为，新娘违背诚实信用和公序良俗原则，侮辱了新郎人格尊严，判决新娘赔偿新郎财产损失和精神抚慰金。关于本案，下列哪些说法可以成立？（ ）（2014–01–52）

A. 由于缺乏可供适用的法律规则，法官可依民法基本原则裁判案件

B. 本案法官运用了演绎推理

C. 确认案件事实是法官进行推理的前提条件

D. 只有依据法律原则裁判的情形，法官才需提供裁判理由

解析要点：

A 项：在司法实践中，法律原则的主要作用在于填补法律规则的空白和克服其僵硬性，因此，当缺乏可供适用的法律规则时，法官可依民法基本原则裁判案件。A 项正确。

B 项：本案中，法院以诚实信用和公序良俗原则为大前提，以案件事实为小前提，进行了演绎推理。B 项正确。

C 项：法律人应当确定案件事实作为小前提，寻求法律规范作为大前提，基于两个前提得出法律结论。C 项正确。

D 项：法律人适用法律解决具体纠纷的过程是一个说理的过程，无论是适用规则还是适用原则都必须提供裁判理由。D 项错误。

综上所述，本题答案是 ABC 项。

【答案】ABC

第六节　法律漏洞的填补★★★★

应试导读

本节内容是法考的四星级考点，比较重要，在客观题考试中，一般每套卷每一到两

年出1道题，分值1—2分。同时，本节内容也是法考改革后法理学大纲新增考点，值得考生重点关注。重难点提示：考生学习本节时，应重点掌握“法律漏洞的分类”。

知识点

法律漏洞，是指违反立法计划的不圆满性，即某事项本应由法律规定但法律却未作规定。法律漏洞不是法外空间，法外空间不属于法律调整的范围。

一、法律漏洞的分类

根据是否完全没有规定	全部漏洞	对于某个需要被规范的问题，法律完全没有规定，则为全部漏洞，也叫立法空白
	部分漏洞	对于某个需要被规范的问题，虽已为法律所规范，但并不完全，则为部分漏洞
根据表现形态	明显漏洞	关于某个法律问题，法律应积极地加以规定却未设规定（“该有规定未规定”）
	隐藏漏洞	关于某个法律问题，法律虽已有规定，但应设有例外却未设例外（“该有例外无例外”）
根据漏洞产生时间	自始漏洞	在法律制定时即已存在的漏洞，又分为明知漏洞和不明知漏洞（“当初就有”）
	嗣后漏洞	法律制定和实施后，因社会客观形势的变化发展而产生了新问题，但未被立法者所预见以致没有被纳入法律的调控范围（“后来才有”）

二、法律漏洞的填补方法

（一）目的论扩张

目的论扩张	目的论扩张，指法律规范的文义未能涵盖某类案件，但依其规范目的应当包含该类案件，因而扩张该规范的适用范围 目的论扩张是法律文义的范围窄于法律规范目的的范围，也即“词不达意”的情形，扩张词的含义以满足规范的目的
目的论扩张和扩张解释	目的论扩张和扩张解释不同： （1）扩张解释属于文义解释的一种情形，因条文的文义不足以表达立法意旨，而扩张条文中的词语意义，但该扩张并未超出规范文义的范围 （2）目的论扩张所适用之案件，已经超越了规范文义所涵盖的范围，因为该案件满足规范目的而适用该规范

（二）目的论限缩

目的论限缩	目的论限缩，指法律规范的文义涵盖了某类案件，但依据规范目的，不应涵盖该类案件，因而限缩规范的适用范围，将该类案件排除在外 目的论限缩是规范文义所指的范围宽于规范目的所指的范围，也即“言过其实”。基本原理是不同案件应作不同处理，排除掉不同类案件在同一规范的适用

（续）

目的论限缩与限制解释	目的论限缩与限制解释的区别： （1）限缩解释是该规范已经适用于案件，但文义过于宽泛，从而限缩该规范的文义，以便正确适用 （2）目的论限缩增添了新的限制性规范，限缩解释则压缩了规范的文义范围

【经典题目】

A 公司认为其生产的球形罐装饮料“老王茶”被 B 公司“茶道道”抄袭其罐子的球形外观，遂以侵犯实用新型专利权为由，将 B 公司诉至法院。法院认为，无论依何种法律解释方法，均无法将这种球形外观认定为《专利法》所规定的实用新型专利，故存在法律漏洞。但是，鉴于《专利法》旨在保护专利的独创性，而球形外观具有独创性，且符合《专利法》中对专利的定性，因此，法院适用《专利法》对专利定性的法条，对本案作出判决。关于本案，下列选项正确的是（　　）。（2022 年考生回忆版）

A. 该案的法律漏洞是隐藏漏洞

B. 法院进行了目的论扩张

C. 法院运用了类比推理

D. 此案表明法律没有规定即可认定存在法律漏洞

解析要点：

A 项：明显漏洞是指关于某个法律问题，法律依其规范目的或立法计划，应积极地加以规定却未设规定。隐藏漏洞是指关于某个法律问题，法律虽已有规定，但依其规范目的或立法计划，应对该规定设有例外却未设例外。本案中，关于球形外观的保护应该规定却未设规定，属于明显漏洞。A 项错误。

B 项：目的论扩张，是指法律规范的文义未能涵盖某类案件，但依据其规范目的应该将相同的法律后果赋予它，因而扩张该规范的适用范围，以将它包含进来。本案中，法院依据《专利法》的立法目的，扩张《专利法》的适用范围，对本案作出判决，体现了目的论扩张。B 项正确。

C 项：类比推理是从个别到个别的推论。它又称“相似性论证”，即根据两个或两类不同事物的相似性，或者说在某些属性上是相同的，从而推导出它们在另一个或另一些属性上也是相同的。本案中，法院认为球形外观和《专利法》中对专利的定性存在相似性，因此适用《专利法》，体现了类比推理。注意：无论依何种法律解释方法，均无法将这种球形外观认定为《专利法》所规定的实用新型专利，因此，法院无法直接将《专利法》法条作为推理的大前提，因此，该推理不是演绎推理。C 项正确。

D 项：任何社会，即使是法治社会，都存在一些法律不能调整、无须调整或不宜调整的社会关系或领域，如友谊和爱情。因此，法律没有规定的问题既可能是法律漏洞，也可能是法外空间。D 项错误。

综上所述，本题答案是 BC 项。

【答案】BC

第三章　法的演进

扫描右侧二维码“听课 + 做题”，直达最佳学习效果

1. 在线听课：学习本章节核心考点讲解课程。
2. 在线刷题：点击进入题库做章节练习。

第一节　法的起源与历史类型★

应试导读

本节内容是法考的一星级考点，重要性一般，在客观题考试中，一般每套卷每五到十年出 1 道题，分值 1—2 分。同时，本节以及本章其他节内容相对简单，考生应认真掌握，稳拿相应分数。

知识点

一、法的产生

马克思主义法学认为，法不是从来就有的，也不是永恒存在的，它是人类历史发展到奴隶社会阶段才出现的社会现象。总结世界不同民族和地区法产生的历史，可以归纳出如下**一般规律**：

调整机制上	法的产生经历了从**个别调整**到**一般规范性调整**，再到**法的调整**的发展过程
形式上	法的产生经历了由**习惯**到**习惯法**，再到**制定法**的发展过程
内容上	法的产生经历了法与宗教规范、道德规范的**浑然一体**到**不断分化**、**相对独立**的发展过程

二、法的历史类型

以阶级意志和经济基础为标准进行分类：**奴隶制法—封建制法—资本主义法—社会主义法**。

前三类是建立在生产资料私有制基础上的剥削阶级类型的法，社会主义法建立在生产资料公有制基础上，反映广大劳动人民意志，因此是**更高历史类型的法**。

【经典题目】

有学者这样解释法的产生：最初的纠纷解决方式可能是双方找到一位共同信赖的长者，向他讲述事情的原委并由他作出裁决；但是当纠纷多到需要占用一百位长者的全部时间时，一种制度化的纠纷解决机制就成为必要了，这就是最初的法律。对此，下列哪

一说法是正确的？（　　）（2017–01–13）

A. 反映了社会调整从个别调整到规范性调整的规律

B. 说明法律始终是社会调整的首要工具

C. 看到了经济因素和政治因素在法产生过程中的作用

D. 强调了法律与其他社会规范的区别

解析要点：

A 项：学者的解释说明社会纠纷由个别存在演变成普遍存在，而制度化纠纷解决机制的出现，可以将一个制度应用到同一类型的多个纠纷之中，不针对具体的人和事，可以被反复适用，反映了社会调整从个别调整到规范性调整的规律。A 项正确。

B 项：法律并非始终是社会调整的首要工具，例如在法律产生之前，人们依靠道德、宗教、习惯等进行社会调整。B 项错误。

C 项：题干中没有体现经济因素和政治因素在法产生过程中的作用。C 项错误。

D 项：题干中没有体现法律和其他社会规范的区别。D 项错误。

综上所述，本题答案是 A 项。

【答案】A

第二节　法的继承与法的移植★★

应试导读

本节内容是法考的二星级考点，重要性一般，在客观题考试中，一般每套卷每三到五年出 1 道题，分值 1—2 分。重难点提示：通过本节学习，考生应重点掌握“法的继承和法的移植的区别”。

知识点

法的继承	含义	不同历史时代的法律制度之间的延续和继受，一般表现为旧法对新法的影响和新法对旧法的继受
	理由	社会生活条件的历史延续性 法的相对独立性 法作为人类文明成果决定了法的继承的必要性
法的移植	含义	在鉴别、认同、调适、整合的基础上，引进、吸收、采纳、摄取、同化外国法，使之成为本国法律体系的有机组成部分
	理由	社会和法的发展的不平衡性 经济全球化 推动法的现代化发展，各个国家相互借鉴，形成更优良的法律制度
	注意事项	要选择优秀的、适合本国国情和需要的法律进行移植 要注意国外法与本国法之间的同构性和兼容性 注意法律体系的系统性 要有适当的超前性

注意 法律移植的范围，除了外国的法律外还包括国际法和国际惯例。

【背诵口诀】

继承和移植的区别：不同时代是继承，同一时代是移植。

第三节 法系★

应试导读

本节内容是法考的一星级考点，重要性一般，在客观题考试中，一般每套卷每五到十年出1道题，分值1—2分。重难点提示：通过本节学习，考生应重点掌握“大陆法系和英美法系”的不同特点。

知识点

根据历史传统和外部特征的不同对法进行的分类，是比较法上的概念。人类历史上的法系有中华法系、印度法系、伊斯兰法系、大陆法系和英美法系等。当今世界最有影响的是大陆法系和英美法系。

法系	大陆法系（民法法系）	英美法系（普通法系）
正式渊源	制定法	制定法和判例法
思维方式	演绎型思维	归纳式思维，注重类比推理
法律分类	公法、私法	普通法、衡平法
诉讼程序	纠问制	对抗制
法典编纂	法典	不倾向法典，但近代以来制定法的数量也在增加

第四节 法的现代化★★

应试导读

本节内容是法考的二星级考点，重要性一般，在客观题考试中，一般每套卷每三到五年出1道题，分值1—2分。重难点提示：通过本节学习，考生应重点掌握“内发型法的现代化和外源型法的现代化的区别”。

知识点

一、法的现代化的标志

内涵	法与道德的相互分离。法成为实证化的法律，道德成为理性的道德 法成为形式法。法的合法性来源于法自身，依赖于确立和证成它的形式程序，而不是伦理或者神学因素 法对现代价值的体现和保护。不断彰显社会的基本价值准则，如人人平等、政治民主化、保障人的权利与自由 法具有形式合理性。即可理解性、精确性、一致性、普遍性、公开性，一般来说是成文的，以及不具有溯及既往的效力，等等
类型	内发型法的现代化：特定社会力量产生的法的创新，自发的、缓慢的、自下而上的、渐进变革的过程
	外源型法的现代化：外部环境影响下，社会受外力冲击，引起思想、政治、经济领域的变革，最终导致法律领域的变革与转型 特点： 1. 被动性：外部因素压力（外来干涉、殖民统治、经济依附关系） 2. 依附性：带有明显的工具色彩，服务于政治、经济变革 3. 反复性：由于不是通过社会自身力量演变的自然结果，与本土文化存在尖锐矛盾，现代化的过程经常出现反复

二、当代中国法的现代化

起点	以收回领事裁判权为契机的清末修律，开启了中国法的现代化之门
特点	1. 由被动接受到主动选择 2. 由模仿大陆法系到建立中国特色的社会主义法律制度 3. 法的现代化的启动形式是立法主导型 4. 法律制度变革在前，法律观念更新在后

【要点对比】

内发型法的现代化关键词——内部孕育、自下而上、渐变过程。

外源型法的现代化关键词——外部压迫（被动性、依附性）、自上而下、突变过程（反复性）。

【命题角度】

法的现代化常见命题角度：考查内发型法的现代化和外源型法的现代化的各方面区别。

【经典题目】

关于法的现代化，下列哪一说法是正确的？（　　）（2017–01–14）

A. 内发型法的现代化具有依附性，带有明显的工具色彩

B. 外源型法的现代化是在西方文明的特定历史背景中孕育、发展起来的

C. 外源型法的现代化具有被动性，外来因素是最初的推动力

D. 中国法的现代化的启动形式是司法主导型

解析要点：

A 项：外源型法的现代化是外部环境影响下的现代化，具有依附性和明显的工具色彩。A 项错误。

B 项：内发型法的现代化是在西方文明的特定历史背景中孕育、发展起来的。B 项错误。

C 项：外源型法的现代化具有被动性，即在法的外源型现代化中，现代化最初是迫于某种外来压力而进行的。C 项正确。

D 项：中国法的现代化属于立法主导型，清末修律活动开启了中国法的现代化之门。D 项错误。

综上所述，本题答案是 C 项。

【答案】C

第五节 法治理论★

应试导读

本节内容是法考的一星级考点，重要性一般，在客观题考试中，一般每套卷每五到十年出 1 道题，分值 1—2 分。重难点提示：学习本节，考生应重在理解，同时明确“法治与法制的区别”。

知识点

一、法制与法治

“法制”基本可以和广义上的“法律”通用，指一国法律和制度的总称。

“法治”是指以民主为基础，以法律为最高权威，尊重和保障人权的现代政治文明，是“良法善治”。

注意 有国家一定有法制，但未必有法治。

二、现代法治的内涵

法律至上	法律在社会生活中具有**最高权威**。任何人都要在宪法和法律范围内活动
良法之治	良法必须是以民众的福祉为目的，必须与社会公认的价值保持一致
人权保障	**人权**应得到尊重和保障，确保所有人平等地享有法律规定的各项自由
权力制约	**国家权力必须依法行使**，法无规定即禁止

第四章　法与社会

扫描右侧二维码“听课 + 做题”，直达最佳学习效果

1. 在线听课：学习本章节核心考点讲解课程。
2. 在线刷题：点击进入题库做章节练习。

第一节　法与经济★★

应试导读

本节内容是法考的二星级考点，重要性一般，在客观题考试中，一般每套卷每三到五年出 1 道题，分值 1—2 分。同时，本节以及本章其他节内容相对简单，考生应认真掌握，稳拿相应分数。重难点提示：通过本节学习，考生应重点掌握“法与科学技术”的关系。

知识点

一、法与经济

经济基础对法有**决定作用**。

法对经济基础有**反作用**。

二、法与科学技术

科技进步对法的影响	**立法**：扩大了法律调整的社会关系的范围；提高了立法的质量和水平；新技术的出现也导致了伦理困境和法律评价上的困难 **司法**：司法过程中事实认定和法律适用环节越来越深刻地受到了现代科学技术的影响。例 1：电子证据的出现挑战了既有的证据法则和事实认定的基础；例 2：人工智能和大数据技术的发展改变了法官的思维方式，减轻了法官的工作负担，提高了同案同判的可能性
法对科技进步的作用	1. 运用法律管理科技活动，推动科技的进步 2. 通过法律促进科技成果商品化。例 1：通过立法规范知识产权制度；例 2：通过立法构建公平有序的竞争规则 3. 法律对科技可能导致的问题进行必要的限制，以防止产生不利的社会后果。例如，《刑法》第 336 条之一【非法植入基因编辑、克隆胚胎罪】规定：将基因编辑、克隆的人类胚胎植入人体或者动物体内，或者将基因编辑、克隆的动物胚胎植入人体内，情节严重的，处 3 年以下有期徒刑或者拘役，并处罚金；情节特别严重的，处 3 年以上 7 年以下有期徒刑，并处罚金

【经典题目】

无人驾驶汽车是人工智能在汽车行业的具体应用。随着人工智能的不断发展，无人驾驶汽车热度持续升温，无人驾驶汽车上路行驶是否合法、出现事故如何担责、如何进行规范等问题引发公众热议。对此，下列哪一说法是正确的？（　　）（2018 年考生回忆版）

A. 我国道路交通安全法对无人驾驶汽车上路行驶尚无规定，体现了法律的局限性

B. 科技发展应尽量避免法律干预，从而为科技营造宽松的发展环境，促进科技进步

C. 科技发展如果引发了问题，只能通过法律手段解决

D. 只有当科技发展造成了实际危害后果时，才能动用法律手段进行干预

解析要点：

A 项：法律受其他社会规范、社会条件和环境制约，因此，立法具有一定的滞后性，这是法律局限性的体现。A 项正确。

B 项：应当运用法律管理科技活动，推动科技的进步，而非避免干预。B 项错误。

C 项：科技发展如果引发了问题，法律手段只是解决问题的手段之一，也可以运用道德、政策手段解决问题。C 项错误。

D 项：法律不仅能解决实际问题，还能预防问题，防止产生不利的社会后果。D 项错误。

综上所述，本题答案是 A 项。

【答案】A

第二节　法与政治

应试导读

本节内容是法考的一星级考点，重要性一般，在客观题考试中，一般每套卷每五到十年出 1 道题，分值 1—2 分。重难点提示：通过本节学习，考生应重点掌握“法与政策”的区别。

知识点

一、一般关系

法与政治都属于上层建筑，都受制于和反作用于一定的经济基础。二者相互作用，相辅相成，政治直接影响、约束法，法确认和调整政治关系，影响政治的发展。

二、法与政策

		法	执政党政策
联系		1. 党的政策对法的指导作用 2. 社会主义法对党的政策有制约作用	
区别	意志属性	国家意志	全党意志
	规范形式	规范性法律文件或者其他渊源形式	决议、宣言、决定、声明等
	实施方式	国家强制力保障	宣传和纪律
	调整范围	交涉性和可诉性的社会关系	范围广于法律 要求高于法律
	稳定性 程序化	稳定性更高、程序更严格	灵活性

三、法与国家

1. 法与国家权力相互依存、相互支撑。

2. 法与国家权力存在紧张、冲突关系：国家权力天然具有扩张性，总想凌驾于法之上；法对国家权力进行约束和限制。

注意 近现代法治的实质和精义在于控权，强调权力形式和实质的合法性。

【经典题目】

我国于2015年公布了全面实施一对夫妇可生育两个孩子的政策，《人口与计划生育法》随即作出修改。对此，下列哪些说法是正确的？（　　）（2016–01–51）

A. 在我国，政策与法律具有共同的指导思想和社会目标

B. 立法在实践中总是滞后的，只能“亡羊补牢”而无法适度超越和引领社会发展

C. 越强调法治，越要提高立法质量，通过立法解决改革发展中的问题

D. 修改《人口与计划生育法》有助于缓解人口老龄化对我国社会发展的压力

解析要点：

A项：在我国，政党政策与法律在赖以建立的经济基础、指导思想、基本精神和历史使命等方面，都是相同的，二者应当是一致的，A项正确。

B、C项：虽然立法具有一定的滞后性，但是，建设中国特色社会主义法治体系，必须坚持立法先行，发挥立法的引领和推动作用，B项错误，C项正确。

D项：修改《人口与计划生育法》，实施全面两孩政策，可以通过进一步释放生育潜力，减缓人口老龄化压力，增加劳动力供给，促进人口均衡发展，D项正确。

综上所述，本题答案是ACD项。

【答案】ACD

第三节　法与道德★★★★

应试导读

本节内容是法考的四星级考点，比较重要，在客观题考试中，一般每套卷每一到两年出1道题，分值1—2分。同时，本节内容有可能和法的概念、习近平法治思想等知识点结合命题。重难点提示：通过本节学习，考生应重在理解，在理解的基础上掌握法与道德的联系和区别。

知识点

一、法与道德的联系

概念联系	非实证主义法学：法与道德在概念上存在必然联系 实证主义法学：法与道德在概念上不存在必然联系
内容联系	几乎所有学者都认为，法与道德在内容上相互渗透 古代：法与道德内容重合程度极高 近现代：法律是最低限度的道德
功能联系	法律与道德在功能上相辅相成，共同调整社会关系 古代法学家强调道德在社会调控中的首要地位 近现代法学家强调法律在社会中的首要作用

二、法与道德的区别

	法	道德
产生方式	形式上是国家机关按照法定程序主动制定或认可的，是立法者自觉建构的产物	是在社会生产生活中自然演进生成的，是自发和非建构的产物
表现形式	通常表现为规范性文件	通常存在于人的内心和社会舆论
调整范围	关注和规范外在行为，不问动机	调整外在行为，关注内在动机
内容结构	规则为主	原则为主
实施方式	国家强制力保证实施	主要依靠人的内心信念和社会舆论等方式加以强制实施

【经典题目】

《摩奴法典》是古印度的法典，《法典》第五卷第一百五十八条规定："妇女要终生耐心、忍让、热心善业、贞操，淡泊如学生，遵守关于妇女从一而终的卓越规定。"第一百六十四条规定："不忠于丈夫的妇女生前遭诟辱，死后投生在豺狼腹内，或为象皮病和肺痨所苦。"第八卷第四百一十七条规定："婆罗门贫困时，可完全问心无愧地将其奴隶首陀罗的财产据为己有，而国王不应加以处罚。"第十一卷第八十一条规定："坚持苦行，纯洁如学生，凝神静思，凡十二年，可以偿赎杀害一个婆罗门的罪恶。”结合材料，判断下列哪一说法是错误的？（　　）（2009–01–08）

A.《摩奴法典》的规定表明，人类早期的法律和道德、宗教等其他规范是浑然一体的

B.《摩奴法典》规定苦修可以免于处罚，说明《法典》缺乏强制性

C.《摩奴法典》公开维护人和人之间的不平等

D.《摩奴法典》带有浓厚的神秘色彩，与现代法律精神不相符合

解析要点：

A 项:《摩奴法典》是典型的奴隶制法，奴隶社会处于人类社会的早期，此时，法与宗教、道德等社会规范是浑然一体的，A 项正确。

B 项:《摩奴法典》作为法律，具有强制性，受到奴隶制国家强制力的保障，B 项错误。

C 项：作为奴隶制法，《摩奴法典》严格保护奴隶主的所有制，例如“婆罗门贫困时，可完全问心无愧地将其奴隶首陀罗的财产据为己有”等规定都是公开反映和维护贵族的等级特权，C 项正确。

D 项：“不忠于丈夫的妇女……死后投生在豺狼腹内……”等规定带有浓厚的神秘色彩，与现代法律精神不相符合，D 项正确。

综上所述，本题答案是 B 项。

【答案】B

第二编　宪法

概述　宪法考情与备考要点

一、考试分值

法考改革后，司法部官方不再公布真题以及答案，根据考生回忆：

在客观题考试中，宪法每年每套卷考查 15 分左右。

在主观题考试中，法考时代的主观题均直接针对中国特色社会主义法治理论以及习近平法治思想命题，不直接考查宪法。

二、命题特点

宪法命题，既有重者恒重、新修必考、热点常考等法考科目命题的共性特点，还有如下个性特点：

（一）命题比较直接，经常考查教材原文

宪法命题相对法理学而言比较直接，经常考查法条或者官方辅导用书的原文，试举一道典型题目：

关于宪法有如下四种表述：①宪法规定了公民的基本权利和义务。②宪法的效力高于其他法律的效力。③宪法的制定和修改程序比其他法律更为严格。④宪法是由宪法规则、宪法原则和宪法精神三个不同层次的要素组成的结构体系。上述四种说法中，哪些

体现了宪法的根本法属性？（2023 年考生回忆版）

A. ①②③④　　B. ①②③

C. ②③　　D. ①④

分析：

宪法的根本法属性体现在三个方面：首先，在内容上，宪法规定一个国家最根本、最核心的问题。诸如国家的性质、国家的政权组织形式、国家的结构形式、国家的基本国策、公民的基本权利和义务、国家机构的组织和职权等。因此说法①体现了宪法的根本法属性。其次，在法律效力上，宪法具有最高法律效力。因此说法②体现了宪法的根本法属性。最后，在制定和修改的程序上，宪法比普通法律更加严格。因此说法③体现了宪法的根本法属性。说法④本身有其合理性，但未体现宪法的根本法属性。同时，本题中说法①②③在官方辅导用书以及本教材中均能找到原文。综上所述，本题答案为 B 项。

（二）注重考查细节

宪法命题经常考查法条或官方辅导用书中的细节词句，试举一道典型题目：

某省某自治州拟任命自治州人大常委会主任（甲）、自治州中级人民法院院长（乙），自治州人民检察院检察长（丙）和自治州州长（丁）。对此，下列哪些说法是正确的？（　　）（2022 年考生回忆版）

A. 甲须由本自治州实行区域自治的民族的公民担任

B. 乙须由省人大常委会选举

C. 丙的任命须由省检察院检察长提请省人大常委会批准

D. 丁须由本自治州实行区域自治的民族的公民担任

分析：

A 项：《民族区域自治法》第 16 条第 3 款规定："民族自治地方的人民代表大会常务委员会中应当有实行区域自治的民族的公民担任主任或者副主任。" A 项错误。

B 项：《法官法》第 18 条第 4 款规定："地方各级人民法院院长由本级人民代表大会选举和罢免……" 因此，乙须由自治州人大而非省人大常委会选举。B 项错误。

C 项：《检察官法》第 18 条第 3、4 款规定："地方各级人民检察院检察长由本级人民代表大会选举和罢免……地方各级人民检察院检察长的任免，须报上一级人民检察院检察长提请本级人民代表大会常务委员会批准。" C 项正确。

D 项：《民族区域自治法》第 17 条第 1 款规定："自治区主席、自治州州长、自治县县长由实行区域自治的民族的公民担任。" D 项正确。

上述四个法条，在官方辅导用书也能找到原文。总之，宪法命题人每年会针对法条以及官方辅导用书的细节出多道题目，考生应该重视细节，精准记忆。

三、备考建议

学习目标：对宪法考点重点记忆 + 精准记忆。

具体做法：

（一）结合本书以及配套课程，明确重点

通过看书以及听课，一方面，考生可以对考点达成初步理解，先理解，再记忆；另一方面，明确哪些是重点，通过实时勾画，画出重点，标注关键字词，以便在后期复习时，能够迅速定位重点，针对性背诵。

（二）配套做题

宪法真题至少做两遍。第一遍做题是配合听课做题，学习一节知识点，配套做一节题目，考生不要在意做题正确率，做题的目的是调动思考，增进理解。第二遍做题在宪法课程完整听完之后，做题的目的是发现薄弱点，针对性强化。

（三）考前背诵

考生要把本书宪法部分强调的重点，在考前多背几遍，尽量做到精准记忆。

特别提示：法考改革后，宪法学科纯粹考查死记硬背的题目逐渐减少，理解和记忆相结合的题目逐渐增多。因此，考生如果没有经过听课和做题的铺垫直接背诵，会导致如下问题：一方面，背诵过程比较痛苦；另一方面，即使背会了可能也不会运用。考生正确的备考方法是"听课 + 做题 + 背诵"三步走，先理解，后记忆，在理解的基础上进行记忆。

第一章　宪法基本理论

扫描右侧二维码“听课 + 做题”，直达最佳学习效果

1. 在线听课：学习本章节核心考点讲解课程。
2. 在线刷题：点击进入题库做章节练习。

第一节　宪法的概念★★★

应试导读

本节内容是法考的三星级考点，比较重要，在客观题考试中，一般每套卷每两到三年出 1 道题，分值 1—2 分。同时，本节内容也可能和其他章节内容综合命题。另外，本节内容也是整个宪法学科的基础，考生应当认真对待。

知识点

一、宪法的基本特征

<table>
<tr><td rowspan="6">国家根本法</td><td>内容上，规定国家最根本、最核心的问题</td><td>宪法规定国家最根本、最核心的问题，诸如国家性质、国家政权组织形式、国家结构形式、国家的基本国策、公民的基本权利和义务、国家机构等
其他法律规定国家生活中具体领域的问题</td></tr>
<tr><td rowspan="3">效力上，具有最高法律效力</td><td>宪法是普通法律的制定依据，普通法律是宪法的具体化</td></tr>
<tr><td>任何普通法律、法规不得与宪法规范、原则和精神相违背</td></tr>
<tr><td>宪法是一切国家机关、社会团体和全体公民的最高行为准则</td></tr>
<tr><td rowspan="2">制定与修改程序上，比其他法律更严格</td><td>制定和修改宪法的机关往往是特别成立的机关。例如，1787 年美国宪法由 55 名代表组成的制宪会议制定</td></tr>
<tr><td>通过或批准宪法或其修正案的程序更加严格。例如，我国宪法规定，宪法的修改，由全国人民代表大会常务委员会或者五分之一以上的全国人民代表大会代表提议，并由全国人民代表大会以全体代表的三分之二以上的多数通过
【背诵口诀】
“常委”“五一”提修宪，三分之二才通过</td></tr>
<tr><td>公民权利保障书</td><td colspan="2">在内容上，分为对国家权力的限制和对公民权利的保障两个部分，其中核心是保障公民权利</td></tr>
<tr><td>民主事实法律化</td><td colspan="2">宪法与民主紧密相连，民主事实的普遍化是宪法得以产生的前提之一</td></tr>
</table>

【背诵口诀】

宪法的基本特征是什么?

国家根本法、公民权利保障书、民主事实法律化。

宪法为什么是国家根本法?

内容根本、效力最高、制修严格。

宪法为什么效力最高?

立法依据、不得违背、行为准则。

二、宪法的分类

(一)传统的宪法分类

分类标准	具体类型	举例
是否具有统一法典的形式	成文宪法:具有统一法典形式的宪法,又称为文书宪法或制定宪法	世界历史上第一部成文宪法是1787年美国宪法 欧洲大陆第一部成文宪法是1791年法国宪法 【注意】世界上绝大多数国家都是成文宪法国家
	不成文宪法:不具有统一的法典形式,内容散见于多种法律文书、宪法判例或宪法惯例的宪法	英国、新西兰、以色列、沙特阿拉伯等少数国家 英国是典型的不成文宪法国家,英国宪法包括大量宪法惯例和宪法判例,还包括1628年《权利请愿书》、1679年《人身保护法》、1689年《权利法案》、1701年《王位继承法》、1928年《男女选举平等法》等
有无严格的制定、修改机关和程序	刚性宪法:制定机关往往是特别成立的,制定或修改的程序更严格	实行成文宪法的国家往往也是刚性宪法国家
	柔性宪法:制定、修改的机关和程序与一般法律相同,效力亦无差异	最典型的是英国宪法
制定宪法的机关不同	钦定宪法:由君主或以君主的名义制定和颁布的宪法	1889年日本明治宪法 1908年清政府的《钦定宪法大纲》
	民定宪法:由民意机关或全民公决制定的宪法	世界上大多数国家
	协定宪法:由君主和国民或国民的代表机关协商制定的宪法	1215年英国《自由大宪章》 1830年法国宪法

(二)马克思主义宪法学的分类

以国家的类型和宪法的阶级本质为标准	资本主义类型宪法 社会主义类型宪法
以宪法是否与现实相一致为标准	如果法律同现实脱节,宪法是虚假的 如果法律同现实一致,宪法便不是虚假的

【命题角度】

宪法的分类常见命题角度:

1. 给考生一部宪法，请考生判断属于哪种宪法。（例如，1830 年法国宪法是钦定宪法。正确吗？）

2. 给考生一种宪法类型，问考生该种宪法类型的内在特点。（例如，不成文宪法的特点是其内容不见于制定法。正确吗？）

【经典题目】

成文宪法和不成文宪法是英国宪法学家提出的一种宪法分类。关于成文宪法和不成文宪法的理解，下列哪一选项是正确的？（　　）（2017–01–21）

A. 不成文宪法的特点是其内容不见于制定法

B. 宪法典的名称中必然含有“宪法”字样

C. 美国作为典型的成文宪法国家，不存在宪法惯例

D. 在程序上，英国不成文宪法的内容可像普通法律一样被修改或者废除

解析要点：

A 项：不成文宪法的特点是没有统一法典的形式，内容散见于多种法律文书、宪法判例和宪法惯例，而非内容不见于制定法。A 项错误。

B 项：宪法典的名称一般含有“宪法”字样，但有例外，例如澳大利亚联邦基本法、德国基本法。B 项错误。

C 项：美国虽然是世界上最早颁布成文宪法的国家，但同时也存在着大量的宪法惯例，而最为人们熟悉的司法审查权，就是由宪法惯例形成的。C 项错误。

D 项：英国宪法是柔性宪法，因此英国的宪法性法律在修改程序上与普通法律无异。D 项正确。

综上所述，本题答案是 D 项。

【答案】D

三、宪法的制定

宪法的制定即制宪，是指制宪主体按照一定的程序创制宪法的活动。**人民作为制宪主体**是现代宪法发展的基本特点，表明了人民在政治社会中的地位。为了保障制宪工作的严肃性和权威性，各国在制宪过程中一般遵守如下程序：

设立制宪机关	为使制宪权的实现程序具体化，各国通常成立制宪机关。制宪机关通常包括： （1）**宪法起草机关**。例如，我国 1954 年成立的中华人民共和国宪法起草委员会 （2）**宪法通过机关**。例如美国的制宪议会、我国的全国人民代表大会等
提出宪法草案	宪法草案的起草要遵循一定的指导思想或原则，以保证草案内容的民主性和科学性。宪法草案的提出**以广泛的民主讨论为基础**。例如，我国在 1954 年宪法的制定过程中，确立了社会主义原则、民主原则，把领导意见和群众意见有机结合，使宪法草案具有广泛的民主基础
通过宪法草案	为了保证宪法的权威性和稳定性，大多数国家对宪法草案的通过程序作出严格规定，通常要求宪法通过机关成员的 2/3 以上或 3/4 以上的多数赞成才有效。有的国家规定要通过全体国民投票、全民公决的方式批准
公布宪法	宪法草案经过一定程序通过后，由国家元首或代表机关公布。例如，我国 1954 年宪法由第一届全国人民代表大会第一次会议以**全国人民代表大会公告**的形式公布，自通过之日起生效

【经典题目】

宪法的制定是指制宪主体按照一定程序创制宪法的活动。关于宪法的制定，下列哪一选项是正确的？（　　）（2015–01–20）

A. 制宪权和修宪权是具有相同性质的根源性的国家权力

B. 人民可以通过对宪法草案发表意见来参与制宪的过程

C. 宪法的制定由全国人民代表大会以全体代表的2/3以上的多数通过

D. 1954年《宪法》通过后，由中华人民共和国主席根据全国人民代表大会的决定公布

解析要点：

A项：制宪权和修宪权都是本源性的国家权力，但两者性质不同，修宪权受制宪权的约束，不得违背制宪权的基本精神和原则。A项错误。

B项：人民可以通过对宪法草案发表意见来参与制宪，但是人民作为制宪主体并不意味着人民直接参与制宪的过程。B项正确。

C项：我国的制宪主体是人民，制宪机关是第一届全国人大第一次全体会议，全国人民代表大会是修宪机关。C项错误。

D项：我国1954宪法是第一届全国人大第一次全体会议以全国人大公告的形式公布。D项错误。

综上所述，本题答案是B项。

【答案】B

第二节　宪法的历史★★★

应试导读

本节内容是法考的三星级考点，比较重要，在客观题考试中，一般每套卷每两到三年出1道题，分值1—2分。重难点提示："1982年宪法的历次修改"记忆量很大，考生应优先掌握最近一次修宪，即2018年宪法修正案的内容。

知识点

一、新中国宪法的历史发展

	时间	文件名称	说明
1	1949年	共同纲领	1949年中国人民政治协商会议制定了起临时宪法作用的《中国人民政治协商会议共同纲领》
2	1954年	1954年宪法	1954年9月20日，第一届全国人民代表大会第一次全体会议在北京召开，会议主要任务之一是通过宪法，即1954年宪法 1954年宪法是新中国第一部社会主义类型的宪法
3	1975年	1975年宪法	第二部宪法。内容很不完善，指导思想上存在严重错误

（续）

4	1978 年	1978 年宪法	第三部宪法。从总体上说仍然不能适应当时社会发展的需要
5	1982 年	1982 年宪法	1982 年 12 月 4 日，第五届全国人大第五次会议通过了新中国的第四部宪法，即现行宪法

注意　1975 年、1978 年和 1982 年对宪法进行了全面修改。1988 年、1993 年、1999 年、2004 年和 2018 年对宪法进行了部分修改，共通过 52 条修正案。

二、1982 年宪法的结构和特点

1982 年宪法的结构	序言、正文（正文包括四章：总纲，公民的基本权利和义务，国家机构，国旗、国歌、国徽、首都）
1982 年宪法的基本特点	1. 总结“文化大革命”的历史教训，以四项基本原则为指导思想 2. 进一步完善国家机构体系，扩大全国人大常委会的职权，恢复设立国家主席等 3. 扩大公民权利和自由范围，恢复“公民在法律面前人人平等”原则等 4. 确认经济体制改革的成果，如发展多种经济形式、扩大企业自主权等 5. 维护国家统一和民族团结，完善民族区域自治制度，根据“一国两制”原则规定特别行政区制度

三、1982 年宪法的历次修改

时间	修改的内容
1988 年	1. 国家允许私营经济在法律规定的范围内存在和发展。私营经济是社会主义公有制经济的补充。国家保护私营经济的合法权利和利益，对私营经济实行引导、监督和管理 2. 土地的使用权可以依照法律的规定转让 【背诵口诀】 土地使用可转让、私营经济是补充
1993 年	1. 我国正处于社会主义初级阶段，建设有中国特色社会主义，坚持改革开放（序言） 2. 中国共产党领导的多党合作和政治协商制度将长期存在和发展（序言） 3. 国营经济修改为国有经济 4. 家庭联产承包责任制是农村集体经济组织的基本形式 5. 将社会主义市场经济确定为国家的基本经济制度 6. 县级人民代表大会的任期由 3 年改为 5 年 【背诵口诀】 初级有特色，改革多合作 国有重市场，联产限（县）5 年

（续）

1999年	1. **长期处于**社会主义初级阶段，沿着建设有中国特色社会主义道路，在邓小平理论指导下，发展社会主义市场经济（序言） 2. 实行**依法治国**，建设社会主义法治国家 3. 公有制为主体、多种所有制经济共同发展的**基本经济制度**，按劳分配为主体、多种分配方式并存的**分配制度** 4. **农村集体经济组织**实行家庭承包经营为基础、统分结合的双层经营体制 5. 非公有制经济是社会主义市场经济的**重要组成部分**，国家对个体经济、私营经济实行**引导、监督和管理** 6. 镇压“反革命的活动”修改为镇压**“危害国家安全的犯罪活动”** **【背诵口诀】** 长期初级搞法治，小平理论需坚持 公有按劳双主体，统分结合双层制 非公经济要组成，国家安全要重视
2004年	1. **“三个代表”重要思想**（序言） 2. 爱国统一战线中增加**“社会主义事业的建设者”**（序言） 3. 国家为了公共利益的需要，可以依照法律规定，对土地实行征收或者征用，并给予补偿 4. 国家鼓励、支持和引导非公有制经济的发展，并对非公有制经济依法实行**监督和管理** 5. 公民**合法的私有财产不受侵犯**，保护公民的**私有财产权和继承权**；国家为了公共利益，可以依照法律规定对公民的私有财产实行征收或者征用并给予补偿 6. 建立健全同经济发展水平相适应的**社会保障制度** 7. 国家尊重和保障**人权** 8. 全国人大代表中**增加特别行政区选出的代表** 9. 将全国人大常委会、国务院对戒严的决定权改为对紧急状态的决定权 10. 国家主席职权中增加**“进行国事活动”** 11. 乡镇人民代表大会的任期由3年改为5年 12. 在宪法中增加关于国歌的规定，**将《义勇军进行曲》作为国歌** **【背诵口诀】** 特区选出三个代表，决定进入紧急状态 征收土地给予补偿，私有财产不受侵犯 鼓励支持非公经济，建立社保保障人权 乡镇任期改为5年，国事活动奏唱国歌

（续）

2018年	1. 增加**科学发展观、习近平新时代中国特色社会主义思想**，“健全社会主义法制”修改为**“健全社会主义法治”**，写入“贯彻**新发展理念**”、“**社会文明、生态文明**”和“把我国建设成为富强民主文明和谐美丽的社会主义现代化强国，实现中华民族**伟大复兴**”（序言） 2. “在长期的革命和建设过程中”修改为“在长期的革命、建设、**改革**过程中”，在爱国统一战线增加了**“致力于中华民族伟大复兴的爱国者”**（序言） 3. “平等团结互助和谐的社会主义民族关系已经确立，并将继续加强”“国家保障各少数民族的合法的权利和利益，维护和发展各民族的平等团结互助和谐关系”（序言） 4. “中国革命、建设、**改革**的成就是同世界人民的支持分不开的”，增加了“坚持**和平发展**道路，坚持**互利共赢**开放战略”和“推动构建**人类命运共同体**”（序言） 5. **中国共产党领导**是中国特色社会主义最本质的特征 6. 国家倡导**社会主义核心价值观**，提倡爱祖国、爱人民、爱劳动、爱科学、爱社会主义的公德 7. 国家工作人员就职时应当依照法律规定公开进行**宪法宣誓** 8. 国家主席、副主席任期**删掉了“连续任职不得超过两届”** 9. 设区的市的人民代表大会和它们的常务委员会，在不同宪法、法律、行政法规和本省、自治区的地方性法规相抵触的前提下，可以依照法律规定制定地方性法规，报本省、自治区人民代表大会常务委员会批准后施行 10. 在国家机构中增加了**“监察委员会”** 11. 全国人大下设的法律委员会改名为**“宪法和法律委员会”** **【背诵口诀】** 两代思想，五大文明。改革复兴，和平共赢。法治新发，和谐命运。 党的领导，核心价值。宪委监委，连任限制，市级立法，宪法宣誓。

【命题角度】

1982年宪法的历次修改常见命题角度：

1. 给考生一条宪法修正案，请考生判断该条修正案对应的年份。

2. 给考生一条宪法修正案，请考生判断该条修正案的位置（序言还是正文）。

【经典题目】

下列关于宪法修改的说法，哪些选项是正确的？（　　）（2019年考生回忆版）

A. 2018年宪法修正案首次将核心价值观写入宪法序言

B. 2018年宪法修正案首次将党的领导写进宪法正文

C. 2018年宪法修正案在爱国统一战线中增加了“致力于中华民族伟大复兴的爱国者”

D. 2018年宪法修正案把“我国正处于社会主义初级阶段”改为“我国将长期处于社会主义初级阶段”

解析要点：

A项：2018年宪法修正案将核心价值观写入宪法正文（第24条），而非宪法序言。A项错误。

B项：2018年宪法修正案首次将党的领导写进宪法正文（第1条“中国共产党领导是中国特色社会主义最本质的特征”）。B项正确。

C项：2018年宪法修正案在爱国统一战线中增加了“致力于中华民族伟大复兴的爱国者”。C项正确。

D 项：1999 年宪法修正案把“我国正处于社会主义初级阶段”改为“我国将长期处于社会主义初级阶段”。D 项错误。

综上所述，本题答案是 BC 项。

【答案】BC

第三节　宪法的基本原则和基本功能★

应试导读

本节内容是法考的一星级考点，重要性一般，在客观题考试中，一般每套卷每五到十年出 1 道题，分值 1—2 分。同时，本节内容比较宏观，考生学习时应重在理解。

知识点

一、宪法的基本原则

原则	含义	原则在我国宪法中的体现
人民主权原则	主权是指国家的最高权力 人民主权是指国家中绝大多数人拥有国家的最高权力	1.《宪法》第 1 条第 1 款规定：“中华人民共和国是工人阶级领导的、以工农联盟为基础的人民民主专政的社会主义国家。”第 2 条第 1 款规定：“中华人民共和国的一切权力属于人民。” 2. 宪法规定了人民主权的具体实现形式与途径。如规定：“人民行使国家权力的机关是全国人民代表大会和地方各级人民代表大会。”“人民依照法律规定，通过各种途径和形式，管理国家事务，管理经济和文化事业，管理社会事务。” 3. 宪法对公民基本权利和义务的规定是人民主权原则的具体体现 4. 为体现人民主权原则，宪法规定了选举制度的基本原则和选举的具体程序
基本人权原则	人权是指作为一个人所应该享有的权利 人权在本质上首先属于应有权利、道德权利	1. 基本人权原则在我国宪法中的体现从 1949 年《共同纲领》开始，我国历部宪法都规定公民的基本权利和义务 2. 2004 年将“国家尊重和保障人权”写入宪法后，基本人权原则成为国家的基本价值观 3. 我国宪法还规定了公民参与国家政治生活的权利和自由、人身自由和宗教信仰自由、社会经济文化方面的权利等具体的基本权利
法治原则	法治是指统治阶级按照民主原则，把国家事务法律化、制度化，并严格依法进行管理的一种方式	1. 2018 年宪法修改将序言第 7 自然段中“健全社会主义法制”修改为“健全社会主义法治” 2.《宪法》第 5 条第 1 款规定：“中华人民共和国实行依法治国，建设社会主义法治国家。”

（续）

权力制约原则	权力制约原则是指国家权力各部分之间互相监督，彼此牵制，从而保障公民权利 在资本主义国家的宪法中，权力制约原则主要表现为分权原则；在社会主义国家宪法中，权力制约原则主要表现为监督原则	1. 宪法规定了人民对国家权力活动进行监督的制度。例如，规定“全国人民代表大会和地方各级人民代表大会都由民主选举产生，对人民负责，受人民监督” 2. 宪法规定了公民对国家机关及其工作人员的监督权。例如，规定“中华人民共和国公民对于任何国家机关和国家工作人员，有提出批评和建议的权利” 3. 宪法规定了不同国家机关之间、国家机关内部不同的监督形式。例如，规定“监察机关办理职务违法和职务犯罪案件，应当与审判机关、检察机关、执法部门互相配合，互相制约”；“人民法院、人民检察院和公安机关办理刑事案件，应当分工负责，互相配合，互相制约，以保证准确有效地执行法律”

二、宪法的基本功能

确认功能	确认宪法赖以存在的经济基础 确认国家权力的归属 确认国家法制统一的原则 确认社会共同体的基本价值目标与原则
保障功能	宪法对民主制度和人权发展提供有效的保障
限制功能	宪法是授权法，确立授予国家权力的原则与程序，使国家权力运行具有合宪性 宪法是限权法，规定限制国家权力行使的原则与程序，确立公权力活动的界限
协调功能	宪法能够以合理的机制平衡利益，寻求多数社会成员普遍认可的规则，以此作为社会成员普遍遵循的原则 对少数人利益的保护，宪法也规定了相应的救济制度

第四节　宪法的渊源和结构★★★

应试导读

本节内容是法考的三星级考点，比较重要，在客观题考试中，一般每套卷每两到三年出 1 道题，分值 1—2 分。同时，本节内容也可能和其他章节内容结合命题。

知识点

一、宪法的渊源

宪法的渊源即宪法的表现形式。

宪法典	宪法典是绝大多数国家采用的形式，是指将一国最根本、最重要的问题由统一的法律文本加以明确规定而形成的成文宪法。拥有宪法典是成文宪法国家的标志

（续）

宪法性法律	不成文宪法国家：国家最根本的问题由多部单行法律文书予以规定，制定和修改的机关和程序与普通法律相同
	成文宪法国家：国家立法机关制定的、有关宪法内容的具体规定的法律。例如，组织法、选举法、代表法等
宪法惯例	宪法惯例是指宪法条文虽无明确规定，但在实际政治生活中已经存在，并为国家机关、政党及公众所普遍遵循，且与宪法具有同等效力的习惯或传统
宪法判例	在不成文宪法国家，法律没有明文规定的前提下，判决乃是宪法的表现形式
	在某些成文宪法国家，法院享有宪法解释权，其判决对下级法院具有拘束力
国际条约	国际条约是国际法主体之间就权利义务关系缔结的一种书面协议，其宪法上的效力取决于各个国家的参与和认可

【经典题目】

宪法的渊源即宪法的表现形式。关于宪法渊源，下列哪一表述是错误的？（　　）（2015–01–21）

A. 一国宪法究竟采取哪些表现形式，取决于历史传统和现实状况等多种因素

B. 宪法惯例实质上是一种宪法和法律条文无明确规定、但被普遍遵循的政治行为规范

C. 宪法性法律是指国家立法机关为实施宪法典而制定的调整宪法关系的法律

D. 有些成文宪法国家的法院基于对宪法的解释而形成的判例也构成该国的宪法渊源

解析要点：

A 项：一国的宪法采用哪些渊源形式，取决于其本国的历史传统和现实政治状况等综合因素。A 项正确。

B 项：宪法惯例是指宪法条文虽无明确规定，但在实际政治生活中已经存在，并为国家机关、政党及公众所普遍遵循，且与宪法具有同等效力的习惯或传统。B 项正确。

C 项：宪法性法律主要有两种形式：一是指在不成文宪法国家中，国家最根本、最重要的问题不采用宪法典的形式，而是由多部单行法律文书予以规定；二是指在成文宪法国家中，国家立法机关为实施宪法典而制定的调整宪法关系的法律。C 项未考虑第一种情况，故错误。

D 项：在某些成文法国家，法院享有宪法解释权，其判决对下级法院具有拘束力，宪法判例也构成宪法渊源。D 项正确。

综上所述，本题答案是 C 项。

【答案】C

二、宪法的结构

结构	说明	我国情况
序言	1. 宪法序言是宪法精神和内容的高度概括，内容包括揭示制宪的机关和依据、揭示制宪的基本原则、揭示制宪的目的和价值体系等 2. 从形式上看，各国宪法序言的长短不尽相同 3. 从内容上看，通常涉及制宪权的来源、宪法性质、国家独立、正义与和平价值的阐述、社会和公共利益的维护、民族主义价值等不同的理念	我国宪法序言主要包括如下内容： 1. 历史发展的叙述 2. 国家的根本任务 3. 国家的基本国策 4. 宪法的根本法地位和最高效力

（续）

正文	宪法正文是宪法典的主要部分，是宪法的主体内容基本内容大概包括以下方面： 1. 国家和社会生活诸方面的基本原则 2. 公民的基本权利和义务 3. 国家机构 4. 国旗、国歌、国徽、首都	我国宪法的正文排列顺序： 1. 总纲 2. 公民的基本权利和义务 3. 国家机构 4. 国旗、国歌、国徽、首都
附则	1. 宪法对于特定事项需要特殊规定而作出的附加条款 2. 宪法附则的法律效力与一般宪法条文相同 3. 宪法附则法律效力的特点：特定性、临时性	我国现行宪法无附则

【经典题目】

综观世界各国成文宪法，结构上一般包括序言、正文和附则三大部分。对此，下列哪一表述是正确的？（　　）（2016–01–21）

A. 世界各国宪法序言的长短大致相当

B. 我国宪法附则的效力具有特定性和临时性两大特点

C. 国家和社会生活诸方面的基本原则一般规定在序言之中

D. 新中国前三部宪法的正文中均将国家机构置于公民的基本权利和义务之前

解析要点：

A 项：各国宪法序言的长短不尽相同。例如，美国 1787 年宪法的序言，只有 65 个单词。前南斯拉夫 1974 年宪法的序言，长达 2 万余字。A 项错误。

B 项：宪法的附则虽具有特定性和临时性的特点，但是，我国现行宪法没有规定附则。B 项错误。

C 项：国家和社会生活诸方面的基本原则一般规定在正文之中。C 项错误。

D 项：新中国成立后的前三部宪法均将国家机构置于公民的基本权利和义务之前，1982 年宪法调整了这种结构，将公民的基本权利和义务一章提到国家机构之前，这一调整表明我国宪法对公民权利的保护居于核心地位，合理定位了公民与国家之间的关系，符合人民主权原则。D 项正确。

综上所述，本题答案是 D 项。

【答案】D

第五节　宪法规范与宪法效力★★

应试导读

本节内容是法考的二星级考点，重要性一般，在客观题考试中，一般每套卷每三到五年出 1 道题，分值 1—2 分。

知识点

一、宪法规范

宪法规范是宪法的基本要素。宪法规范所调整的社会关系具有两个基本特点：一是**调整的对象非常广泛**，涉及国家社会生活各个方面最基本的社会关系；二是**调整的社会关系的一方通常是国家和国家机关**。宪法规范的主要特点是：根本性、最高性、原则性、纲领性和稳定性。

宪法规范的分类：

确认性规范	确认性规范是对已经存在的事实的认定，以**肯定性规范**为主要特征。例如，《宪法》第1条第1款规定："中华人民共和国是工人阶级领导的、以工农联盟为基础的人民民主专政的社会主义国家。"第2条第1款规定："中华人民共和国的一切权力属于人民。"
禁止性规范	禁止性规范是指对特定主体或行为的一种限制，也称为**强制性规范**。例如，《宪法》第65条第4款规定："全国人民代表大会常务委员会的组成人员**不得**担任国家行政机关、监察机关、审判机关和检察机关的职务。"第140条规定："人民法院、人民检察院和公安机关办理刑事案件，**应当**分工负责，互相配合，互相制约，以保证准确有效地执行法律。这里的"应当"指强制性要求
权利性规范与义务性规范	权利性规范与义务性规范主要是在调整公民基本权利与义务的过程中形成的，同时为行使权利与履行义务提供依据。从我国宪法看，权利性规范与义务性规范有下列三种形式： 一是**权利性规范**。宪法赋予特定主体权利，使之具有权利主体资格。例如，《宪法》第35条规定："中华人民共和国公民有言论、出版、集会、结社、游行、示威的自由。" 二是**义务性规范**。集中表现在公民应履行的基本义务。例如，《宪法》第52条规定："中华人民共和国公民有维护国家统一和全国各民族团结的义务。 三是**宪法中的权利性规范与义务性规范相互结合为一体**。例如，宪法规定，我国公民有劳动的权利和义务，有受教育的权利和义务
程序性规范	程序性规范具体规定宪法制度运行过程的程序，主要涉及国家机关活动程序方面的内容。程序性规范主要有两种表现形式： 一是**直接的程序性规范**，即宪法中对有关行为的程序作了具体规定。例如，全国人大召开临时会议的程序、全国人大延长本届任期的规定、有关宪法修改程序的规定、全国人大代表质询权的规定等 二是**间接的程序性规范**，即宪法本身对程序性规范不作具体规定，而通过法律规定具体程序。例如，法律的制定程序、国家机关负责人的选举罢免程序等，宪法只作原则性规定，具体程序由法律规定

【经典题目】

我国《宪法》第5条规定：一切法律、行政法规和地方性法规都不得同宪法相抵触。关于该条文，下列哪一说法是正确的？（　　）（2021年考生回忆版）

A. 该条文在逻辑上只规定了行为模式

B. 该条文表达了确认性规范

C. 该条文在逻辑上未规定法律后果

D. 该条文表达了强制性规范

解析要点：

A、C 项：根据法律规则“新三要素”说，法律规则由假定条件、行为模式和法律后果三个部分构成。法律规则的三要素在逻辑上缺一不可，在实践中可能被省略。本条规定在逻辑上同时具备三要素，因此，A、C 项错误。

B、D 项：确认性规范是对已经存在的事实的认定，其主要意义在于根据一定原则和程序，确立具体宪法制度和权力关系，以肯定性规范为主要特征。禁止性规范是指对特定主体或行为的一种限制，也称为强制性规范。在我国《宪法》中，禁止性规范主要以“禁止”“不得”等形式加以表现。本条中出现关键词“不得”，同时体现出对规范性法律文件的限制，因此属于强制性规范。B 项错误，D 项正确。

综上所述，本题答案是 D 项。

【答案】D

二、宪法效力

宪法的效力指宪法作为法律规范所发挥的约束力与强制性。

宪法效力具有**最高性、直接性与强制性**。在整个法律体系中，宪法效力是最高的，不仅成为立法的基础，同时对立法行为与依据宪法进行的各种行为产生直接约束力。

对人效力	我国宪法适用于**所有中国公民**
	外国人和法人在一定条件下也可以成为某些基本权利的主体
领土效力	任何一个主权国家的宪法的空间效力都及于**国土的所有领域**，因此我国宪法当然适用于港澳台地区

【经典题目】

关于宪法效力的说法，下列选项正确的是（　　）。（2014–01–94）

A. 宪法修正案与宪法具有同等效力

B. 宪法不适用于定居国外的公民

C. 在一定条件下，外国人和法人也能成为某些基本权利的主体

D. 宪法作为整体的效力及于该国所有领域

解析要点：

A 项：宪法修正案是宪法修改的一种方式，构成现行宪法的有机组成部分。所以，宪法修正案一旦生效通过，与宪法具有同等效力。A 项正确。

B 项：中华人民共和国宪法适用于所有中国公民，自然包括定居在国外的中国公民。B 项错误。

C 项：外国人和法人在一定条件下也可以成为某些基本权利的主体。C 项正确。

D 项：任何一个主权国家的宪法的空间效力都及于国土的所有领域，这是由主权的唯一性和不可分割性所决定的。D 项正确。

综上所述，本题答案是 ACD 项。

【答案】ACD

第二章　国家的基本制度

扫描右侧二维码“听课＋做题”，直达最佳学习效果

1. 在线听课：学习本章节核心考点讲解课程。
2. 在线刷题：点击⌂进入题库做章节练习。

第一节　人民民主专政制度★

应试导读

本节内容是法考的一星级考点，重要性一般，在客观题考试中，一般每套卷每五到十年出1道题，分值1—2分。

知识点

一、人民民主专政的内涵

1. 人民民主专政的**根本标志是工人阶级成为国家政权的领导力量**。
2. 人民民主专政的国家政权**以工农联盟为阶级基础**。
3. 人民民主专政是**对人民实行民主与对敌人实行专政**的统一。

二、人民民主专政的主要特色

中国共产党领导的**多党合作和政治协商制度**	1.《宪法》序言指出：“中国共产党领导的多党合作和政治协商制度将**长期存在和发展**。” 2. 中国共产党是**执政党**，各民主党派是**参政党**，区别于西方的两党制和多党制 3. 中国共产党对各民主党派的领导是**政治领导**，即政治原则、政治方向和重大方针政策的领导 4. 各民主党派有在宪法规定范围内的政治自由、组织独立和**法律地位平等**的权利
爱国统一战线	1. 统一战线是我国新民主主义革命和社会主义革命时期，中国共产党为取得革命和建设的胜利，而与各阶级组成的**政治联盟** 2. 我国新时期的爱国统一战线是由中国共产党领导的，有各民主党派和各人民团体参加的，包括全体社会主义劳动者、社会主义事业的建设者、拥护社会主义的爱国者、拥护祖国统一和致力于中华民族伟大复兴的爱国者的广泛的政治联盟 3. 爱国统一战线的**组织形式**是中国人民政治协商会议，简称“政协”。政协不是国家机关，也不同于一般的人民团体，它是在我国政治体制中具有重要地位和影响的政治性组织

【经典题目】

根据《宪法》，关于中国人民政治协商会议，下列哪些选项是正确的？（ ）（2013–01–62）

A. 中国人民政治协商会议是具有广泛代表性的统一战线组织

B. 中国人民政治协商会议是重要的国家机关

C. 中国共产党领导的多党合作和政治协商制度将长期存在和发展

D. 中国共产党领导的爱国统一战线将继续巩固和发展

解析要点：

A 项：中国人民政治协商会议是爱国统一战线的组织形式，爱国统一战线由全体社会主义劳动者、社会主义事业的建设者、拥护社会主义的爱国者、拥护祖国统一和致力于中华民族伟大复兴的爱国者组成，具有广泛的代表性。A 项正确。

B 项：政协是爱国统一战线的组织形式，属于人民团体，不属于国家机关。B 项错误。

C 项：1993 年宪法修正案规定："中国共产党领导的多党合作和政治协商制度将长期存在和发展。" C 项正确。

D 项：《宪法》序言中明确规定，中国共产党领导的爱国统一战线将继续巩固和发展。D 项正确。

综上所述，本题答案是 ACD 项。

【答案】ACD

第二节　国家的基本经济制度★★★★

应试导读

本节内容是法考的四星级考点，比较重要，在客观题考试中，一般每套卷每一到两年出 1 道题，分值 1—2 分。

知识点

经济制度包括生产资料的所有制形式、各种经济成分的相互关系及其宪法地位、国家发展经济的基本方针、基本原则等内容。自 1919 年德国《魏玛宪法》以来，经济制度便成为现代宪法调整的重要内容之一。

一、中国特色的社会主义市场经济体制的特殊性

<table>
<tr><td colspan="2">社会主义市场经济体制是市场对资源配置起决定性作用的一种经济体制</td></tr>
<tr><td colspan="2">社会主义市场经济的本质上是法治经济</td></tr>
<tr><td rowspan="3">社会主义市场经济体制的特殊性的主要表现</td><td>所有制：公有制为主体、多种所有制经济共同发展</td></tr>
<tr><td>分配制度：按劳分配为主体、多种分配方式并存</td></tr>
<tr><td>在宏观调控上，更好发挥计划与市场两种手段的长处</td></tr>
</table>

二、中国特色的社会主义市场经济体制组成部分

社会主义市场经济体制	公有制（基础）	全民所有制经济（国有经济）：国民经济的主导力量
		集体所有制经济：国民经济的基础力量
	非公有制（重要组成部分）	劳动者个体经济
		私营经济
		外商投资

附：自然资源

自然资源	专属国有（全民所有）	矿藏、水流、城市土地
	专属集体所有	宅基地、自留山、自留地

注意 以上六种之外的自然资源，既可能归国有，也可能归集体所有。

【背诵口诀】

自然资源的归属：国有矿城水，集体宅自留。

三、国家保护社会主义公共财产和公民合法私有财产

公共财产	社会主义公共财产神圣不可侵犯
私有财产	1. 公民的合法私有财产不受侵犯 2. 国家依照法律规定保护公民的私有财产权和继承权 3. 国家为了公共利益的需要，可以依照法律规定对公民的私有财产实行征收或者征用并给予补偿

【经典题目】

根据《宪法》规定，关于我国基本经济制度的说法，下列选项正确的是（ ）。（2014-01-95）

A. 国家实行社会主义市场经济

B. 国有企业在法律规定范围内和政府统一安排下，开展管理经营

C. 集体经济组织实行家庭承包经营为基础、统分结合的双层经营体制

D. 土地的使用权可以依照法律的规定转让

解析要点：

A 项：1993 年宪法修正案明确规定“国家实行社会主义市场经济”。A 项正确。

B 项：1993 年宪法修正案将“国营经济”修改为“国有经济”，国有企业在法律规定的范围内有权自主经营，而非由政府统一安排经营管理。B 项错误。

C 项：农村集体经济组织实行家庭承包经营为基础、统分结合的双层经营体制，但是城市集体经济组织则不然，C 项说法以偏概全。C 项错误。

D 项：宪法规定，土地的使用权可以依照法律的规定转让。D 项正确。

综上所述，本题答案是AD项。

【答案】AD

第三节　国家的基本文化制度★

应试导读

本节内容是法考的一星级考点，重要性一般，在客观题考试中，一般每套卷每五到十年出1道题，分值1—2分。重难点提示：本节中，考生应重点掌握我国基本文化制度的具体内容。

知识点

近代意义的宪法产生以来，文化制度便成为宪法不可缺少的重要内容。**1919年德国《魏玛宪法》**不仅详尽地规定公民的文化权利，而且还明确地规定了国家的基本文化政策。这部宪法**第一次比较全面系统地规定了文化制度**，后为许多资本主义国家宪法所效仿。

我国宪法对文化制度的原则、内容等作了比较全面和系统的规定。具体内容包括：

国家发展教育事业	国家举办各种学校，**普及初等义务教育**，发展中等教育、职业教育和高等教育，并且发展学前教育 国家发展各种教育设施，扫除文盲，对工人、农民、国家工作人员和其他劳动者进行政治、文化、科学、技术、业务的教育，鼓励自学成才 国家鼓励集体经济组织、国家企业事业组织和其他社会力量依照法律规定举办各种教育事业
国家发展科学事业	国家发展自然科学和社会科学事业，普及科学和技术知识，奖励科学研究成果和技术发明创造
国家发展文学艺术及其他文化事业	国家发展为人民服务、为社会主义服务的文学艺术事业、新闻广播电视事业、出版发行事业、图书馆博物馆文化馆和其他文化事业，开展群众性的文化活动 国家保护名胜古迹、珍贵文物和其他重要历史文化遗产
国家倡导社会主义核心价值观，开展公民道德教育	国家通过普及理想教育、道德教育、文化教育、纪律和法制教育，通过在城乡不同范围的群众中制定和执行各种守则、公约，加强社会主义精神文明的建设。**公民道德教育**是国家文化建设的基础，并对整个国家文化制度发展的方向具有**决定性意义** 国家倡导**社会主义核心价值观**

【背诵口诀】

文化制度，科教文道。

【命题角度】

基本文化制度常见命题角度：给考生一项制度，请考生判断属于政治、经济、文化还是社会制度。

【经典题目】

关于国家文化制度，下列哪些表述是正确的？（　　）（2015–01–62）

A. 我国宪法所规定的文化制度包含了爱国统一战线的内容

B. 国家鼓励自学成才，鼓励社会力量依照法律规定举办各种教育事业

C. 是否较为系统地规定文化制度，是社会主义宪法区别于资本主义宪法的重要标志之一

D. 公民道德教育的目的在于培养有理想、有道德、有文化、有纪律的社会主义公民

解析要点：

A 项：爱国统一战线属于政治制度。A 项错误。

B 项：宪法规定："国家发展各种教育设施，扫除文盲，对工人、农民、国家工作人员和其他劳动者进行政治、文化、科学、技术、业务的教育，鼓励自学成才。" B 项正确。

C 项：资本主义国家德国的《魏玛宪法》第一次系统规定了文化制度，社会主义国家中国的现行宪法同样系统地规定了文化制度。C 项错误。

D 项：宪法规定："国家通过普及理想教育、道德教育、文化教育、纪律和法制教育，通过在城乡不同范围的群众中制定和执行各种守则、公约，加强社会主义精神文明的建设。" D 项正确。

综上所述，本题答案是 BD 项。

【答案】BD

第四节　国家的基本社会制度★

应试导读

本节内容是法考的一星级考点，重要性一般，在客观题考试中，一般每套卷每五到十年出 1 道题，分值 1—2 分。重难点提示：本节中，考生应重点掌握我国基本社会制度的具体内容。

知识点

社会制度是指一国通过宪法和法律调整以基本生活保障及社会秩序维护为核心的各种基本关系的准则、原则和政策的综合。

社会制度以维护平等为基础，以保障公平为核心，以维护和谐稳定的法治秩序为使命。

我国宪法关于基本社会制度的规定如下：

社会保障制度	社会保障制度是基本社会制度的核心内容，狭义的社会制度就是指社会保障制度 宪法规定：1. 国家建立健全同经济发展水平相适应的社会保障制度；2. 中华人民共和国公民在年老、疾病或者丧失劳动能力的情况下，有从国家和社会获得物质帮助的权利

（续）

医疗卫生事业	良好的医疗、卫生条件是公民正常生活的基础，是社会健康运转的必要条件 宪法规定：国家发展医疗卫生事业，发展现代医药和我国传统医药，鼓励和支持农村集体经济组织、国家企业事业组织和街道组织举办各种医疗卫生设施，开展群众性的卫生活动，保护人民健康
劳动保障制度	劳动是公民的一项基本权利，也是社会维持正常运转和持续发展的基础。公民有劳动的权利和义务 宪法规定：国家通过各种途径，创造劳动就业条件，加强劳动保护，改善劳动条件，并在发展生产的基础上，提高劳动报酬和福利待遇。国家对就业前的公民进行必要的劳动就业训练
人才培养制度	人才是推动社会发展的动力，是保持社会活力以及创新力的关键 宪法规定：国家培养为社会主义服务的各种专业人才，扩大知识分子的队伍，创造条件，充分发挥他们在社会主义现代化建设中的作用
婚姻家庭制度	家庭是社会的基石 宪法规定："婚姻、家庭、母亲和儿童受国家的保护""禁止破坏婚姻自由，禁止虐待老人、妇女和儿童"，并明确了家庭成员的相互义务 在立法层面，国家对婚姻家庭中女性、儿童、老人提供特殊保护，为此制定了《妇女权益保障法》《未成年人保护法》《老年人权益保障法》《反家庭暴力法》《母婴保健法》等法律
计划生育制度	社会人口数量及其结构的合理性是社会健康稳定发展的重要因素，因而国家应该通过宪法、法律建立科学、合理的计划生育制度，并对公民的生育观进行积极的引导 宪法规定：国家推行计划生育，使人口的增长同经济和社会发展计划相适应 党的十八大以来，为适应我国经济社会发展需要，特别是应对人口老龄化趋势，我国的计划生育制度多次调整。2021 年 8 月，全国人大常委会对《人口与计划生育法》作出修改，规定了"三孩"生育政策，取消了针对超生的处罚措施，并完善了对积极生育的支持政策
维护社会秩序	安定有序的社会秩序是社会存在与发展的前提和基础 宪法规定：国家维护社会秩序，国家加强武装力量的革命化、现代化、正规化的建设，增强国防力量

【经典题目】

国家的基本社会制度是国家制度体系中的重要内容。根据我国宪法规定，关于国家基本社会制度，下列哪一表述是正确的？（　　）（2015–01–22）

A. 国家基本社会制度包括发展社会科学事业的内容

B. 社会人才培养制度是我国的基本社会制度之一

C. 关于社会弱势群体和特殊群体的社会保障的规定是对平等原则的突破

D. 社会保障制度的建立健全同我国政治、经济、文化和生态建设水平相适应

解析要点：

A 项：发展社会科学事业属于文化制度。A 项错误。

B 项：我国宪法关于基本社会制度的规定包括了社会人才培养制度等六方面的内容。B 项正确。

C 项：社会制度以保障公平为核心，保障弱势群体和特殊群体，有助于促进社会实质公平的形成。C 项错误。

D 项：宪法规定，国家建立健全同经济发展水平相适应的社会保障制度，社会保障制度未规定与“政治、文化和生态建设水平”相适应。D 项错误。

综上所述，本题答案是 B 项。

【答案】B

第五节 选举制度★★★★★

应试导读

本节内容是法考的五星级考点，非常重要，在客观题考试中，一般每套卷每年出 1 道题，分值 1—2 分。重难点提示：本节中，“选举程序”“代表的罢免、辞职”内容较多，细节需要记忆。

知识点

一、选举原则

原则	含义
普遍性原则	1. 享有选举权的条件： （1）具有中国国籍；（2）年满 18 周岁；（3）依法享有政治权利 2. 停止行使选举权： （1）精神病人不能行使选举权利的，经选举委员会确认，不列入选民名单 （2）因犯危害国家安全罪或其他严重刑事犯罪被羁押、正在受侦查、起诉、审判的人，经法院或检察院决定，在被羁押期间停止行使选举权利
平等性原则	1. 选民平等地享有选举权与被选举权 2. 对特定主体的选举权进行保护。我国对特定主体（残疾人、旅居国外的中国公民、少数民族）的选举权加以特别保护。人口特少的民族，至少应有一名代表，体现民族平等 3. 一人一票，代表所代表人数相同，2010 年选举法修正，城乡比例相同
直接选举与间接选举并用的原则	1. 不设区的市、市辖区、县、自治县、乡、民族乡、镇的人民代表大会的代表，由选民直接选举 2. 全国人民代表大会的代表，省、自治区、直辖市、设区的市、自治州的人民代表大会的代表，由下一级人民代表大会选举 【背诵口诀】 间接选举国省市，直接选举县和乡
秘密投票的原则	秘密投票包括：（1）秘密填写选票；（2）在选票上不标识身份；（3）投票时不显露选举意向 各级人大代表的选举，一律采用无记名投票的方法，选举时设秘密写票处

二、选举程序

	直接选举	间接选举
级别	县乡	国省市
主持机构	选举委员会 【注意】选举委员会受县级人大常委会任命和领导，受省市人大常委会指导	人大常委会 【注意】本级人大常委会主持本级代表选举，具体工作交由下级人大主席团主持
选区划分	直接选举设选区 每个选区选 1 一 3 名代表 本行政区域内各选区每一代表所代表的人口数应当大体相等	间接选举无选区
选民登记	原则：一次登记，长期有效 选民名单： 1. 选举日的 20 日以前公布选民名单 2. 有不同意见的，可自公布之日起 5 日内向选举委员会申诉；选委会应当 3 日内作出处理决定；申诉人如果不服，可以在选举日的 5 日以前向人民法院起诉，人民法院在选举日以前作出判决。人民法院的判决为最后决定	间接选举无选民
提名候选人	各政党、各人民团体可以联合或单独推荐选民 10 人以上联名推荐	各政党、各人民团体可以联合或单独推荐 代表 10 人以上联名推荐
候选人数量	差额为 1/3—1 倍	差额为 1/5—1/2 倍
候选人确定	选举委员会将代表候选人名单及代表候选人的基本情况在选举日的 15 日以前公布，并交各该选区的选民小组讨论、协商，确定正式代表候选人名单 如果所提代表候选人的人数超过法定的最高差额比例，由选举委员会交各该选区的选民小组讨论、协商，根据较多数选民的意见，确定正式代表候选人名单；对正式代表候选人不能形成较为一致意见的，进行预选，根据预选时得票多少的顺序，确定正式代表候选人名单 正式代表候选人名单及代表候选人的基本情况应当在选举日的 7 日以前公布	提名、酝酿候选人的时间不得少于 2 天 各该级人大主席团将依法提出的代表候选人名单及其基本情况印发全体代表，由全体代表酝酿、讨论 如果所提代表候选人的人数超过法定的最高差额比例，进行预选，根据预选时得票多少的顺序，再按照法定的具体差额比例，确定正式代表候选人名单，进行投票选举

（续）

投票	普通情况→设立投票站 选民居住比较集中→可以召开选举大会 行动或交通不便者→可以设立流动投票箱 代写：文盲或者因残疾不能写选票的，可以委托他信任的人代写 代投：选民在选举期间外出，经过选举委员会同意，书面委托其他选民代为投票；每一选民接受的委托不得超过3人	
当选	双过半：选区全体选民过半数参加，候选人获得选民过半数选票	单过半：候选人获得全体代表过半数选票

三、代表的罢免、辞职与补选

	直接选举	间接选举
罢免	县人大代表罢免：原选区选民50人以上联名 乡人大代表罢免：原选区选民30人以上联名 ——向县人大常委会提罢免要求，罢免须经过半数选民通过	人大开会期间：主席团或1/10代表联名 人大闭会期间：人大常委会主任会议或1/5常委联名 ——提出由该级选出的上一级人大代表的罢免案，罢免须经过半数通过
辞职	县人大代表辞职：向县人大常委会书面辞职 乡人大代表辞职：向乡人大书面辞职 辞职须经过半数通过	国省市代表辞职：向选举他的人大常委会书面辞职 辞职须经过半数通过
补选	代表在任期内因故出缺，由原选区或者原选举单位补选 代表在任期内调离或者迁出本行政区域的，其代表资格自行终止，缺额另行补选 间接选举的代表，在人大闭会期间，可由本级人大常委会补选上一级人大代表 补选出缺的代表时，代表候选人的人数可以多于应选代表的名额，也可以同应选代表的名额相等	

【背诵口诀】

五十提罢县，三十提罢乡。都找县人常，过半数通过。

【经典题目】

根据《选举法》和相关法律的规定，关于选举的主持机构，下列哪一选项是正确的？（　　）（2016-01-24）

A. 乡镇选举委员会的组成人员由不设区的市、市辖区、县、自治县的人大常委会任命

B. 县级人大常委会主持本级人大代表的选举

C. 省人大在选举全国人大代表时，由省人大常委会主持

D. 选举委员会的组成人员为代表候选人的，应当向选民说明情况

解析要点：

根据《选举法》的规定：

A项：乡、民族乡、镇的选举委员会的组成人员由不设区的市、市辖区、县、自治

县的人民代表大会常务委员会任命。A 项正确。

B 项：不设区的市、市辖区、县、自治县、乡、民族乡、镇设立选举委员会，主持本级人民代表大会代表的选举。B 项错误。

C 项：县级以上的地方各级人民代表大会在选举上一级人民代表大会代表时，由各该级人民代表大会主席团主持。因此，省人大在选举全国人大代表时，应由省人民代表大会主席团主持。C 项错误。

D 项：选举委员会的组成人员为代表候选人的，应当辞去选举委员会的职务。D 项错误。

综上所述，本题答案是 A 项。

【答案】A

第六节 国家结构形式★★

应试导读

本节内容是法考的二星级考点，重要性一般，在客观题考试中，一般每套卷每三到五年出 1 道题，分值 1—2 分。重难点提示：本节中，"行政区划的变更"相对重要，考生应相对重点关注。

知识点

一、国家结构形式的种类

	单一制	联邦制
含义	国家由若干个普通行政单位或自治单位组成，这些组成单位都是国家不可分割的一部分	国家由两个或者两个以上的成员单位（邦、州、共和国）组成
法律制度	只有一部宪法	联邦的宪法与成员国或加盟国的宪法并存
政权组织形式	中央和地方采用相同的政府体制	多套政府体制，一般不要求成员国或加盟国与联邦政府体制相一致
权力配置	地方权力来源于中央	联邦权力来源于成员国或加盟国的让与
对外关系	只有一个国际法主体 公民具有统一的国籍 地方作为国家的行政区域单位，无独立性	有些国家允许其成员国作为完全的国际法主体参与国际关系 公民既有联邦的国籍，又有成员国的国籍有些联邦制国家，成员国或加盟国有脱离联邦的权力

我国实行单一制国家结构形式，主要特点有：

1. 通过建立民族区域自治制度解决单一制下的民族问题。
2. 通过建立特别行政区制度解决单一制下的历史遗留问题。

二、当代中国的行政区划

省级：省、自治区、直辖市。

市级：设区的市、自治州。

县级：县、不设区的市、市辖区、自治县。

乡级：乡、镇、民族乡。

三、行政区划的变更

审批机关	权限
全国人大	省、自治区、直辖市的建置（设立、撤销、更名），特别行政区的成立，应由全国人大审议决定
国务院	省、自治区、直辖市行政区域界线的变更，自治州、县、自治县、市、市辖区的设立、撤销、更名或者隶属关系的变更，自治州、自治县的行政区域界线的变更，县、市的行政区域界线的重大变更，都须经国务院审批
省级人民政府	县、市、市辖区部分行政区域界线的变更，由国务院授权省、自治区、直辖市人民政府审批
	乡、民族乡、镇的设立、撤销、更名或者变更行政区域的界线，由省、自治区、直辖市人民政府审批

【背诵口诀】

省级建置全人大，特区设立全人大。

县市部变国授省，乡镇一切省政府。

其他全归国务院。

【经典题目】

根据《宪法》和法律法规的规定，关于我国行政区划变更的法律程序，下列哪一选项是正确的？（　　）（2015-01-23）

A. 甲县欲更名，须报该县所属的省级政府审批

B. 乙省行政区域界线的变更，应由全国人大审议决定

C. 丙镇与邻近的一个镇合并，须报两镇所属的县级政府审批

D. 丁市部分行政区域界线的变更，由国务院授权丁市所属的省级政府审批

解析要点：

A 项：县的更名应由国务院审批。A 项错误。

B 项：省级行政区域界线的变更应由国务院审批。B 项错误。

C 项：镇的合并应报省级人民政府审批。C 项错误。

D 项：县、市、市辖区的部分行政区域界线的变更，由国务院授权省、自治区、直辖市人民政府审批。D 项正确。

综上所述，本题答案是 D 项。

【答案】D

第七节 民族区域自治制度★★★★

应试导读

本节内容是法考的四星级考点，非常重要，在客观题考试中，一般每套卷每一到两年出1道题，分值1—2分。重难点提示：本节中，“民族自治地方的自治权”是重中之重，考生应重点掌握。

知识点

民族区域自治制度是指在国家的统一领导下，以少数民族聚居区为基础，建立相应的自治地方，设立自治机关，行使自治权，使实行区域自治的民族的人民自主地管理本民族地方性事务的制度。

一、民族自治地方和民族自治机关

民族自治地方	民族区域自治必须以少数民族聚居区为基础，是**民族自治与区域自治**的结合 民族自治地方：**自治区、自治州、自治县**，民族乡不是民族自治地方
民族自治机关	自治区、自治州、自治县的**人大**和**政府** 民族自治地方的人大常委会中主任或副主任应当由实行区域自治的民族的公民担任；自治区主席、自治州州长、自治县县长由实行区域自治的民族的公民担任

二、民族自治地方的自治权

上级国家机关批准	自治机关根据当地民族的实际情况，贯彻执行国家的法律和政策。如果上级国家机关的决议、决定、命令和指示，有不适合民族自治地方实际情况的，自治机关可以报经该**上级国家机关批准**，变通执行或者停止执行；该上级国家机关应当在收到报告之日起60日内给予答复
人大常委会批准	制定**自治条例**和**单行条例**： 1. 自治区制定的自治条例和单行条例须报**全国人大常委会批准**后才能生效 2. 自治州、自治县制定的自治条例和单行条例，须报**省或者自治区的人大常委会批准**后生效 **【背诵口诀】** 事先审查三批准，区级条例全人常。州县条例省人常，市州法规省人常
国务院批准	1. 开辟**对外贸易口岸** 2. 开展**边境贸易** 3. 组织本地方维护社会治安的**公安部队**
省级政府批准	**自治州、自治县**决定**减税或者免税**，须报省或者自治区人民政府批准

（续）

自主管理	1. 自主管理地方财政（凡是依照国家财政体制属于民族地方的财政收入，都应当由民族自治地方的自治机关自主地安排使用） 2. 自主地管理地方性经济建设 3. 自主管理教育、科学、文化、卫生、体育事业，使用本民族的语言文字（自治区、自治州的自治机关依照国家规定，可以和国外进行教育、科学技术、文化艺术、卫生、体育等方面的交流）

【经典题目】

根据我国民族区域自治制度，关于民族自治县，下列哪一选项是错误的？（ ）（2017–01–23）

A. 自治机关保障本地方各民族都有保持或改革自己风俗习惯的自由

B. 经国务院批准，可开辟对外贸易口岸

C. 县人大常委会中应有实行区域自治的民族的公民担任主任或者副主任

D. 县人大可自行变通或者停止执行上级国家机关的决议、决定、命令和指示

解析要点：

根据《民族区域自治法》的规定：

A 项：民族自治地方的自治机关保障本地方各民族都有使用和发展自己的语言文字的自由，都有保持或者改革自己的风俗习惯的自由。A 项正确。

B 项：民族自治地方依照国家规定，可以开展对外经济贸易活动，经国务院批准，可以开辟对外贸易口岸。B 项正确。

C 项：民族自治地方的人民代表大会常务委员会中应当由实行区域自治的民族的公民担任主任或者副主任。根据上述规定，自治县属于民族自治地方，其人大常委会中应有实行区域自治的民族的公民担任主任或者副主任，C 项正确。

D 项：县人大要变通或者停止执行上级国家机关的决议、决定、命令和指示，必须报经该上级国家机关的批准，本项中“自行变通或者停止执行”的说法错误，D 项错误。

综上所述，本题答案是 D 项。

【答案】D

第八节　特别行政区制度★★★★★

应试导读

本节内容是法考的五星级考点，非常重要，在客观题考试中，一般每套卷每年至少出 1 道题，分值至少 1—2 分。重难点提示：（1）本节中，“中央与特别行政区的关系”是重中之重，也是近年热点问题。（2）“香港特别行政区行政长官产生办法”“特别行政区维护国家安全的宪制责任”是法考改革后大纲新增内容，需要重点掌握。

一、特别行政区的特点

特别行政区是指在我国主权范围内，根据宪法和基本法的规定而设立的，具有特殊的法律地位，实行特别的政治、经济制度的行政区域。其特点主要表现在：

享有高度自治权	行政管理权；立法权；独立的司法权和终审权；经国务院授权自行处理有关对外事务的权力
特别行政区保持原有资本主义制度和生活方式50年不变	在特别行政区不实行社会主义制度和政策，保持原有的资本主义制度和生活方式50年不变。这充分体现了“一国两制”的基本方针
特别行政区的行政机关和立法机关由该地区永久性居民组成	特别行政区的行政机关和立法机关由该地区永久性居民依照基本法的有关规定组成 【注意】“永久性居民”是指在特别行政区享有居留权和有资格依照特别行政区法律取得载明其居留权的永久性居民身份证的居民
特别行政区原有的法律基本不变	香港原有法律，即普通法、衡平法、条例、附属立法和习惯法，除同基本法相抵触或经香港特别行政区的立法机关作出修改者外，予以保留 澳门原有的法律、法令、行政法规和其他规范性文件，除同基本法相抵触或经澳门特别行政区的立法机关或其他有关机关依照法定程序作出修改者外，予以保留

二、中央与特别行政区的关系

中央与特别行政区的关系，是一个主权国家内中央与地方的关系，或者说是中央对特别行政区进行管辖和特别行政区在中央监督下实行高度自治而产生的相互关系。这种关系的核心在于中央与特别行政区的权力划分和行使。

全国人大	1. 全国人大决定特别行政区**设立**及其**制度** 2. 全国人大对特别行政区基本法享有**修改权**
全国人大常委会	1. 全国人大常委会享有对特别行政区基本法的**解释权** 2. 全国人大常委会有权决定特别行政区进入**紧急状态** 3. 全国人大常委会如认为特别行政区立法机关制定的法律不符合基本法，**可将法律发回，但不修改** 4. 全国人大常委会可将有关国防、外交和不属于特别行政区自治范围的全国性法律，**列入基本法附件三**，在特别行政区生效适用
中央人民政府	1. 中央人民政府负责管理与特别行政区有关的**外交**事务 2. 中央人民政府负责管理特别行政区的**防务** 3. 中央人民政府**任命**特别行政区行政长官和行政机关的主要官员 4. 全国人民代表大会常务委员会决定宣布战争状态或决定特别行政区进入紧急状态，中央人民政府可**发布命令将有关全国性法律在特别行政区实施**

三、特别行政区的政治体制

<table>
<tr><th></th><th>香港</th><th>澳门</th></tr>
<tr><td>行政长官</td><td colspan="2">性质：行政长官是特别行政区的首长，代表特别行政区，既对中央政府负责，又对特别行政区负责
任期：任期 5 年，可连任一次
任职资格：年满 40 周岁 + 连续满 20 年 + 永久性居民 + 中国公民（香港行政长官要求“在外国无居留权”；澳门行政长官要求“任职期内不得具有外国居留权”）
【背诵口诀】
行政长官任职资格：四十二十无居留，永久居民中国人</td></tr>
<tr><td>行政机关</td><td colspan="2">性质：特别行政区政府是特别行政区的行政机关
组成：**首长是行政长官**。下设政务司、财务司、律政司和各局、厅、处、署等。特别行政区政府的主要官员均由行政长官提名并报请**中央人民政府任命和免职**</td></tr>
<tr><td rowspan="4">立法机关（立法会）</td><td colspan="2">**立法权：**1. 立法会有权依照基本法的规定和法定的程序制定、修改和废除法律。立法会制定的法律由行政长官签署、公布，须报全国人大常委会**备案**，备案不影响该法律的生效
2. 全国人大常委会认为特别行政区制定的法律同基本法冲突，**可以发回，不能修改**，一旦发回该法律就立即失效，但对以前的判决不具有溯及力</td></tr>
<tr><td colspan="2">**财政权：**立法会通过的财政预算案须由行政长官签署并由行政长官报送中央人民政府备案</td></tr>
<tr><td colspan="2">**监督权：**1. 行政长官如有严重违法或渎职行为而不辞职，可以进行弹劾
2. 香港特别行政区立法会全体议员的 1/4 以上，澳门特别行政区立法会全体议员的 1/3 以上可以提出弹劾联合动议
3. 经立法会通过以后，立法会应组成调查委员会进行调查，如调查以后认定有足够的证据证明行政长官有严重违法和渎职行为，立法会以全体议员 2/3 多数通过，可以提出弹劾案，报请中央政府决定</td></tr>
<tr><td colspan="2">**其他职权：**立法会有权接受当地居民申诉，并进行处理</td></tr>
<tr><td rowspan="3">司法机关</td><td>香港属**英美法系地区**，司法机关只有法院，没有检察院；律政司主管刑事检察工作</td><td>澳门属于**大陆法系地区**，司法机关包括检察机关</td></tr>
<tr><td>终审法院、高等法院、区域法院、裁判司署法庭和其他专门法庭</td><td>终审法院、中级法院、初级法院和行政法院</td></tr>
<tr><td>香港终审法院法官和高等法院首席法官的任免，需要行政长官征得立法会同意，并报全国人大常委会备案</td><td>澳门终审法院法官的免职由行政长官根据立法会议员组成的审议委员会建议决定，终审法院法官的任免须报全国人大常委会备案</td></tr>
</table>

附：香港特别行政区行政长官产生办法

行政长官产生的具体办法由基本法附件一《香港特别行政区行政长官的产生办法》规定。

选举委员会的职责	2021 年 3 月 11 日，第十三届全国人大第四次会议通过全国人民代表大会《关于完善香港特别行政区选举制度的决定》，香港特别行政区设立一个具有广泛代表性、符合香港特别行政区实际情况、体现社会整体利益的选举委员会，负责**选举行政长官候任人、立法会部分议员，以及提名行政长官候选人、立法会议员候选人**等事宜

（续）

选举委员会的组成	选举委员会委员共 1500 人，由下列各界人士组成： 第一界别：工商、金融界，300 人 第二界别：专业界，300 人 第三界别：基层、劳工和宗教等界，300 人 第四界别：立法会议员、地区组织代表等界，300 人 第五界别：香港特别行政区全国人大代表、香港特别行政区全国政协委员和有关全国性团体香港成员的代表界，300 人 选举委员会委员必须由**香港特别行政区永久性居民**担任
行政长官选举	选举委员会以一人一票无记名投票选出行政长官候任人，候任人须获得选举委员会全体委员**过半数**支持；香港特别行政区行政长官**由选举委员会选出，由中央人民政府任命**

四、特别行政区公职人员就职宣誓

特别行政区公职人员就职宣誓是公职人员就职的法定条件和必经程序，未进行合法有效宣誓或者拒绝宣誓，不得就任相应公职，不得行使相应职权和享受相应待遇	
宣誓主体	**香港：**行政长官、主要官员、行政会议成员、立法会议员、各级法院法官和其他司法人员
	澳门：行政长官、主要官员、行政会委员、立法会议员、法官和检察官
宣誓内容	**香港：**拥护中华人民共和国香港特别行政区基本法，效忠中华人民共和国香港特别行政区
	澳门：拥护中华人民共和国澳门特别行政区基本法，尽忠职守，廉洁奉公，效忠中华人民共和国澳门特别行政区，效忠中华人民共和国
宣誓结果	宣誓必须在法律规定的**监誓人**面前进行，监誓人负有确保宣誓合法进行的责任 ——对符合法律规定的宣誓，应确定为**有效宣誓** ——对不符合法律规定的宣誓，应确定为**无效宣誓**，并**不得重新安排宣誓**

五、特别行政区的法律制度

特别行政区基本法	由**全国人大**制定，在我国社会主义法律体系中，**地位仅低于宪法**，在特别行政区法律体系中，处于最高法律地位 体现的是包括港澳同胞在内的**全国人民的意志**，**是社会主义性质的法律** 特区立法机关制定的任何法律，均不得同该基本法律相抵触
予以保留的原有法律	原有法律除以下情形外予以保留： 1. 同基本法相抵触 2. 经特别行政区的立法机关作出修改 3. 属殖民统治性质或带有殖民主义色彩、有损我国主权的法律
特区立法机关制定的法律	除国防、外交和其他根据基本法有关规定不属于特别行政区自治范围的法律之外，立法会可以制定任何它有权制定的法律。比如民法、刑法等

（续）

适用于特区的全国性法律	全国性法律一般不在特别行政区实施。但特别行政区作为中华人民共和国不可分离的一部分，有些**体现国家主权和统一的全国性法律**又有必要在特别行政区实施。因此，在特别行政区实施的全国性法律也是特别行政区的法律渊源之一 例如，根据《香港特别行政区基本法》附件三的规定，在香港特别行政区实施的全国性法律现有14部，包括《关于中华人民共和国国都、纪年、国歌、国旗的决议》《关于中华人民共和国国庆日的决议》《中华人民共和国国籍法》《中华人民共和国国旗法》《中华人民共和国国徽法》《中华人民共和国国歌法》《中华人民共和国香港特别行政区维护国家安全法》等

【经典题目】

关于特别行政区的法律制度，下列哪些说法是正确的？（　　）（2020年考生回忆版）

A. 特别行政区保持其原有的法律制度，全国性法律一律不在特别行政区实施

B. 特别行政区原有的法律、法令、行政法规等，同基本法抵触的，经立法会同意可以继续保留

C. 特别行政区基本法在特别行政区具有最高法律效力

D.《国籍法》列入《香港特别行政区基本法》附件三

解析要点：

A项：体现国家主权和统一的全国性法律有必要在特别行政区实施。A项错误。

B项：香港原有法律，即普通法、衡平法、条例、附属立法和习惯法，除同基本法相抵触或经香港特别行政区的立法机关作出修改者外，予以保留。因此，同基本法抵触的原有法律需要废止或修改。B项错误。

C项：特别行政区基本法由全国人大制定，在我国社会主义法律体系中，地位仅低于宪法，在特别行政区法律体系中，处于最高法律地位。C项正确。

D项：《国籍法》是体现国家主权和统一的全国性法律，有必要在特别行政区实施，故列入香港、澳门基本法附件三。D项正确。

综上所述，本题答案是CD项。

【答案】CD

六、《中华人民共和国香港特别行政区维护国家安全法》（简称《香港国安法》）

立法目的	防范、制止和惩治分裂国家、颠覆国家政权、组织实施恐怖活动和勾结外国或境外势力危害国家安全等犯罪行为，保持香港特别行政区的繁荣和稳定，以及保障香港特别行政区居民的合法权益
立法过程	**通过：** 2020年6月30日，第十三届全国人大常委会通过《香港国安法》 **生效：**《香港国安法》通过后，全国人大常委会决定将其列入《香港特别行政区基本法》附件三。《香港国安法》已于2020年6月30日当晚在香港特别行政区生效

（续）

职责	中央人民政府对香港特别行政区有关的国家安全事务负有根本责任 香港特别行政区负有维护国家安全的宪制责任，应当履行维护国家安全的职责。香港特别行政区尽早完成《香港特别行政区基本法》规定的维护国家安全立法，完善相关法律。香港特别行政区行政长官应当就香港特别行政区履行维护国家安全职责的情况向中央人民政府提交年度报告
法治原则	《香港国安法》规定了防范、制止和惩治危害国家安全犯罪应当坚持的法治原则，包括依照法律定罪处刑、无罪推定、一事不二审和保障犯罪嫌疑人诉讼权利等 香港特别行政区维护国家安全应当尊重和保障人权，依法保护香港特别行政区居民依法享有的各项权利和自由
机构	维护国家安全委员会：香港特别行政区设立由行政长官担任主席的香港特别行政区维护国家安全委员会，负责维护国家安全事务，承担维护国家安全的主要责任，并接受中央人民政府的监督和问责。委员会设国家安全事务顾问，由中央人民政府指派 香港特别行政区政府警务处和律政司：香港特别行政区政府警务处和律政司作为主要执行部门，设立专门处理维护国家安全事务的部门。《香港国安法》规定的犯罪案件，除特定情形外，由香港特别行政区行使管辖权，包括立案侦查、检控、审判和刑罚的执行等诉讼程序 警务处维护国家安全部门办理国家安全犯罪案件时，可采取特别行政区现行法律准予警方调查严重犯罪案件的各种措施以及其他《香港国安法》规定的措施 律政司专门的国家安全犯罪检控部门负责国家安全犯罪案件的检控工作；未经律政司司长书面同意，任何人不得就危害国家安全犯罪案件提出检控 各级法院指定法官负责审理危害国家安全犯罪案件，除涉及国家秘密、公共秩序等情形不宜公开审理的以外，审判应当公开进行，但判决结果应当一律公开宣布
罪行	《香港国安法》防范、制止和惩治分裂国家罪、颠覆国家政权罪、恐怖活动罪以及勾结外国或者境外势力危害国家安全罪等四类危害国家安全的罪行
维护国家安全公署	《香港国安法》规定，中央人民政府在香港特别行政区设立维护国家安全公署，人员由中央人民政府维护国家安全的有关机关联合派出，须遵守全国性法律和香港特别行政区法律，依法接受国家监察机关的监督 有下列情况之一的，经香港特别行政区政府或者中央人民政府驻香港特别行政区维护国家安全公署提出，并报中央人民政府批准，公署对《香港国安法》规定的危害国家安全犯罪案件行使管辖权： 1. 案件涉及外国或境外势力介入的复杂情况，香港特别行政区管辖确有困难的 2. 出现香港特别行政区政府无法有效执行《香港国安法》的严重情况的 3. 出现国家安全面临重大现实威胁的情况的

第九节 基层群众自治制度★★★★★

应试导读

本节内容是法考的五星级考点，非常重要，在客观题考试中，一般每套卷每年出1道题，分值1—2分。重难点提示：考生在学习本节时，应重点掌握“村民委员会、村民会议和村民代表会议”的关系，以及“村民委员会和居民委员会”的异同。

一、基层群众自治组织的含义及特点

基层群众自治组织是指依照有关法律规定，以城乡居民（村民）一定的居住地为纽带和范围设立，并由居民（村民）选举产生的成员组成的，实行自我管理、自我教育、自我服务的社会组织。

基层群众自治组织有以下特点：

群众性	基层群众自治组织不同于国家政权组织和其他政治、经济等社会组织，目的是解决居住地范围内的公共事务和公益事业方面的社会问题
自治性	基层群众自治组织具有自身组织上的独立性，不是国家机关，也不是国家机关的下属或下级组织
基层性	基层群众自治组织只存在于居住地范围的基层社区

二、村民委员会、村民会议和村民代表会议

村民委员会	设置	乡级政府提建议＋村民会议同意＋县级政府批准 【背诵口诀】乡提县批，村民同意
	组织	1. 主任＋副主任＋委员（3—7 人） 2. 应当有妇女成员，多民族村民居住的村应当有人口较少的民族的成员
	选举罢免	1. 选举：村民委员会成员由年满 18 周岁未被剥夺政治权利的村民直接选举产生，选民过半数投票并需参加投票选民过半数通过（双过半）；村民委员会每届任期 5 年，其成员可以连选连任 2. 罢免：本村 1/5 以上有选举权的村民或者 1/3 以上的村民代表联名，可以要求罢免村民委员会成员，罢免须有登记参加选举的村民过半数投票，并须经投票的村民过半数通过 【背诵口诀】五姨（1/5）三姨（1/3）提罢免，选举罢免双过半
	下属委员会	村民委员会根据需要设人民调解、治安保卫、公共卫生与计划生育等委员会；人口少的村的村民委员会可以不设下属委员会
	监督	村务公开：一般事项至少每季度公布一次；集体财务往来较多的，财务收支情况应当每月公布一次；涉及村民利益的重大事项应当随时公布
		民主评议：由村民会议或村民代表会议进行评议，每年至少一次；连续两次不称职，其职务终止
		审计：村民委员会成员实行任期和离任经济责任审计

（续）

村民会议和村民代表会议	组成	村民会议：由本村 18 周岁以上的村民组成 村民代表会议：人数较多或者居住分散的村，可以设立村民代表会议，讨论决定村民会议授权的事项 村民代表会议人员构成：1. 村委会成员 + 村民代表（4/5 以上） 2. 妇女村民代表 1/3 以上
	职权	1. 村民委员会向村民会议、村民代表会议负责并报告工作 2. 村民会议、经村民会议授权的村民代表会议审议村民委员会的年度工作报告，评议村民委员会成员的工作；有权撤销或者变更村民委员会不适当的决定 3. 涉及全村村民利益的问题，经村民会议讨论决定方可办理（村民会议也可以授权村民代表会议讨论决定） 4. 村民自治章程、村规民约由村民会议制定和修改，并报乡级（乡、民族乡、镇）政府备案，若与宪法、法律、法规和国家的政策相抵触，则由乡级政府责令改正 总结：监督村委会，讨论决定大事，制定章程文件

三、村民委员会和居民委员会的主要区别

	村民委员会	居民委员会
设立、撤销、范围调整	由乡、民族乡、镇的政府提出，经村民会议讨论同意后，报县级人民政府批准	不设区的市、市辖区的人民政府决定
组织	主任、副主任和委员共 3—7 人组成。应有妇女成员	主任、副主任和委员共 5—9 人组成
产生	年满 18 周岁未被剥夺政治权利的村民直接选举产生	1. 由本居住地区全体有选举权的居民选举产生 2. 由每户派代表选举产生 3. 由每个居民小组选举代表 2—3 人选举产生

【命题角度】

基层群众自治制度常见命题角度：

1. 考查基层群众自治组织和国家机关的关系。

考查村民委员会和村民会议的关系。

【经典题目】

根据《村民委员会组织法》的规定，下列说法错误的是（　　）。（2020 年考生回忆版）

A. 村民委员会成员实行任期和离任经济责任审计，由县级政府农业、财政部门或者乡、镇政府负责组织

B. 村民委员会成员两次被评议不称职的，其职务终止

C. 村民会议由本村 18 周岁以上的没有被剥夺政治权利的村民组成

D. 村民会议向村民委员会负责并报告工作

解析要点：

A 项：根据《村民委员会组织法》的规定，村民委员会成员的任期和离任经济责任

审计，由县级人民政府农业部门、财政部门或者乡、民族乡、镇的人民政府负责组织。A项正确。

B项：村民委员会成员连续两次被评议不称职的，其职务终止。B项错误。

C项：村民会议由本村18周岁以上的村民组成，不要求未被剥夺政治权利的条件。C项错误。

D项：村民委员会向村民会议负责并报告工作。D项错误。

综上所述，本题答案是BCD项。

【答案】BCD

第十节 国家标志★★★

应试导读

本节内容是法考的三星级考点，虽然过往命题不多，但属于法考改革后的命题热点，考生应结合常识进行记忆，不要死记硬背。

知识点

国旗	中华人民共和国国旗是五星红旗
	应当每日升挂国旗的场所或者机构所在地： 1. 北京天安门广场、新华门 2. 中国共产党中央委员会，全国人民代表大会常务委员会，国务院，中央军事委员会，中国共产党中央纪律检查委员会、国家监察委员会，最高人民法院，最高人民检察院；中国人民政治协商会议全国委员会 3. 外交部 4. 出境入境的机场、港口、火车站和其他边境口岸，边防海防哨所 （总结："两央""两高""一监""四委""外交""对外"）
	应当在工作日升挂国旗的机构所在地： 1. 中国共产党中央各部门和地方各级委员会 2. 国务院各部门 3. 地方各级人民代表大会常务委员会 4. 地方各级人民政府 5. 中国共产党地方各级纪律检查委员会、地方各级监察委员会 6. 地方各级人民法院和专门人民法院 7. 地方各级人民检察院和专门人民检察院 8. 中国人民政治协商会议地方各级委员会 9. 各民主党派、各人民团体 10. 中央人民政府驻香港特别行政区有关机构、中央人民政府驻澳门特别行政区有关机构
	学校除寒假、暑假和休息日外，应当每日升挂国旗。有条件的幼儿园参照学校的规定升挂国旗。图书馆、博物馆、文化馆、美术馆、科技馆、纪念馆、展览馆、体育馆、青少年宫等公共文化体育设施应当在开放日升挂、悬挂国旗

（续）

国歌	中华人民共和国国歌是《义勇军进行曲》
	应当奏唱国歌的场合： 1. 全国人民代表大会会议和地方各级人民代表大会会议的开幕、闭幕；中国人民政治协商会议全国委员会会议和地方各级委员会会议的开幕、闭幕 2. 各政党、各人民团体的各级代表大会等 3. 宪法宣誓仪式 4. 升国旗仪式 5. 各级机关举行或者组织的重大庆典、表彰、纪念仪式等 6. 国家公祭仪式 7. 重大外交活动 8. 重大体育赛事 9. 其他应当奏唱国歌的场合
国徽	中华人民共和国国徽，中间是五星照耀下的天安门，周围是谷穗和齿轮
	应当悬挂国徽的机构： 1. 各级人民代表大会常务委员会 2. 各级人民政府 3. 中央军事委员会 4. 各级监察委员会 5. 各级人民法院和专门人民法院 6. 各级人民检察院和专门人民检察院 7. 外交部 8. 国家驻外使馆、领馆和其他外交代表机构 9. 中央人民政府驻香港特别行政区有关机构、中央人民政府驻澳门特别行政区有关机构国徽应当悬挂在机关正门上方正中处
	应当悬挂国徽的场所： 1. 北京天安门城楼、人民大会堂 2. 县级以上各级人民代表大会及其常务委员会会议厅，乡、民族乡、镇的人民代表大会会场 3. 各级人民法院和专门人民法院的审判庭 4. 宪法宣誓场所 5. 出境入境口岸的适当场所
首都	中华人民共和国首都是北京

【经典题目】

下列关于国歌的说法，哪些是错误的？（　　）（2020 年考生回忆版）

A. 各级机关举行或组织的重大庆典上应当奏唱国歌

B. 国歌可以作为公共场所的背景音乐

C. 国歌应当纳入中小学教育

D. 公民可以在国庆节等重要的国家法定节日，在广播电台、电视台点播国歌

解析要点：

A 项：《国歌法》规定：各级机关举行或者组织的重大庆典、表彰、纪念仪式等，应当奏唱国歌。A 项正确。

B 项：《国歌法》规定：国歌不得用于或者变相用于商标、商业广告，不得在私人丧

事活动等不适宜的场合使用，不得作为公共场所的背景音乐等。B 项错误。

C 项:《国歌法》规定：国歌纳入中小学教育。中小学应当将国歌作为爱国主义教育的重要内容，组织学生学唱国歌，教育学生了解国歌的历史和精神内涵、遵守国歌奏唱礼仪。C 项正确。

D 项:《国歌法》规定：国庆节、国际劳动节等重要的国家法定节日、纪念日，中央和省、自治区、直辖市的广播电台、电视台应当按照国务院广播电视主管部门规定的时点播放国歌。D 项错误。

综上所述，本题答案是 BD 项。

【答案】BD

第三章　公民的基本权利和义务

扫描右侧二维码“听课 + 做题”，直达最佳学习效果

1. 在线听课：学习本章节核心考点讲解课程。
2. 在线刷题：点击进入题库做章节练习。

第一节　公民基本权利和义务概述★★★

应试导读

本节内容是法考的三星级考点，比较重要，法考改革前，命题人很少针对本节内容直接命题，法考改革后，本节命题重要性有所上升。此外，本节整体内容比较宏观，考生学习本节时，应重在理解。

知识点

一、基本权利和基本义务的概念

基本权利	基本权利是指由宪法规定的公民享有的**最重要的、必不可少的权利**
基本义务	基本义务也称宪法义务，是指由**宪法规定的公民必须遵守的法律义务**
基本权利的主体	基本权利的主体主要是**公民**，公民是指具有一国国籍的自然人

二、基本权利与人权

人权与基本权利的区别	1. 人权具有**道德和价值上的效力**，基本权利是**法律和制度上保障的权利**，其效力与领域受到限制 2. 人权源于自然法，而基本权利源于人权
人权的法定化	人权与基本权利的区别决定了宪法文本中的**人权需要法定化**，并转化为具有具体权利内容的基本权利形态 人权所体现的基本价值是**宪法制定与修改过程中的最高目标**，表明人类生存与发展的要求、理念与期待。《宪法》在规定基本权利的同时，2004 年《宪法修正案》写入“国家尊重和保障人权”的规定

三、基本权利效力

基本权利效力，是指基本权利对社会生活领域产生的拘束力，基本权利的效力**直接**

拘束国家权力活动。

基本权利效力的特点	1. 广泛性：基本权利拘束一切国家权力活动与社会生活领域 2. 具体性：基本权利效力通常在具体的事件中得到实现，通过具体的事件解决围绕效力而发生的宪法争议 3. 现实性：基本权利为未来立法活动提供法律基础
基本权利效力的体现	1. 对立法权的制约：基本权利的效力直接约束立法者与立法过程，以防止立法者制定侵害人权的法律。立法者在立法过程中应遵循比例原则，严格规范立法裁量权，以保证立法的民主性 2. 对行政权的制约：基本权利对行政权的活动产生直接的约束力，有关行政的一切活动都要体现基本权利的价值，以保障行政权运行的合法性与合宪性 3. 对司法权的制约：基本权利直接拘束一切司法权的活动

四、基本权利限制

限制基本权利的目的	1. 维护社会秩序；2. 保障国家安全；3. 维护公共利益 《宪法》第 51 条规定："中华人民共和国公民在行使自由和权利的时候，不得损害国家的、社会的、集体的利益和其他公民的合法的自由和权利。"这一条是对公民行使自由和权利的总的限制性规定，同时也表明限制的基本目标
限制基本权利的形式	1. 基本权利的内在限制。基本权利内在限制主要指基本权利内部已确定限制的范围，而不是从外部设定条件。例如，行使集会游行示威权利时不得侵犯他人的权利与自由。享有宗教信仰自由时不能破坏社会秩序、损害公民身体健康、妨碍国家教育制度 2. 宪法和法律对基本权利的限制（外部限制）。例如，国家为了公共利益的需要，可以依照法律规定对土地实行征收或者征用并给予补偿
紧急状态下公民基本权利的限制	限制基本权利只能基于维护公共利益和他人的基本权利的目的才具有正当性。同时，限制公民基本权利应当体现合理原则，不超过必要的限度 例如，《传染病防治法》将传染病分为甲类、乙类和丙类，其第 42 条规定，传染病暴发、流行时，县级以上地方人民政府在必要时，报经上一级人民政府决定，可以采取的紧急措施包括：限制或者停止集市、影剧院演出或者其他人群聚集的活动，停工、停业、停课，封闭或者封存被传染病病原体污染的公共饮用水源、食品以及相关物品，控制或者扑杀染疫野生动物、家畜家禽，封闭可能造成传染病扩散的场所

五、我国基本权利和基本义务的特点

广泛性	1. 享有基本权利和自由的主体非常广泛。我国现阶段的权利主体包括占全国人口绝大多数的社会主义劳动者，社会主义事业的建设者，拥护社会主义的爱国者，拥护祖国统一和致力于中华民族伟大复兴的爱国者等 2. 公民享有的权利和自由的范围非常广泛。包括政治权利，人身权利，宗教信仰自由，社会经济权利，文化教育权利等
平等性	1. 公民在享有权利和履行义务方面一律平等 2. 司法机关在适用法律上一律平等
现实性	1. 公民基本权利和义务的内容具有现实性 2. 法律对于公民基本权利和义务的规定，既有物质保障又有法律保障，因而是可以实现的

（续）

一致性	1. 享有权利和承担义务的主体是一致的 2. 公民某些基本权利和基本义务是互相结合的，例如，劳动、受教育既是公民的基本权利，又是公民的基本义务 3. 公民的基本权利和基本义务相互促进，相辅相成

第二节　我国公民的基本权利★★★★★

应试导读

本节内容是法考的五星级考点，非常重要，在客观题考试中，一般每套卷每年出1道题，分值1—2分。同时，本节内容相对简单，考生应重点掌握，稳拿相应分数。

知识点

一、平等权

概念	平等权是公民依法平等地享有权利，不受任何差别对待，要求国家给予同等保护的权利。平等权是我国宪法所保护的公民的一项基本权利，同时也是**公民行使其他权利的基础**
内容	法律面前一律平等；禁止差别对待；允许合理差别
我国宪法保护的特定主体	保障妇女权利 保障退休人员和军烈属的权利 保护婚姻、家庭、母亲、儿童、老年人 关怀青少年和儿童的成长 保护华侨、归侨和侨眷的正当权利

二、政治权利和自由

选举权和被选举权		我国公民享有的选举权是一种普选权 享有选举权和被选举权的条件：**年满18周岁+中国公民+未被剥夺政治权利**
政治自由	言论自由	1. 言论自由是指公民有权通过**各种语言形式**，针对国家政治和社会中各种问题，表达其思想和见解的自由 2. 言论自由在政治自由中居于**首要地位**，延伸出其他的政治自由
	出版自由	1. 通过**公开出版物**表达自己的见解和看法 2. 包括**著作自由**和**出版单位的设立和管理要遵循法律规定** 3. 各国对出版物管理主要有两种制度：**事前审查制**和**追惩制**，我国采用二者结合的制度
	结社自由	1. 主要指**组织政治性团体**的自由 2. 我国社会团体的成立实行**核准登记制度**，登记管理机关是**县级以上民政部门**

（续）

政治自由	集会游行示威自由	1. 都是言论自由的延伸和具体化 2. 都源于公民的请愿权，都是公民表达强烈意愿的自由；主要在公共场所行使，必须是多个公民共同行使，属于集合性权利

【命题角度】

公民的基本权利常见命题角度：给考生一项权利，请考生判断是公民的哪种基本权利。

【经典题目】

某市执法部门发布通告："为了进一步提升本市市容和环境卫生整体水平，根据相关规定，全市范围内禁止设置各类横幅标语。"根据该通告，关于禁设横幅标语，下列哪一说法是正确的？（　　）（2017–01–25）

A. 涉及公民的出版自由

B. 不构成对公民基本权利的限制

C. 在目的上具有正当性

D. 涉及宪法上的合理差别问题

解析要点：

A 项：公民享有出版自由，但是本题中设置各类横幅标语的限制并不涉及出版自由，设置横幅标语并不是出版行为。A 项错误。

B 项：该市禁止公民设置各类横幅标语的通告明显是对公民言论的限制。B 项错误。

C 项：该市禁止设置横幅标语的通告是出于提升本市市容和环境卫生整体水平的目的，在目的上具有正当性。C 项正确。

D 项：宪法上的合理差别是为了实现公民在宪法和法律面前实质的平等而存在，本题中该市通告禁止设置横幅标语，与合理差别问题无关。D 项错误。

综上所述，本题答案是 C 项。

【答案】C

三、宗教信仰自由

宗教信仰自由的含义	宗教信仰自由是指公民依据内心的信念，自愿地信仰宗教的自由。其含义包括： 1. 公民有信教或者不信教的自由 2. 有信仰这种宗教或者那种宗教的自由 3. 有信仰同宗教中的这个教派或者那个教派的自由 4. 有过去不信教而现在信教或者过去信教而现在不信教的自由
我国宪法对宗教信仰自由的规定	1. 任何国家机关、社会团体和个人不得强制公民信仰宗教或者不信仰宗教，不得歧视信仰宗教的公民和不信仰宗教的公民 2. 国家保护正常的宗教活动。任何人不得利用宗教进行破坏社会秩序、损害公民身体健康、妨碍国家教育制度的活动 3. 宗教团体和宗教事务不受外国势力的支配

四、人身自由（广义）

生命权	宪法没有明确规定，但价值上是充分尊重和保障生命权的 基本内容：防御权、享受生命的权利、生命保护请求权、不可处分性 主体：自然人。法人不能成为生命权的主体
人身自由（狭义）	公民的身体不受非法限制、搜查、拘留和逮捕 任何公民，非经人民检察院批准、决定或者人民法院决定，并由公安机关执行，不受逮捕
人格尊严	禁止用任何方法对公民进行侮辱、诽谤和诬告陷害 包括姓名权、肖像权、名誉权、荣誉权和隐私权
住宅不受侵犯	属于人身自由的延伸，禁止非法搜查或者非法侵入公民的住宅，公安和检察机关搜查住宅须依法进行
通信自由和通信秘密	除因国家安全或者追查刑事犯罪的需要，由公安机关或者检察机关依照法律规定的程序对通信进行检查外，任何组织或者个人不得以任何理由侵犯公民的通信自由和通信秘密

五、社会经济权利

财产权	1. 公民的合法的私有财产不受侵犯 2. 国家依照法律规定保护公民的私有财产权和继承权 3. 国家为了公共利益的需要，可以依照法律规定对公民的私有财产实行征收或者征用并给予补偿
劳动权和休息权	公民有劳动的权利和义务 劳动者有休息的权利
获得物质帮助权	公民在年老、疾病、丧失劳动能力时，有从国家和社会获得物质帮助的权利

六、文化教育权利

受教育的权利	学龄前儿童有接受学前教育的机会 适龄儿童有接受初等教育的权利和义务 公民有接受中等教育、职业教育和高等教育的权利和机会 成年人有接受成人教育的权利 公民有从集体经济组织、国家企业事业组织和其他社会力量举办的教育机构接受教育的机会 就业前的公民有接受必要的劳动就业训练的权利和义务
进行科学研究、文艺创作和其他文化活动的自由	国家对于从事教育、科学、技术、文学、艺术和其他文化事业的公民的有益于人民的创造性工作，给予鼓励和帮助 国家通过立法的形式，促进文化艺术事业发展，有助于推动公民文化权利的实现。例如《电影产业促进法》《公共文化服务保障法》

积极受益权与消极防御权

积极受益权——公民的社会经济权利（财产权和继承权除外）、文化教育权利都属于公民的积极受益权，即公民可以积极主动地向国家提出请求、国家也应积极予以保障的权利。

消极防御权——主要包括财产权和继承权，公民不可以积极主动地向国家提出请求，国家不侵害公民合法行使权利，公民合法权利受到侵害时，国家有救济的义务。

【经典题目】

为坚持立德树人，发展素质教育，切实解决人民群众反映强烈的中小学生课外负担过重问题，国务院办公厅发布《国务院办公厅关于规范校外培训机构发展的意见》。关于这一《意见》，下列哪些说法是正确的？（　　）（2020 年考生回忆版）

A.《意见》属于行政法规

B.《意见》构成了对公民的基本权利的限制

C. 受教育既是公民的基本权利，又是公民的基本义务

D. 受教育权属于公民的积极受益权

解析要点：

A 项：行政法规的制定主体是国务院，不是国务院办公厅。A 项错误。

B 项：《意见》规范培训机构发展，目的是更好地保障而非限制公民受教育权，也未限制公民其他基本权利。B 项错误。

C 项：《宪法》规定，受教育既是公民的基本权利，又是公民的基本义务。C 项正确。

D 项：公民的文化教育权利属于公民的积极受益权，即公民可以积极主动地向国家提出请求、国家也应积极予以保障的权利。D 项正确。

综上所述，本题答案是 CD 项。

【答案】CD

七、监督权和获得赔偿权

监督权	批评权，是指公民有对国家机关和国家工作人员工作中的缺点和错误提出批评意见的权利 建议权，是指公民有对国家机关和国家工作人员的工作提出合理化建议的权利 控告权，是指公民对任何国家机关和国家工作人员的违法失职行为，有向有关机关进行揭发和指控的权利 检举权，是指公民对于违法失职的国家机关和国家工作人员，有向有关机关揭发事实、请求依法处理的权利 申诉权，是指公民合法权益因国家工作人员的违法失职行为受到侵害时，有向有关机关申述理由，要求重新处理的权利
获得赔偿权	获得赔偿权，是指公民的合法权益因国家机关或者国家机关工作人员违法行使职权而受到侵害的，公民有要求国家赔偿的权利 致人精神损害、造成严重后果的，赔偿义务机关应当支付“精神损害抚慰金”

【经典题目】

张某对当地镇政府干部王某的工作提出强烈批评，引起群众热议，被公安机关以诽

谤他人为由行政拘留 5 日。张某的精神因此受到严重打击，事后相继申请行政复议和提起行政诉讼，法院依法撤销了公安机关的《行政处罚决定书》。随后，张某申请国家赔偿。根据《宪法》和法律的规定，关于本案的分析，下列哪些选项是正确的？（　　）（2016–01–63）

A. 王某因工作受到批评，人格尊严受到侵犯

B. 张某的人身自由受到侵犯

C. 张某的监督权受到侵犯

D. 张某有权获得精神损害抚慰金

解析要点：

A 项：张某对王某工作提出强烈批评，是行使监督权的表现，并未使用侮辱、诽谤和诬告陷害等方式侵犯王某人格尊严。A 项错误。

B 项：张某因行使正当权利被公安机关行政拘留，人身自由受到侵犯。B 项正确。

C 项：张某因批评王某的工作而被行政拘留，导致监督权被侵犯。C 项正确。

D 项：根据《国家赔偿法》的相关规定，张某的精神受到严重打击，因此，有权获得精神损害抚慰金。D 项正确。

综上所述，本题答案是 BCD 项。

【答案】BCD

第三节　我国公民的基本义务★

应试导读

本节内容是法考的一星级考点，重要性一般，在客观题考试中，一般每套卷每五到十年出 1 道题，分值 1 分左右。

知识点

根据宪法的规定，我国公民的基本义务包括：

根据宪法的规定，我国公民的基本义务
1. 维护国家统一和民族团结
2. 遵守宪法和法律，保守国家秘密，爱护公共财产，遵守劳动纪律，遵守公共秩序，尊重社会公德
3. 维护祖国的安全、荣誉和利益
4. 保卫祖国、依法服兵役和参加民兵组织
5. 依法纳税
6. 其他义务。例如劳动的义务、受教育的义务、夫妻双方计划生育的义务、父母抚养教育未成年子女的义务、成年子女赡养扶助父母的义务等

【经典题目】

根据现行《宪法》的规定，关于公民权利和自由，下列哪一选项是正确的？（　　）（2008–01–17）

A. 劳动、受教育和依法服兵役既是公民的基本权利又是公民的基本义务

B. 休息权的主体是全体公民

C. 公民在年老、疾病或者未丧失劳动能力的情况下，有从国家和社会获得物质帮助的权利

D. 2004 年《宪法修正案》规定，国家尊重和保障人权

解析要点：

A 项：劳动、受教育既是公民的基本权利又是公民的基本义务，但是服兵役是公民的义务而非权利。A 项错误。

B 项：中华人民共和国劳动者有休息的权利。因此，休息权的主体是劳动者而非全体公民。B 项错误。

C 项：中华人民共和国公民在年老、疾病或者丧失劳动能力的情况下，有从国家和社会获得物质帮助的权利。C 项多了一个“未”字，C 项错误。

D 项：2004 年《宪法修正案》规定：“国家尊重和保障人权。”D 项正确。

综上所述，本题答案是 D 项。

【答案】D

第四章　国家机构

扫描右侧二维码“听课 + 做题”，直达最佳学习效果

1. 在线听课：学习本章节核心考点讲解课程。
2. 在线刷题：点击进入题库做章节练习。

第一节　国家机构概述★

应试导读

本节内容是法考的一星级考点，重要性一般，其整体内容比较宏观，很少直接命题。考生学习本节时，应重在理解。其中，“民主集中制原则”和“责任制原则”相对重要。

知识点

一、国家机构的概念和特点

国家机构是国家为实现其职能而建立起来的一整套有机联系的国家机关的总和，其特点是：阶级性、历史性、强制性和组织性。

二、我国国家机构的组织和活动原则

民主集中制原则	1. 国家机构与人民的关系方面：由人民组织国家机构体现了国家权力来自人民 2. 同级国家机构之中：国家权力机关居于主导地位 3. 中央与地方国家机构的关系方面：实行“中央和地方的国家机构职权的划分，遵循在中央的统一领导下，充分发挥地方的主动性、积极性的原则”。中央统一领导和地方的主动性与积极性体现了民主集中制原则的地方服从中央的要求 4. 国家机关内部：无论是实行合议制还是实行首长负责制，在作出决策和决定时，都在不同程度上实行民主集中制
社会主义法治原则	1. 社会主义法治原则的含义：国家机构在组织和活动中必须依法办事，不以领导人的个人意志为转移，也不能以政策代替法律 2. 社会主义法治原则的基本要求：有法可依、有法必依、执法必严、违法必究

（续）

责任制原则	1. 集体负责制是指由全体组成人员集体讨论，并且按照少数服从多数的原则作出决定，集体承担责任的一种体制。集体组织中每个成员的地位平等 实行集体负责制的机关：各级人大及其常委会、监察委员会、人民法院和人民检察院等 集体负责制的特点：能够集思广益，充分发挥集体的智慧和作用，避免主观性、片面性，而且还可以避免国家权力过多地集中于个人或者极少数人手中，防止个人独断专行 2. 个人负责制是指由首长个人决定问题并承担相应责任的领导体制 实行个人负责制的机关：国务院及其各部委，中央军委和地方各级人民政府等 个人负责制的特点：权责界限明确，果断迅速，讲究效率，适合国家行政机关和军事机关的性质和工作特点
为人民服务原则	在思想上：国家工作人员应能够认识国家权力来自人民的授予，树立密切联系群众、一切为人民服务的意识 在活动中：1. 一切工作都要从最大多数人的最大利益出发，为人民的根本利益服务 2. 认真贯彻“从群众中来，到群众中去”的工作方法 3. 要开辟各种途径，广泛地吸引人民群众参加国家管理，这既是我国政权本质的要求，也是贯彻群众路线的重要形式和有效方法。例如，组织人民群众参加宪法以及其他重要法律草案的讨论、接受人民来信来访、建立人民代表联系选民的制度等
精简和效率原则	根据《宪法》的规定，一切国家机关实行精简的原则，实行工作人员的培训和考核制度，不断提高工作质量和工作效率，反对官僚主义 国家机构是否精简，直接影响着工作效率。因此，推动国家机构改革，有助于克服官僚主义，做到廉政、勤政，提高工作质量和效率，是精简和效率原则的基本要求

第二节　全国人民代表大会★★★★★

应试导读

本节内容是法考的五星级考点，非常重要，在客观题考试中，一般每套卷每年至少出 1 道题，分值至少 1—2 分。重难点提示：考生学习本节时，应重点掌握两部分，一是“全国人民代表大会和全国人民代表大会常务委员会的职权、会议制度和工作程序”，这部分是本节的重中之重；二是“专门委员会”部分，法考改革后大纲有新修内容。

知识点

一、人民代表大会制度的基本内容和性质

基本内容	我国的政权组织形式是人民代表大会制度 人民代表大会制度的基本内容包括以下方面： 1. 人民主权原则（人民代表大会制度最核心的基本原则） 2. 人民掌握和行使国家权力的组织形式的制度 3. 人大代表由人民选举，受人民监督 4. 各级人大是国家权力机关，其他国家机关都由人大选举产生，对其负责，受其监督

（续）

性质	1. 人民代表大会制度是我国的根本政治制度 2. 人民代表大会制度是实现社会主义民主的基本形式

二、全国人民代表大会和全国人民代表大会常务委员会

	全国人民代表大会	全国人民代表大会常务委员会
性质和地位	最高国家权力机关、最高国家立法机关，在我国国家机构体系中处于首要地位，任何国家机关都不能超越全国人大，也不能和它并列	全国人大的常设机关，是最高国家权力机关的组成部分，对全国人大负责并报告工作，行使国家立法权 在全国人大闭会期间，国务院、最高人民法院、最高人民检察院必须对全国人大常委会负责并报告工作，中央军委和国家监察委除对全国人大负责外，也要对全国人大常委会负责
组成和任期	1. 全国人大由各省、自治区、直辖市人大、军队和特别行政区选出的代表组成，每届任期 5 年 2. 在任期届满前的 2 个月以前，全国人大常委会必须完成下届全国人大代表的选举工作。如果遇到不能进行选举的非常情况，由全国人大常委会以全体委员 2/3 以上的多数通过，可以推迟选举，延长本届全国人大的任期；但在非常情况结束后 1 年以内，全国人大常委会必须完成下届全国人大代表的选举	1. 委员长，副委员长若干人，秘书长，委员若干人，必须是人大代表，由全国人大选举产生 2. 每届任期与全国人大相同，即 5 年，可以连选连任，但是委员长、副委员长连续任职不得超过两届
职权	1. 修改宪法、监督宪法实施 2. 制定基本法律，包括刑法、刑事诉讼法、民法、民事诉讼法等 3. 选举、决定和罢免国家机关的重要组成人员 4. 决定国家重大问题：审查和批准国民经济和社会发展计划和计划执行情况的报告；审查和批准国家预算和预算执行情况的报告；改变或者撤销全国人民代表大会常务委员会不适当的决定；批准省、自治区和直辖市的建置；决定特别行政区的设立及其制度；决定战争与和平 5. 最高监督权：全国人大有权监督由其产生的国家机关的工作，全国人大常委会、国务院、最高人民法院、最高人民检察院必须对全国人大负责并报告工作，中央军委和国家监察委对全国人大负责	1. 解释宪法、监督宪法实施 2. 解释法律、制定基本法律以外的其他法律，在全国人大闭会期间部分修改基本法律 3. 审查和监督规范性文件 4. 预算管理权：对国民经济和社会发展计划、国家预算部分调整方案和国家决算的审批权，审议审计工作报告 5. 监督国家机关工作：提出质询案；听取工作报告；检查法律法规实施情况 6. 决定、任免国家机关组成人员 7. 其他重大事项决定权：在全国人大闭会期间，决定战争状态的宣布；决定任免驻外全权代表；决定同外国缔结的条约和重要协定的批准和废除；规定军人和外交人员的衔级制度和其他专门衔级制度；规定和决定授予国家的勋章和荣誉称号；决定特赦；决定全国总动员或者局部动员；决定全国或者个别省、自治区、直辖市进入紧急状态 总结：紧急重要，荣誉称号

（续）

会议制度和工作程序	1. 全国人大开展工作的主要方式是举行会议，全国人大会议每年举行一次 2. 如果全国人大常委会认为有必要或者 1/5 以上的全国人大代表提议，可以临时召集 3. 全国人大会议均由全国人大常委会召集 4. 全国人大的会议形式主要有预备会议、全体会议和小组会议等。首先是由全国人大常委会主持召集预备会议，选举产生本次大会主席团和秘书长，讨论本次会议的议程以及其他准备事项。预备会议后，全国人大便由主席团正式主持全体会议。在全体会议期间，根据需要举行小组会议，审议和讨论有关事项。全体会议一般公开举行，在必要时经主席团和各代表团团长会议决定，可以举行秘密会议	1. 全国人大常委会主要通过举行会议、作出会议决定的形式行使职权 2. 全国人大常委会全体会议一般每两个月举行一次，由委员长召集并主持 3. 由委员长、副委员长、秘书长组成委员长会议，处理全国人大常委会重要的日常工作，但委员长会议有其职权的界限，不能代替常委会行使职权

附：国家的勋章和荣誉称号制度

国家勋章和国家荣誉称号	1. 国家勋章和国家荣誉称号为国家最高荣誉。国家勋章包括“共和国勋章”和“友谊勋章”，国家荣誉称号的具体名称由全国人大常委会在决定授予时确定 2. 授予国家勋章、国家荣誉称号的议案由全国人大常委会委员长会议及国务院、中央军事委员会向全国人大常委会提出，由全国人大常委会作出决定，由国家主席授予和签发证书 3. 国家主席进行国事活动，可以直接授予外国政要、国际友人等人士“友谊勋章”
国家功勋簿	国家设立国家功勋簿，记载国家勋章和国家荣誉称号获得者及其功绩

【经典题目】

关于国家勋章和国家荣誉，下列说法正确的是（　　）。（2021 年考生回忆版）

A. 国家勋章和国家荣誉称号为国家法定的最高荣誉

B. 国务院可以向全国人民代表大会常务委员会提出授予国家勋章、国家荣誉称号的议案

C. 全国人民代表大会常务委员会决定授予国家勋章和国家荣誉称号

D. 全国人民代表大会常务委员会有权决定撤销国家勋章、国家荣誉称号

解析要点：

根据《国家勋章和国家荣誉称号法》的规定：

A 项：国家勋章和国家荣誉称号为国家最高荣誉。A 项正确。

B 项：全国人民代表大会常务委员会委员长会议根据各方面的建议，向全国人民代表大会常务委员会提出授予国家勋章、国家荣誉称号的议案。国务院、中央军事委员会可以向全国人民代表大会常务委员会提出授予国家勋章、国家荣誉称号的议案。B 项正确。

C 项：全国人民代表大会常务委员会决定授予国家勋章和国家荣誉称号。C 项正确。

D 项：国家勋章和国家荣誉称号获得者因犯罪被依法判处刑罚或者有其他严重违法、违纪等行为，继续享有国家勋章、国家荣誉称号将会严重损害国家最高荣誉的声誉的，由

全国人民代表大会常务委员会决定撤销其国家勋章、国家荣誉称号并予以公告。D 项正确。

综上所述，本题答案是 ABCD 项。

【答案】ABCD

附：全国人民代表大会、全国人民代表大会常务委员会的人事权对比

全国人民代表大会人事权	全国人民代表大会常务委员会人事权
1. 选举全国人民代表大会常务委员会的组成人员（委员长、副委员长、秘书长、委员） 2. 选举中华人民共和国主席、副主席、中央军事委员会主席 3. 选举国家监察委员会主任、最高人民法院院长、最高人民检察院检察长 4. 根据中华人民共和国主席的提名，决定国务院总理的人选 5. 根据国务院总理的提名，决定国务院副总理、国务委员、各部部长、各委员会主任、审计长、秘书长的人选 6. 根据中央军事委员会主席的提名，决定中央军事委员会其他组成人员的人选	1. 在全国人民代表大会闭会期间，根据国务院总理的提名，决定国务院其他组成人员的任免 2. 在全国人民代表大会闭会期间，根据中央军事委员会主席的提名，决定中央军事委员会其他组成人员的任免 3. 根据最高人民法院院长的提请，任免最高人民法院副院长、审判员、审判委员会委员和军事法院院长 4. 根据最高人民检察院检察长的提请，任免最高人民检察院副检察长、检察员、检察委员会委员和军事检察院检察长，并且批准省、自治区、直辖市的人民检察院检察长的任免 5. 根据国家监察委员会主任的提请，任免国家监察委员会副主任、委员 6. 决定驻外全权代表的任免

三、全国人民代表大会各委员会

组织名称	性质	组成
调查委员会	临时性委员会	1. 开会时，主席团、3 个以上代表团或者 1/10 以上代表提议设立，由主席团在代表中提名，大会通过 2. 闭会时，委员长会议或者 1/5 以上常委会组成人员提议设立，在全国人大常委会组成人员和全国人大代表中提名，提请常委会审议通过 3. 调查委员会由主任委员、副主任委员若干人和委员若干人组成
专门委员会	常设性委员会	1. 由主任 1 人、副主任和委员若干人组成，由主席团在代表中提名，大会通过 2. 全国人大闭会期间，常委会可以补充任命副主任委员和委员 3. 可由全国人大常委会任命若干不是人大代表的专家担任兼职顾问或专职顾问

各专门委员会的工作：

1. 审议全国人民代表大会主席团或者全国人民代表大会常务委员会交付的议案（审议议案）；

2. 向全国人民代表大会主席团或者全国人民代表大会常务委员会提出属于全国人民代表大会或者全国人民代表大会常务委员会职权范围内同本委员会有关的议案，组织起草法律草案和其他议案草案（提出议案）；

3. 承担全国人民代表大会常务委员会听取和审议专项工作报告有关具体工作（听取审议专项工作报告）；

4. 承担全国人民代表大会常务委员会执法检查的具体组织实施工作（执法检查）；

5. 承担全国人民代表大会常务委员会专题询问有关具体工作（专题询问）；

6. 按照全国人民代表大会常务委员会工作安排，听取国务院有关部门和国家监察委员会、最高人民法院、最高人民检察院的专题汇报，提出建议（听取专题汇报）；

7. 对属于全国人民代表大会或者全国人民代表大会常务委员会职权范围内同本委员会有关的问题，进行调查研究，提出建议（调查研究提建议）；

8. 审议全国人民代表大会常务委员会交付的被认为同宪法、法律相抵触的规范性文件，提出意见（审议文件）；

9. 审议全国人民代表大会主席团或者全国人民代表大会常务委员会交付的质询案，听取受质询机关对质询案的答复，必要的时候向全国人民代表大会主席团或者全国人民代表大会常务委员会提出报告（审议质询）；

10. 研究办理代表建议、批评和意见，负责有关建议、批评和意见的督促办理工作（研究办理建议批评）；

11. 按照全国人民代表大会常务委员会的安排开展对外交往（对外交往）；

12. 全国人民代表大会及其常务委员会交办的其他工作（其他工作）。

注意 **专门委员会的决议必须经过全国人大或者全国人大常委会审议通过之后，才具有国家权力机关所作的决定的效力**。在此之前，它只是向全国人大或全国人大常委会**提供审议的意见或报告**。

【经典题目】

根据《宪法》的规定，关于全国人大的专门委员会，下列哪一选项是正确的？（　　）（2013–01–26）

A. 各专门委员会在其职权范围内所作决议，具有全国人大及其常委会所作决定的效力

B. 各专门委员会的主任委员、副主任委员由全国人大及其常委会任命

C. 关于特定问题的调查委员会的任期与全国人大及其常委会的任期相同

D. 全国人大及其常委会领导专门委员会的工作

解析要点：

A 项：专门委员会虽然也作出决议，但这种决议必须经过全国人大或者全国人大常委会审议通过以后才具有国家权力机关所作决定的效力。A 项错误。

B 项：各委员会的人选由全国人大主席团在代表中提名，由大会表决通过。在全国人大闭会期间，全国人大常委会可以任免副主任委员和委员。因此，主任委员不能由全国人大常委会任命。B 项错误。

C 项：作为临时性委员会，调查委员会并无一定的任期，对特定问题的调查任务一经完成，该委员会予以撤销。C 项错误。

D 项：《宪法》规定：各专门委员会在全国人民代表大会和全国人民代表大会常务委员会领导下，研究、审议和拟订有关议案。D 项正确。

综上所述，本题答案是 D 项。

【答案】 D

四、全国人民代表大会代表

权利	1. 出席全国人大会议，参加审议各项议案、报告和其他议题，发表意见 2. 提出议案、质询案、罢免案等 （1）提出议案：一个代表团或者 30 名以上代表联名，可以向全国人大提出属于全国人大职权范围内的议案 （2）提出质询案：在全国人大会议期间，一个代表团或者 30 名以上代表联名，有权书面提出对国务院及其部委、国家监察委员会、最高人民法院、最高人民检察院的质询案。质询案按照主席团的决定由受质询机关答复。提出质询案的代表半数以上对答复不满意的，可以要求受质询机关再作答复 （3）提出罢免案：全国人民代表大会主席团、3 个以上的代表团或者 1/10 以上的代表，可以提出对全国人民代表大会常务委员会的组成人员，中华人民共和国主席、副主席，国务院和中央军事委员会的组成人员，国家监察委员会主任，最高人民法院院长和最高人民检察院检察长的罢免案，由主席团提请大会审议 3. 提出对各方面工作的建议、批评和意见 4. 参加各项选举和表决 5. 获得信息、物质等各项保障 6. 人身受特别保护 （1）在全国人大会议期间，没有经过全国人大主席团的许可，在全国人大闭会期间，没有经过全国人大常委会的许可，全国人大代表不受逮捕或者刑事审判 （2）如果因为全国人大代表是现行犯而被拘留的，执行拘留的公安机关必须立即向全国人大主席团或者全国人大常委会报告 （3）如果依法对全国人大代表采取除逮捕和刑事审判等法律规定之外的限制人身自由的措施，如行政拘留、监视居住等，应当经全国人大主席团或者全国人大常委会许可 7. 言论免责权。宪法规定，全国人大代表在全国人大各种会议上的发言和表决不受法律追究。全国人大的会议包括大会全体会议、小组会议、代表团会议、专门委员会会议、主席团会议、常委会全体会议和分组会议 8. 其他权利，如参观、视察等。代表在参观或者视察工作中发现问题，可以提交有关国家机关处理，必要时可以报全国人大常委会处理
义务	1. 模范地遵守宪法和法律，保守国家秘密，并且在自己参加的生产、工作和社会活动中，协助宪法和法律的实施 2. 按时出席全国人大会议，认真审议各项议案、报告和其他议题，发表意见，做好会议期间的各项工作 3. 积极参加统一组织的视察、专题调研、执法检查等履职活动 4. 加强履职学习和调查研究，不断提高执行代表职务的能力 5. 与原选举单位和人民群众保持密切联系，听取和反映他们的意见和要求，努力为人民服务 6. 自觉遵守社会公德，廉洁自律，公正道德，勤勉尽责 7. 法律规定的其他义务

【经典题目】

根据《宪法》和法律的规定，关于全国人大代表的权利，下列哪些选项是正确的？（　　）（2016–01–64）

A. 享有绝对的言论自由

B. 有权参加决定国务院各部部长、各委员会主任的人选

C. 非经全国人大主席团或者全国人大常委会许可，一律不受逮捕或者行政拘留

D. 有五分之一以上的全国人大代表提议，可以临时召集全国人民代表大会会议

解析要点：

A 项：全国人民代表大会代表在全国人民代表大会和全国人民代表大会常务委员会各种会议上的发言和表决，不受法律追究，而非享有绝对自由。A 项错误。

B 项：全国人民代表大会根据中华人民共和国主席的提名，决定国务院总理的人选；根据国务院总理的提名，决定国务院副总理、国务委员、各部部长、各委员会主任、审计长、秘书长的人选。B 项正确。

C 项：全国人民代表大会代表如果因为是现行犯被拘留，执行拘留的公安机关应当立即向全国人大主席团或者全国人大常委会报告。因此 C 项表述过于绝对，忽略了“现行犯”情况，C 项错误。

D 项：如果全国人民代表大会常务委员会认为必要，或者有五分之一以上的全国人民代表大会代表提议，可以临时召集全国人民代表大会会议。D 项正确。

综上所述，本题答案是 BD 项。

【答案】BD

第三节 国家主席★★

应试导读

本节内容是法考的二星级考点，重要性一般，在客观题考试中，一般每套卷每五到十年出 1 道题，分值 1—2 分。同时，本节内容也可能和其他章节内容结合命题。其中，“国家主席的职权”相对重要。

知识点

性质和地位	中华人民共和国主席是**我国国家机构的重要组成部分**，对内对外代表中华人民共和国
组成和任期	中华人民共和国主席、副主席由全国人民代表大会选举产生 候选人条件：年满 45 周岁并具有选举权和被选举权的中国公民 每届任期 5 年，没有任届限制
职权	1. **公布法律，发布命令**。法律在全国人大或全国人大常委会正式通过后，由国家主席予以颁布施行。国家主席根据全国人大常委会的决定，发布特赦令、动员令、宣布进入紧急状态、宣布战争状态等 2. **任免国务院的组成人员和驻外全权代表**。国务院总理、副总理、国务委员、各部部长、各委员会主任、审计长、秘书长，经全国人大或全国人大常委会正式确定人选后，由国家主席宣布其任职或免职。国家主席根据全国人大常委会的决定，派出或召回驻外大使 3. **外事权**。国家主席代表国家，进行国事活动，接受外国使节，接受外国使节的仪式也叫递交国书仪式。国家主席根据全国人大常委会的决定，宣布批准或废除条约和重要协定 4. **荣典权**。国家主席根据全国人大常委会的决定，向国家勋章和国家荣誉称号获得者授予国家勋章、国家荣誉称号奖章，签发证书。国家主席进行国事活动，可以直接授予外国政要、国际友人等人士“友谊勋章”

【经典题目】

根据《国家勋章和国家荣誉称号法》的规定，下列哪一选项是正确的？（　　）（2017–01–26）

A. 共和国勋章由全国人大常委会提出授予议案，由全国人大决定授予

B. 国家荣誉称号为其获得者终身享有

C. 国家主席进行国事活动，可直接授予外国政要、国际友人等人士“友谊勋章”

D. 国家功勋簿是记载国家勋章和国家荣誉称号获得者的名录

解析要点：

根据《国家勋章和国家荣誉称号法》的规定：

A 项：授予国家勋章、国家荣誉称号的议案由全国人大常委会委员长会议及国务院、中央军事委员会向全国人大常委会提出，由全国人大常委会作出决定。A 项错误。

B 项：如果国家荣誉称号的获得者因犯罪等严重违法违纪行为，继续享有国家荣誉称号将会严重损害国家最高荣誉的声誉的，全国人大常委会可以决定撤销其国家荣誉称号，因此，国家荣誉称号并不一定是终身享有。B 项错误。

C 项：中华人民共和国主席进行国事活动，可以直接授予外国政要、国际友人等人士“友谊勋章”。C 项正确。

D 项：国家设立国家功勋簿，记载国家勋章和国家荣誉称号获得者及其功绩。D 项缺少了“记载功绩”。D 项错误。

综上所述，本题答案是 C 项。

【答案】C

第四节　国务院★★★

应试导读

本节内容是法考的三星级知识点，虽然往年重要性一般，在客观题考试中，一般每套卷每五到十年出 1 道题，分值 1—2 分，但随着 2024 年国务院组织法首次大修，这部分的知识点在未来考试中重要性和命题概率均有所提升。

知识点

性质和地位	最高国家权力机关的执行机关，最高国家行政机关
组成和任期	1. 国务院由总理、副总理、国务委员、各部部长、各委员会主任、中国人民银行行长、审计长、秘书长组成 2. 国务院总理根据国家主席提名，由全国人大决定，其他由总理提名经全国人大决定，决定之后由主席宣布任免。在全国人大闭会期间，全国人大常委会根据国务院总理的提名，决定国务院其他组成人员的任免 3. 任期均为 5 年，正副总理、国务委员连任不得超过两届 【要点对比】下列人员连续任职不得超过两届：全国人大常委会委员长、副委员长、国务院总理、副总理、国务委员、国家监委会主任、最高人民法院院长、最高人民检察院检察长、特别行政区行政长官

（续）

职权	1. 制定和发布行政法规 2. 行政措施的规定权：采取各种具体办法和实施手段执行法律和全国人大的决议 3. 提出议案权：提出有关法律草案和国民经济和社会发展计划，报告计划的执行情况，报告国家的预算和预算的执行情况等 4. 对所属部委和地方各级行政机关的领导权及监督权 5. 对国防、民政、文教、经济等各项工作的领导权和管理权，对外事务的管理权 6. 行政人员的任免、奖惩权
领导体制	总理负责制是指国务院总理对其主管的工作负全部责任，与负全部责任相联系的是他对自己主管的工作有完全决定权 具体表现在： 1. 领导权 2. 提名权：国务院其他组成人员的人选由总理提名，由全国人大或全国人大常委会决定 3. 召集主持会议权：国务院的常务会议和全体会议由总理召集和主持，会议议题由总理确定，重大问题必须经全体会议或常务会议讨论，总理在集体讨论的基础上形成国务院的决定 4. 签署权：国务院发布的决定、命令，国务院制定的行政法规，国务院向全国人大或者全国人大常委会提出的议案，国务院任免的政府机关工作人员，均须由总理签署才有法律效力 注意：总理负责制并不违背民主集中制原则，总理的决定仍然是民主基础上的集中，是民主集中制原则在行政机关领导体制中的具体表现和运用
会议制度	1. 国务院的会议分为国务院全体会议和国务院常务会议 2. 国务院全体会议由国务院全体成员组成 国务院全体会议的主要任务：讨论决定政府工作报告、国民经济和社会发展规划等国务院工作中的重大事项，部署国务院的重要工作 3. 国务院常务会议由总理、副总理、国务委员、秘书长组成 国务院常务会议的主要任务：讨论法律草案、审议行政法规草案，讨论、决定、通报国务院工作中的重要事项 4. 总理召集和主持国务院的全体会议和常务会议，国务院工作中的重大问题，必须经国务院常务会议或者国务院全体会议讨论决定
所属机构	1. 国务院所属机构的性质和地位 （1）国务院组成部门受国务院统一领导。国务院组成部门在工作中的方针、政策、计划和重大行政措施，应向国务院请示报告，由国务院决定。例如，各部、各委员会、中国人民银行、审计署 国务院组成部门的设立、撤销或者合并，经总理提出，由全国人大决定；在全国人大闭会期间，由全国人大常委会决定 （2）国务院办公厅是协助国务院领导处理国务院日常事务的行政机构，由秘书长领导 （3）国务院直属机构是国务院设立的主管各项专门业务的机关。例如，国家市场监督管理总局、国家金融监督管理总局、国家税务总局 （4）国务院办事机构的主要职能是协助总理办理专门事项。例如，国务院研究室、国务院港澳事务办公室等 2. 国务院组成部门的领导体制 国务院组成部门实行部长（主任、行长、审计长）负责制，副部长（副主任、副行长、副审计长）协助部长（主任、行长、审计长）工作 国务院副秘书长、各部副部长、各委员会副主任、中国人民银行副行长、副审计长由国务院任免

（续）

所属机构	3. 国务院组成部门的职权 各部、各委员会等组成部门是分管某一方面行政事务的职能部门，根据法律和国务院行政法规、决定、命令，在本部门的权限内，发布命令、指示和制定规章 此外，国务院具有行政管理职能的直属机构以及法律规定的机构，可以根据法律和国务院的行政法规、决定、命令，在本部门的权限范围内，制定规章

【经典题目】

预算制度的目的是规范政府收支行为，强化预算监督。根据《宪法》和法律的规定，关于预算，下列表述正确的是（　　）。（2015–01–93）

A. 政府的全部收入和支出都应当纳入预算

B. 经批准的预算，未经法定程序，不得调整

C. 国务院有权编制和执行国民经济和社会发展计划、国家预算

D. 全国人大常委会有权审查和批准国家的预算和预算执行情况的报告

解析要点：

A 项：根据《预算法》的规定，政府的全部收入和支出都应当纳入预算。A 项正确。

B 项：根据《预算法》的规定，政府编制预算之后，经过人大批准，未经法定程序，不得调整。B 项正确。

C 项：根据《宪法》的规定，国务院编制和执行国民经济和社会发展计划和国家预算。C 项正确。

D 项：就预算的审批权而言，全年的审批权在人大手里，在执行过程中需要作部分调整的，审批权在人大常委会手里。D 项错误。

综上所述，本题答案是 ABC 项。

【答案】ABC

第五节　中央军事委员会★

应试导读

本节内容是法考的一星级考点，重要性一般，在客观题考试中，一般每套卷每五到十年出 1 道题，分值 1—2 分。同时，本节内容也可能和其他章节内容结合命题。其中，“中央军委的职权”这一知识点相对重要。

知识点

性质和地位	全国武装力量的最高领导机关，享有对国家武装力量的决策权和指挥权
组成和任期	1. 主席，副主席若干，委员 2. 中央军委主席由全国人大选举产生；根据中央军委主席提名决定其他人选；全国人大闭会期间，全国人大常委会根据中央军委主席提名决定其他人选 3. 每届任期 5 年，无任届限制

（续）

职权	实行主席负责制 1. 中央军事委员会作为一个集体来领导国家武装力量 2. 中央军委主席在对重大问题作出决策之前，必须进行集体研究和讨论，然后再集中正确意见作出决策 3. 中央军委主席有权对中央军事委员会职权范围内的事务作出最后决策

【经典题目】

中华人民共和国中央军事委员会领导全国武装力量。关于中央军事委员会，下列哪一表述是错误的？（　　）（2015–01–26）

A. 实行主席负责制

B. 每届任期与全国人大相同

C. 对全国人大及其常委会负责

D. 副主席由全国人大选举产生

解析要点：

A 项：中央军委作为军事机关，实行首长负责制。A 项正确。

B 项：中央军委每届任期 5 年，与全国人大相同。B 项正确。

C 项：《宪法》规定，中央军委主席对全国人大及其常委会负责，由于中央军委实行首长负责制，亦可推出中央军委对全国人大及其常委会负责。C 项正确。

D 项：军委主席由全国人大选举产生，并向它负责。全国人大根据军委主席的提名，决定副主席、委员等其他组成人员的人选。可见，军委副主席是决定产生而非选举产生，D 项错误。

综上所述，本题答案是 D 项。

【答案】D

第六节　地方人大及政府★★★

应试导读

本节内容是法考的三星级考点，比较重要，在客观题考试中，一般每套卷每两到三年出 1 道题，分值 1—2 分。近年来针对本节内容单独命题虽然较少，但经常与全国人大等章节结合命题。此外，“地方各级人民政府的机构设置”为 2022 年大纲新修订内容，值得考生重视。

知识点

一、地方人大及政府

（一）概述

	地方人大		地方人大常委会（乡级无人常）	地方人民政府
	省、市人大	县、乡人大		
性质	地方国家权力机关＋地方立法机关	地方国家权力机关	地方国家权力机关的常设机关 省级、市级的人大常委会是地方立法机关	地方各级国家权力机关的执行机关，向本级国家权力机关负责，也向上一级政府负责
组成	下一级人大选举的代表组成	选民选举的代表组成	主任、副主任、委员、秘书长（县级人大常委会无秘书长） 常委会组成人员不得担任国家行政机关、审判机关和检察机关的职务	1. 各级都有正副首长 2. 县乡两级无秘书长
任期	5 年		5 年	5 年

注意 1. 全国人大与地方各级人大之间以及地方各级人大之间没有隶属关系，上级人大有权依照宪法和法律**监督**、**指导**下级人大的工作。

2. 省级、市级人大及其常委会根据区域协调发展的需要，可以开展协同立法。

【背诵口诀】

乡级无“人常”，县无“秘书长”

（二）地方人大和地方人大常委会的会议制度

	地方人大	地方人大常委会
会议制度	地方各级人大主要以召开会议的方式进行工作。地方各级人民代表大会会议**每年至少举行一次**。乡、民族乡、镇的人民代表大会会议一般**每年举行两次** 县级以上的地方各级人民代表大会**常务委员会**或者乡、民族乡、镇的人民代表大会**主席团**认为必要，或者经过 **1/5 以上代表提议**，可以临时召集本级人民代表大会会议。地方各级人民代表大会会议有 **2/3 以上的代表出席**，始得举行 【背诵口诀】 常委会五一，临时提开会。 （备注：乡级无人常，为主席团或 1/5 以上代表临时提开会）	县级以上人大常委会会议分常委会会议和主任会议 常委会会议由主任召集，至少每两个月举行一次，常务委员会会议有常务委员会全体组成人员**过半数出席**，始得举行。常务委员会的决议，由常务委员会以全体组成人员的**过半数通过** 主任会议由常委会主任、副主任、秘书长（县级由主任、副主任）组成，处理常委会日常工作 省、自治区的人大常委会可以在地区设立工作机构。市辖区、不设区的市的人大常委会可以在街道设立工作机构。县级以上的地方各级人民代表大会常务委员会通过建立**基层联系点、代表联络站**等方式，密切同人民群众的联系，听取对立法、监督等工作的意见和建议

二、地方各级人大代表

（一）地方各级人大代表的权利和义务

<table>
<tr><td>权利</td><td>1. 出席本级人大会议，参加审议各项议案、报告和其他议题，发表意见
2. 参加本级人大的选举和表决
3. 提出议案、质询案、罢免案等
（1）提出议案：县级以上地方各级人大举行会议时，主席团、常务委员会、各专门委员会、本级人民政府可以向大会提案；县级以上人大代表 10 人以上，乡镇人大代表 5 人以上联名，也可以向人大提出属于本级人大职权范围内的议案
（2）提出质询案：代表 10 人以上联名，有权提出对本级人民政府及其所属各工作部门、监察委员会、人民法院、人民检察院的质询案。乡、民族乡、镇的人民代表大会代表有权依照法律规定的程序提出对本级人民政府的质询案
（3）提出罢免案：县级以上人大会议期间，主席团、常务委员会或者 1/10 以上代表联名，可以提出对本级人大常委会组成人员、人民政府组成人员、监察委员会主任、人民法院院长、人民检察院检察长的罢免案，由主席团提请大会审议。乡镇人大会议期间，主席团或者 1/5 以上代表联名，可以提出对人大（副）主席、（副）乡长、（副）镇长的罢免案，由主席团提请乡镇人大会议审议
罢免案均须经全体代表过半数通过
4. 提出对各方面工作的建议、批评和意见
5. 进行视察
6. 人身受特别保护
县级以上的人大代表：非经本级人大主席团许可，闭会期间非经本级人大常委会许可，不受逮捕或刑事审判以及被限制人身自由
县级以上的人大代表：如果因为是现行犯被拘留，执行拘留的机关应当立即向该级人民代表大会主席团或者人民代表大会常务委员会报告
乡、民族乡、镇的人大代表：如果被逮捕、受刑事审判，或者被采取法律规定的其他限制人身自由的措施，执行机关应当立即报告乡、民族乡、镇的人民代表大会
7. 言论免责权：各级人民代表大会代表、常务委员会组成人员，在人民代表大会和常务委员会会议上的发言和表决，不受法律追究
8. 获得信息、物质等各项保障</td></tr>
<tr><td>义务</td><td>参考全国人大代表的义务</td></tr>
</table>

（二）代表资格的终止

<table>
<tr><td rowspan="7">终止</td><td>地方各级人民代表大会代表迁出或者调离本行政区域的</td></tr>
<tr><td>辞职被接受的</td></tr>
<tr><td>未经批准两次不出席本级人民代表大会会议的</td></tr>
<tr><td>被罢免的</td></tr>
<tr><td>丧失中华人民共和国国籍的</td></tr>
<tr><td>依照法律被剥夺政治权利的</td></tr>
<tr><td>丧失行为能力的</td></tr>
</table>

【经典题目】

我国《宪法》第2条明确规定:“人民行使国家权力的机关是全国人民代表大会和地方各级人民代表大会。”关于全国人大和地方各级人大,下列选项正确的是( )。(2015-01-91)

A. 全国人大代表全国人民统一行使国家权力

B. 全国人大和地方各级人大是领导与被领导的关系

C. 全国人大在国家机构体系中居于最高地位,不受任何其他国家机关的监督

D. 地方各级人大设立常务委员会,由主任、副主任若干人和委员若干人组成

解析要点:

A项:全国人大是最高国家权力机关,代表全国人民统一行使国家权力。A项正确。

B项:上下级人大之间没有隶属关系,是监督与被监督的关系。B项错误。

C项:全国人大是最高国家权力机关,因此不受任何“其他国家机关”的监督,但受到人民监督。C项正确。

D项:乡级人大不设立常委会。D项错误。

综上所述,本题答案是AC项。

【答案】AC

三、地方各级人民政府的机构设置

工作部门	地方各级人民政府根据工作需要和优化协同高效以及精干的原则设立各工作部门,如厅、局、委员会、办公室、科等。同时,这些工作部门的设立、增加、减少或者合并,按照规定程序报请批准,并报本级人大常委会备案 县级以上的地方各级人民政府设立审计机关,依法独立行使审计监督权,对本级人民政府和上一级审计机关负责
协同发展工作机制	县级以上的地方各级人民政府根据国家区域发展战略,结合地方实际需要,可以共同建立跨行政区划的区域协同发展工作机制,加强区域合作。上级人民政府应当对下级人民政府的区域合作工作进行指导、协调和监督 县级以上的地方各级人民政府根据应对重大突发事件的需要,可以建立跨部门指挥协调机制
派出机关	1. 行政公署:省、自治区的人民政府在必要的时候,经国务院批准,可以设立若干行政公署,作为它的派出机关 2. 区公所:县、自治县的人民政府在必要的时候,经省、自治区、直辖市的人民政府批准,可以设立若干区公所,作为它的派出机关 3. 街道办事处:市辖区、不设区的市的人民政府,经上一级人民政府批准,可以设立若干街道办事处,作为它的派出机关 街道办事处在本辖区内办理派出它的人民政府交办的公共服务、公共管理、公共安全等工作,依法履行综合管理、统筹协调、应急处置和行政执法等职责,反映居民的意见和要求 乡、民族乡、镇的人民政府和市辖区、不设区的市的人民政府或者街道办事处对基层群众性自治组织的工作给予指导、支持和帮助。基层群众性自治组织协助乡、民族乡、镇的人民政府和市辖区、不设区的市的人民政府或者街道办事处开展工作 乡、民族乡、镇的人民政府和街道办事处可以根据实际情况建立居民列席有关会议的制度

第七节 监察委员会★★★

应试导读

本节内容是法考的三星级考点，比较重要，在客观题考试中，近年来每套卷每两到三年出1道题，分值1—2分。同时，本节内容也是法考改革后的新增内容，值得考生重点关注。

知识点

一、监察委员会概述

性质和地位	监察委员会是国家的监察机关，专司国家监察职能，是行使国家监察职能的专责机关，其他任何机关、团体和个人都无权行使监察权
组成和任期	1. 主任，副主任若干人，委员若干人；国家监察委员会主任由全国人大选举，副主任、委员由国家监察委员会主任提请全国人大常委会任免 2. 主任每届任期5年，连续任职不得超过两届 3. 地方监察委员会人员产生方式与国家监察委一致，但是没有任届限制；监察委对本级人大及常委会负责，上下级之间为领导关系
领导体制	1. 监察委员会既要对同级国家权力机关负责，又要对上一级监察委员会负责 2. 监察委员会上下级之间为领导和被领导关系。例如，上级监察机关可以办理下一级监察机关管辖范围内的监察事项，必要时也可以办理所管辖各级监察机关范围内的监察事项
监察法规	国家监察委员会有权根据宪法和法律，制定监察法规，监察法规不得与宪法、法律相抵触 监察法规可以就下列事项作出规定：(1) 为执行法律的规定需要制定监察法规的事项；(2) 为履行领导地方各级监察委员会工作的职责需要制定监察法规的事项 监察法规应当经国家监察委员会全体会议决定，由国家监察委员会发布公告予以公布。监察法规应当在公布后的30日内报全国人大常委会备案。全国人大常委会有权撤销同宪法和法律相抵触的监察法规 2021年9月20日起施行的《监察法实施条例》是国家监察委员会成立后制定的第一部监察法规

【经典题目】

2019年10月26日，第十三届全国人大常委会第十四次会议通过《全国人民代表大会常务委员会关于国家监察委员会制定监察法规的决定》。根据该决定，国家监察委员会有权根据宪法和法律，制定监察法规。关于监察法规，下列哪些说法是正确的？（　　）(2022年考生回忆版)

A. 监察法规应由全国人大常委会公布

B. 监察法规可以对《监察法》变通

C. 监察法规由国家监察委员会全体会议决定

D. 监察法规应报全国人大常委会备案

解析要点：

A、C 项：监察法规应当经国家监察委员会全体会议决定，由国家监察委员会发布公告予以公布。A 项错误，C 项正确。

B 项：国家监察委员会有权根据宪法和法律，制定监察法规，监察法规不得与宪法、法律相抵触。B 项错误。

D 项：监察法规应当在公布后的 30 日内报全国人大常委会备案。D 项正确。

综上所述，本题答案是 CD 项。

【答案】CD

二、监察委员会与审判机关、检察机关、执法部门的关系

监察委员会依照法律规定独立行使监察权，不受行政机关、社会团体和个人的干涉。监察机关办理职务违法和职务犯罪案件，应当与审判机关、检察机关、执法部门相互配合、相互制约。

独立行使监察权	监察委员会依法独立行使监察权是前提	监察委员会成立后，法院、检察院、公安机关、审计机关等国家机关在工作中发现公职人员涉嫌贪污贿赂、失职渎职等**职务违法**或者**职务犯罪**的问题线索，**应当移送监察机关**，由监察机关依法调查处置
		被调查人既涉嫌严重职务违法或者职务犯罪，又涉嫌其他违法犯罪的，一般应当由**监察机关为主**调查，其他机关予以协助
各机关互相配合	各机关间的互相配合是各机关在各司其职的基础上，通力合作、密切配合，依法办理职务违法犯罪案件	监察机关在工作中需要协助的，有关机关和单位应当根据监察机关的要求依法予以协助
		在办理职务违法犯罪案件的程序上，对涉嫌职务犯罪的行为，监察委员会享有监督调查处置权限，监察委员会调查终结后**移送检察机关**依法审查、提起公诉，由法院审判
各机关互相制约	各机关间的互相制约是监督原则的体现，也是监督权依法行使的制度保障	对监察机关移送的案件，检察院认为犯罪事实已经查清，证据确实、充分，依法应当追究刑事责任的，应当作出起诉决定
		检察院经审查后，认为需要补充核实的，应当退回监察机关补充调查，必要时可以自行补充侦查
		检察院对于有刑事诉讼法规定的不起诉的情形的，**经上一级检察院批准**，依法作出不起诉的决定
		对于监察委员会所作结论，检察院认为不构成犯罪的**可以退回补充调查，也可以作出不起诉的决定**。监察机关认为不起诉决定有误，**可要求复议**

三、对监察委员会的监督

国家权力机关的监督	1. 各级人大常委会听取和审议本级监察机关的专项工作报告，根据需要可以组织执法检查 2. 县级以上各级人大及其常委会举行会议时，人大代表或者常委会组成人员可以依照法定程序就监察工作中的有关问题提出询问或者质询
社会监督	监察委员会应当依法公开监察工作信息，接受民主监督、社会监督、舆论监督
自我监督	监察委员会通过设立内部专门的监督机构等方式，加强对监察人员执行职务和遵守法律情况的监督，建设忠诚、干净、担当的监察队伍 监察机关及其工作人员有违法行为的，被调查人及其近亲属有权向该机关申诉；受理申诉的监察机关应当及时处理。申诉人对处理不服的，可以在法定期限内向上一级监察机关申请复查，上一级监察机关应当在法定期限内处理，情况属实的，及时予以纠正

【经典题目】

根据《宪法》和《监察法》的规定，下列说法错误的是（　　）。（2019 年考生回忆版）

A. 监察委员会依照法律规定独立行使监察权，不受行政机关、社会团体和个人的干涉

B. 监察机关办理职务违法和职务犯罪案件，应当与审判机关、检察机关、执法部门互相配合，互相制约

C. 国家监察委员会对全国人大及其常委会负责并接受其监督

D. 国家监察委员会副主任、委员，由国家监察委员会主任提名，全国人民代表大会决定

解析要点：

根据《监察法》的规定：

A、B、C 项：均是《监察法》法条原文，均正确。

D 项：国家监察委员会由主任、副主任若干人、委员若干人组成，主任由全国人民代表大会选举，副主任、委员由国家监察委员会主任提请全国人民代表大会常务委员会任免，并不是全国人民代表大会决定，D 项错误。

综上所述，本题答案是 D 项。

【答案】D

第五章　宪法的实施与保障

扫描右侧二维码“听课 + 做题”，直达最佳学习效果

1. 在线听课：学习本章节核心考点讲解课程。
2. 在线刷题：点击进入题库做章节练习。

第一节　宪法实施概述★

应试导读

本节内容是法考的一星级考点，重要性一般，其整体内容比较宏观，很少直接命题。考生学习本节时，应重在理解。

知识点

一、宪法实施的概念

宪法实施是指宪法规范在实际生活中的具体落实，是宪法制定、颁布后的运行状态。宪法实施通常包括宪法的遵守、宪法的适用和宪法实施的保障三个方面。

宪法的遵守	1. 宪法的执行，是指国家机关贯彻落实宪法内容的活动 2. 狭义的宪法遵守，是指社会组织和公民个人遵守宪法的禁止性规定，行使宪法规定的权利和履行宪法规定的义务
宪法的适用	宪法的适用主要有两种途径： 1. 通过宪法解释，消除分歧，保证宪法规范的准确适用 2. 通过宪法监督，纠正违宪行为，维护宪法秩序
宪法实施的保障	1. 政治保障：主要是指作为执政党的中国共产党，对于宪法的遵守 2. 社会保障：即宪法本身没有规定，但在其所处的社会中，可以推动宪法实施的社 会心理与制度环境。例如，公民良好的宪法意识，稳定的政治环境等 3. 法律保障：是指由宪法本身所规定的维护宪法尊严、保障宪法实施的理念宣示与制度程序。例如，宪法明确宣示它是国家的根本法，具有最高法律效力 【注意】政治保障与社会保障是外在保障，法律保障是内在保障

二、宪法实施的特点

广泛性	实施范围的广泛性，实施主体的广泛性

（续）

综合性	宪法实施不可能单纯是宪法本身或者社会某一方面的问题，而是整个国家具有高度综合性的社会问题
最高性	1. 宪法直接约束国家法律和其他法律性文件的制定和实施 2. 宪法对于一切国家机关、社会组织和公民的活动也具有最高的约束力
原则性	1. 宪法确定社会关系主体的基本方向和原则标准，一般不涉及行为的具体模式，这些具体模式通常由普通法律调整 2. 宪法在实施过程中，对于人们的行为后果往往只是从总体上作出肯定与否定的评价，从而为普通法律对人们行为进行具体评价和追究法律责任提供基础和依据
直接性	直接制裁是指直接根据宪法来追究违宪行为的法律责任，主要适用于国家机关以及国家机关负责人的违宪行为
间接性	间接制裁是指宪法对于违宪行为不直接规定制裁措施，而是通过普通法律来追究法律责任

第二节　宪法解释★★

应试导读

本节内容是法考的二星级考点，重要性一般，在客观题考试中，一般每套卷每五到十年出 1 道题，分值 1—2 分。同时，本节内容也可能和其他章节内容结合命题。重难点提示：考生学习本节时，应重点掌握三种宪法解释模式的特点。

知识点

宪法解释由特定的国家机关作出，它是宪法直接规定的或者由宪法惯例认可的。

代议机关解释	1. 代议机关解释源自英国，由代议机关行使宪法解释权，不允许司法机关推翻议会制定的法律 2. 代议机关行使宪法解释权要按照立法程序进行 3. 既可以主动对宪法进行解释，也可应其他机关或政党等的请求进行解释 4. 宪法解释既可以单独以代议机关的决议、决定的形式出现，也可寓于代议机关的立法文件之中 5. 在我国，全国人大常委会有权解释宪法，其解释和宪法具有同等效力
司法机关解释	1. 起源于美国，1803 年美国联邦最高法院首席法官马歇尔通过马伯里诉麦迪逊案开创了司法审查制度的先河，确立了“违宪的法律不是法律” 2. 按照司法程序解释 3. 一般遵循“不告不理”和附带性审查原则 4. 因为是在个案的附带性审查中进行的解释，所以该解释只对审理的具体案件产生法律效力，一般没有普遍的约束力

（续）

专门机关解释	1. 最早提出设立宪法法院的是奥地利规范法学派代表人物汉斯·凯尔森 2. 目前，奥地利、西班牙、德国、意大利、俄罗斯、韩国等国均建立了宪法法院，而法国等国家建立了宪法委员会 3. 专门机关解释宪法普遍采用司法积极主义原则 4. 德国宪法法院既可以结合具体案件对宪法含义进行说明，即具体性解释；也可以在不存在个案的情况下进行解释，即抽象性解释。法国宪法委员会主要进行抽象性解释

【经典题目】

宪法解释是保障宪法实施的一种手段和措施。关于宪法解释，下列选项正确的是（　　）。（2015–01–94）

A. 由司法机关解释宪法的做法源于美国，也以美国为典型代表

B. 德国的宪法解释机关必须结合具体案件对宪法含义进行说明

C. 我国的宪法解释机关对宪法的解释具有最高的、普遍的约束力

D. 我国国务院在制定行政法规时，必然涉及对宪法含义的理解，但无权解释宪法

解析要点：

A 项：由司法机关按照司法程序解释宪法的体制起源于美国。1803 年美国联邦最高法院首席法官马歇尔在马伯里诉麦迪逊一案中确立了“违宪的法律不是法律”“阐释宪法是法官的职责”的宪法规则，从此开创了由司法机关进行违宪审查的制度先河。A 项正确。

B 项：德国属于宪法法院解释模式，不一定非得结合具体个案才开展解释。美国的司法解释模式才需要结合司法个案开展解释。B 项错误。

C 项：全国人大常委会既可以在出现具体宪法争议时解释宪法，也可以在没有出现宪法争议时抽象地解释宪法，它对宪法的解释应当具有最高的、普遍的约束力。C 项正确。

D 项：我国由全国人大常委会解释宪法，属于立法机关解释宪法的体制，其他国家机关无权解释宪法。D 项正确。

综上所述，本题答案是 ACD 项。

【答案】ACD

第三节　宪法监督★★★★★

应试导读

本节内容是法考的五星级考点，非常重要，在客观题考试中，一般每套卷每年至少出 1 道题，分值至少 1—2 分。重难点提示：“我国的宪法监督制度”是重中之重，也是宪法中的难点。学习该部分内容时，考生应先回顾掌握法理学“法的渊源”一节的内容，在此基础上，对“我国的宪法监督制度”尽量做到理解性记忆。

知识点

一、宪法监督体制

代议机关作为宪法监督机关	1. 由代议机关作为宪法监督机关的体制起源于英国 2. 社会主义国家大多采取由代议机关负责保障宪法实施的体制 3. 我国现行宪法规定，全国人大及其常委会负有监督宪法实施的职责
司法机关作为宪法监督机关	1. 由普通司法机关作为宪法监督机关的体制起源于 1803 年美国联邦最高法院就马伯里诉麦迪逊一案的判决 2. 普通司法机关在具体案件的审理中，审查确定其所适用的法律是否符合宪法
专门机关作为宪法监督机关	1. 由专门机关作为宪法监督机关的体制起源于 1799 年法国宪法设立的护法元老院 2. 宪法法院和宪法委员会是专门机关负责保障宪法实施体制的两种主要形式

注意 谁解释，谁监督。

二、宪法监督方式

事先审查	法律、法规和法律性文件颁布实施之前，由特定机关对其是否合宪进行审查
事后审查	法律、法规和法律性文件颁布实施之后，由特定机关对其是否合宪进行审查
附带性审查	司法机关在审理案件过程中，因提出对所适用的规范性文件是否违宪的问题，而对该文件所进行的审查
宪法控诉	又称宪法诉讼、宪法诉愿，指当公民的基本权利受到侵害后，公民向宪法法院或其他有权机关提出基于宪法的控诉的制度

三、我国的宪法监督制度

1. 我国属于代议机关作为宪法监督机关的模式，是 1954 年宪法确立的模式。

2. 我国采取事先审查与事后审查相结合的方式，事先审查主要体现为自治条例和单行条例、地方性法规等规范性文件经批准生效；事后审查主要体现为有权机关接受规范性文件备案后进行合宪性审查，并可要求原制定机关作出处理。

（一）事先审查

规范性文件	制定机关	批准机关
自治条例和单行条例	自治区人大	全国人大常委会
自治条例和单行条例	自治州、自治县人大	省、自治区、直辖市人大常委会
地方性法规	设区的市、自治州人大及其常委会	省、自治区人大常委会

【背诵口诀】

事先审查三批准，区级条例全人常。

州县条例省人常，市州法规省人常。

（二）事后审查

1. 规范性文件的备案

规范性文件	制定机关	接受备案机关
行政法规	国务院	全国人大常委会
监察法规	国家监察委员会	全国人大常委会
地方性法规	省级人大、人大常委会	全国人大常委会、国务院
	市级人大、人大常委会	全国人大常委会、国务院
自治条例和单行条例	自治州、自治县人大	全国人大常委会、国务院
部门规章	国务院部门	国务院
地方政府规章	省级政府	国务院、省级人大常委会
	市级政府	国务院、省级人大常委会、省级政府、市级人大常委会
授权法规	被授权机关	授权决定规定的机关
司法解释	最高人民法院、最高人民检察院	全国人大常委会

【背诵口诀】

原则：

备案找上级机关，法律不需要备案。

人大不接受备案，规章不到全人常。

例外：

事先批准视同批准机关立法，由批准机关报送备案。

区级条例不备案。

【命题角度】

宪法监督常见命题角度：给考生一部规范性法律文件，请考生判断该文件批准和备案的主体是谁（找谁批准 / 找谁备案）。

2. 规范性文件的审查

要求审查	国务院、中央军事委员会、国家监察委员会、最高人民法院、最高人民检察院和各省、自治区、直辖市的人民代表大会常务委员会（主体）认为行政法规、地方性法规、自治条例和单行条例（对象）同宪法或者法律相抵触，或者存在合宪性、合法性问题的，可以向全国人民代表大会常务委员会书面提出进行审查的要求
建议审查	其他国家机关和社会团体、企业事业组织以及公民（主体）认为行政法规、地方性法规、自治条例和单行条例（对象）同宪法或者法律相抵触的，可以向全国人民代表大会常务委员会书面提出进行审查的建议
主动审查、专项审查	1. 全国人民代表大会专门委员会、常务委员会工作机构（主体）可以对报送备案的行政法规、地方性法规、自治条例和单行条例等（对象）进行主动审查，并可以根据需要进行专项审查 2. 国务院备案审查工作机构（主体）可以对报送备案的地方性法规、自治条例和单行条例，部门规章和省、自治区、直辖市的人民政府制定的规章（对象）进行主动审查，并可以根据需要进行专项审查

（三）违宪制裁措施

关系	措施	举例
领导关系	领导机关有权改变或撤销被领导机关制定的规范性文件	1. 人大对同级常委会 2. 上下级行政机关 3. 政府和工作部门
监督关系	监督机关有权撤销被监督机关制定的规范性文件	1. 上级人大常委会与下级人大及其常委会 2. 人大常委会与同级人民政府 3. 授权机关与被授权机关

举例：

机关	改变或撤销	只能撤销
全国人大	全国人大常委会制定的法律、决定	全国人大常委会批准的自治条例、单行条例（例外）
全国人大常委会		行政法规、国务院的决定和命令监察法规 地方性法规、省级人大及其常委会决议 省级人大常委会批准的自治条例、单行条例
国务院	部门规章 地方政府规章 各部委发布的命令、指示 地方各级行政机关的决定	

【经典题目】

根据《立法法》关于规范性文件的备案审查制度，下列哪些选项是正确的？（ ）（2017–01–66）

A. 全国人大有关的专门委员会可对报送备案的规范性文件进行主动审查

B. 自治县人大制定的自治条例与单行条例应按程序报全国人大常委会和国务院备案

C. 设区的市市政府制定的规章应报本级人大常委会、市所在的省级人大常委会和政府、国务院备案

D. 全国人大法律委员会经审查认为地方性法规同宪法相抵触而制定机关不予修改的，应向委员长会议提出予以撤销的议案或者建议

解析要点：

根据《立法法》的规定：

A 项：有关的专门委员会和常务委员会工作机构可以对报送备案的规范性文件进行主动审查。A 项正确。

B 项：自治州、自治县的人民代表大会制定的自治条例和单行条例，由省、自治区、直辖市的人民代表大会常务委员会报全国人民代表大会常务委员会和国务院备案。B 项正确。

C 项：备案找上级机关，规章不到全人常，因此，设区的市市政府制定的规章应报本级人大常委会、市所在的省级人大常委会和政府、国务院备案。C 项正确。

D 项：全国人民代表大会法律委员会（2018 年修宪后改为宪法和法律委员会）认为行政法规、地方性法规、自治条例和单行条例同宪法或者法律相抵触而制定机关不予修改的，应当向委员长会议提出予以撤销的议案、建议，由委员长会议决定提请常务委员会会议审议决定。D 项正确。

综上所述，本题答案是 ABCD 项。

【答案】ABCD

第四节　宪法宣誓★

应试导读

本节内容是法考的一星级考点，重要性一般，在客观题考试中，一般每套卷每五到十年出 1 道题，分值 1—2 分。

知识点

宪法宣誓，是指经过合法、正当的选举程序后，当选的国家元首或其他国家公职人员在就职时，公开宣读誓词、承诺遵守宪法的制度。

宣誓主体	各级人大以及县级以上各级人大常委会选举或者决定任命的国家工作人员，以及各级政府、监察委员会、法院、检察院任命的国家工作人员
组织机构	原则：谁产生，谁组织 例外： 最高人民法院除院长外，其他组成人员由最高人民法院自己组织宣誓 最高人民检察院除检察长外，其他组成人员由最高人民检察院自己组织宣誓 国家监察委员会除主任外，其他组成人员由国家监察委员会自己组织宣誓 驻外全权代表由外交部组织宣誓
宣誓方式	1. 可以采取单独宣誓或者集体宣誓的形式 2. 宣誓场所应当庄重、严肃，悬挂国旗和国徽，奏唱国歌

第三编　司法制度和法律职业道德

概述　司法制度和法律职业道德考情与备考要点

一、考试分值

法考改革后，司法部官方不再公布真题以及答案，根据考生回忆：

在客观题考试中，司法制度和法律职业道德每年每套卷**大约考查 10 分**。

在主观题考试中，法考时代，理论法主观题均直接针对中国特色社会主义法治理论以及习近平法治思想命题，没有考过司法制度和法律职业道德大题。司考时代，2016 年卷四考过一道民事诉讼法案例题，共六小问，前五问考查民事诉讼法，最后一问考查司法制度和法律职业道德。因此，未来法考主观题不排除司法制度和法律职业道德与诉讼法结合命题的可能性，但概率较低。

二、命题特点

司法制度和法律职业道德命题既有**重者恒重、新修必考、热点常考**等法考科目命题的共性特点，还有如下个性特点：

（一）命题比较直接，注重考查细节

司法制度与法律职业道德（特别是司法制度部分）的真题经常考查法条或官方辅导用书中的细节词句，试举一道典型题目：

根据《法官法》以及相关规定的要求，下列做法中，哪些是符合要求的？（2023年考生回忆版）

A. 甲法官辞职后从事律师职业，到原任职法院担任其父案件的代理人

B. 乙法官退休后从事律师职业，及时将行政、工资等关系转出法院

C. 丙法官被开除公职后，在某律师事务所担任法律顾问

D. 丁法官为未成年当事人家属推荐擅长代理未成年案件的某律师

分析：

A项：《法官法》规定，法官从人民法院离任后，不得担任原任职法院办理案件的诉讼代理人或者辩护人，但是作为当事人的监护人或者近亲属代理诉讼或者进行辩护的除外。A项正确。

B项：《关于进一步规范法院检察院离任人员从事律师执业的意见》规定，人民法院、人民检察院退休人员在不违反从业限制规定的情况下，确因工作需要从事律师职业或者担任律师事务所"法律顾问"、行政人员的，应当及时将行政、工资等关系转出人民法院、人民检察院，不再保留机关的各种待遇。B项正确。

C项：《关于进一步规范法院检察院离任人员从事律师执业的意见》规定，被开除公职的人民法院、人民检察院工作人员不得在律师事务所从事任何工作。C项错误。

D项：《关于建立健全禁止法官、检察官与律师不正当接触交往制度的意见》规定，法官不得为律师介绍案件，为当事人推荐、介绍律师，要求或者暗示当事人更换符合代理条件的律师等。D项错误。

本题A、B、C三项均是命题人针对法条原文以及相关规定的细节进行命题。综上所述，本题答案是AB项。

（二）命题相对贴近常识

司法制度与法律职业道德（特别是法律职业道德部分）的真题比起宪法和法理学的真题相对贴近常识，试举两例：

例1：某检察官得知被告人是自己的大学同学，向检察长提出回避请求，这一做法符合检察官职业道德的要求。（2023年考生回忆版某选项）

分析：该说法正确。《检察官职业道德基本准则》规定"坚持公正理念，维护法制统一"。该检察官主动申请回避，体现了秉公办案，维护了司法公正，符合检察官职业道德的要求。

例2：张法官在办案过程中遇到同事询问案件情况，刚询问开庭时间就被张法官明确拒绝回答，对于此事，张法官无须记录在案。（2022年考生回忆版某选项）

分析：该说法错误。根据《司法机关内部人员过问案件的记录和责任追究规定》的规定，对司法机关内部人员过问案件的情况，办案人员应当全面、如实记录，做到全程留痕，有据可查。因此，即使拒绝回答，张法官也应全面、如实记录同事的过问案件的情况。

三、备考建议

学习目标：对司法制度和法律职业道德部分的考点**有选择、有针对地背诵**。

具体做法：

（一）结合本书以及配套课程，明确重点

通过看书以及听课，一方面，考生可以初步理解考点，之后记忆；另一方面，明确哪些是重点，通过实时勾画，画出重点，标注关键字词，以便在后期复习时，能够迅速定位重点，针对性背诵。

（二）配套做题

司法制度和法律职业道德部分的真题至少做两遍。第一遍做题要配合听课，学习一节知识点，配套做一节题目，考生不要在意做题正确率，做题的目的是调动思考，增进理解。第二遍做题在课程完整听完之后，做题的目的是发现薄弱点，针对性强化。

（三）有选择、有针对地背诵

司法制度和法律职业道德内容较多，考生切勿“眉毛胡子一把抓，大点小点统统背”在背诵阶段应结合本书“应试导读”对内容做出区分，有选择、有针对地背诵。

首先，**符合常识的考点，不用刻意背诵**。例如“律师不得扰乱法庭、仲裁庭秩序，干扰诉讼、仲裁活动的正常进行，不得煽动、教唆当事人采取扰乱公共秩序、危害公共安全等非法手段解决争议”，这个考点符合社会大众的常识，不用死记硬背，熟悉即可。

其次，**超出常识的考点，进行重点背诵**。例如：“申请律师执业，应当向**设区的市级**或者**直辖市的区**人民政府**司法行政部门**提出申请，并提交材料。”这个考点已经超出社会大众的常识，应当重点背诵，精准记忆加粗强调的关键词句。

第一章　概述

扫描右侧二维码“听课 + 做题”，直达最佳学习效果

1. 在线听课：学习本章节核心考点讲解课程。
2. 在线刷题：点击进入题库做章节练习。

第一节　中国特色社会主义司法制度概述★★★★

应试导读

本节内容是法考的四星级考点，非常重要，在客观题考试中，一般每套卷每一到两年出 1 道题，分值 1—2 分。同时，本节内容也是整个司法制度和法律职业道德学科的基础，考生学习本节时无须死记硬背，应在理解基础上记忆关键点。

知识点

一、司法的概念和特征

司法通常是指国家司法机关根据法定职权和法定程序，具体应用法律处理案件的专门活动。

司法和行政都属于法律实施的具体形式，行政是实现国家目的的**直接活动**，而司法是实现国家目的的**间接活动**。司法具有区别于行政的如下特点：

独立性	司法机关只服从法律，不受上级机关、行政机关的干涉 司法的独立性是**法治的基本要求**
被动性	“不告不理”，司法程序的启动离不开权利人或特定机构的提请或诉求，但司法者从来都**不能主动发动一个诉讼**
交涉性	法律适用过程离不开多方当事人的诉讼参与，刑事诉讼中控辩双方辩驳、质证、对抗，民商事诉讼中原被告双方协商、交涉、辩论；司法者所作的裁判必须是在受判决直接影响的有关各方参与下，通过提出证据并进行理性说服和辩论的基础上制作的，**不能像行政管理一样单方调查取证而形成决定**
程序性	司法机关依照法定程序处理案件，法定程序是保证司法机关正确、合法、及时地适用法律的前提，是司法公正的重要保证
普遍性	在现代社会，司法构成社会纠纷解决体系中**最具普适性的方式**
终极性	法律适用是解决纠纷、处理冲突的最后环节，是**最终性的决定**；相对于其他纠纷解决方式，司法成为现代社会中最重要的解决争端的手段

【经典题目】

司法与行政都是国家权力的表现形式，但司法具有一系列区别于行政的特点。下列哪些选项体现了司法区别于行政的特点？（　　）（2014–01–83）

A. 甲法院审理一起民事案件，未按照上级法院的指示作出裁判

B. 乙法院审理一起刑事案件，发现被告人另有罪行并建议检察院补充起诉，在检察院补充起诉后对所有罪行一并作出判决

C. 丙法院邀请人大代表对其审判活动进行监督

D. 丁法院审理一起行政案件，经过多次开庭审理，在原告、被告及其他利害关系人充分举证、质证、辩论的基础上作出判决

解析要点：

A 项：表明了司法的独立性，法院上下级之间是监督与被监督的关系，有别于行政机关上下级之间领导与被领导的关系。A 项正确。

B 项：表明司法活动的被动性，司法的裁判权性质决定司法奉行“不告不理”原则，有别于行政执法的主动性。B 项正确。

C 项：人大代表既可以对司法机关的司法活动进行监督，又可以对行政机关的执法活动进行监督。C 项未体现司法和行政的区别，错误。

D 项：表现了司法活动的交涉性，有别于行政机关一些行政行为的单向性。D 项正确。

综上所述，本题答案是 ABD 项。

【答案】ABD

二、司法的功能

直接功能	解决纠纷	解决纠纷是司法的直接功能、主要功能，此外，惩罚犯罪也是我国司法机关的功能 解决纠纷是**审判制度的首要任务**，是司法的普遍特征，它构成司法制度的基础、运作的内容和直接任务，是**其他功能发挥的先决条件**
间接功能	人权保障	司法机关是保障人权的责任主体，保障人权是司法机关的重要职责
	调整社会关系	通过司法机关和司法组织的各项司法活动发挥出来；人民法院通过审理民事、商事等案件，解决纠纷，以调整人身关系、财产关系等社会关系，维护社会秩序
	解释补充法律	法律相对于其调整的社会关系具有滞后性，所以法官在司法过程中不应当机械性地适用法律，应根据社会生活的变化正确阐释法律 法官自由裁量应力求达到合法与合理高度统一，尽可能减少法律适用中的不确定性
	形成公共政策	我国法院在形成公共政策方面的功能主要表现在：司法对法律与政策没有规定的问题的妥善处理，符合法律与政策精神，符合社会公众的一般愿望，促进裁判结果形成相关法律、政策

三、中国特色社会主义司法制度

司法制度是关于司法功能、司法机构、司法组织、司法程序、司法机制等方面规范

的总称。

在大多数西方国家，司法制度仅指审判制度；在我国，一般认为司法制度是指**审判制度和检察制度**。不过，从我国法律实践具体考量，对司法制度宜作较广泛的理解，可认为司法制度包括**审判制度、检察制度、律师制度、公证制度**等。

全面推进依法治国总目标是建设中国特色社会主义法治体系、建设社会主义法治国家。中国特色社会主义司法制度是**高效的法治实施体系的有机组成部分**。中国特色社会主义司法制度已经建成。具体如下：

<table>
<tr><td>司法规范体系</td><td>包括建构中国特色社会主义司法制度、司法组织以及规范司法活动的各种法律规范</td></tr>
<tr><td>司法组织体系</td><td>主要是指审判组织体系和检察组织体系，我国司法组织体系和相关组织体系已经建成并不断完善</td></tr>
<tr><td>司法制度体系</td><td>我国各项司法制度已经比较完善并基本适应司法实践需要，主要包括侦查、检察、审判、监狱、律师和公证六大制度，还有人民调解、人民陪审、死刑复核、审判监督、案例指导等独具中国特色的司法制度</td></tr>
<tr><td>司法人员管理体系</td><td>我国司法人员是指有侦查、检察、审判、监管职责的工作人员和辅助人员</td></tr>
</table>

【背诵口诀】

中国特色社会主义司法制度："规""组""制""管理"。

我国司法人员："贞""检""审""管"。

四、司法公正

<table>
<tr><td rowspan="3">司法公正</td><td>实体公正</td><td>实体公正表现为结果公正，主要体现在事实认定真实和法律适用正确两方面</td></tr>
<tr><td>程序公正</td><td>程序公正主要包括法官中立、当事人平等地参与和主体性地位、程序公开以及对于法官裁判的尊重</td></tr>
<tr><td colspan="2">程序公正与实体公正尽管存在某些一致之处，但在不少场合也存在矛盾和冲突，需要进行协调</td></tr>
<tr><td rowspan="6">司法公正的具体体现</td><td>司法活动的合法性</td><td>合法性是指司法机关审理案件要严格按照法律的规定办事，不仅要按实体法办事，而且要按程序法办事</td></tr>
<tr><td>司法人员的中立性</td><td>中立性原则是现代程序的基本原则，是"程序的基础"
中立是对法官的最基本要求，即法官与争议的事实和利益没有关联性，法官不得对任何一方当事人存在歧视或偏爱</td></tr>
<tr><td>司法活动的公开性</td><td>为实现司法公正，法院应当努力实现立案公开、庭审公开、审判结果公开、裁判文书公开和执行过程公开，检察院应当实行检务公开</td></tr>
<tr><td>当事人地位的平等性</td><td>1. 当事人享有平等的诉讼权利
2. 法院平等保护当事人诉讼权利的行使</td></tr>
<tr><td>司法程序的参与性</td><td>参与性要求争议主体的当事人能够有充分的机会参与诉讼程序，提出自己的主张和有利于自己的证据，并反驳对方的证据、进行交叉询问和辩论</td></tr>
<tr><td>司法结果的正确性</td><td>1. 适用法律时，事实要调查清楚，证据要确凿可靠
2. 案件定性准确
3. 处理适当，宽严适度，合法合情合理</td></tr>
</table>

（续）

司法公正的具体体现	司法人员的廉洁性	严禁司法人员与当事人、律师、特殊关系人、中介组织有下列接触交往行为： 1. 泄露司法机关办案工作秘密或者其他依法依规不得泄露的情况 2. 为当事人推荐、介绍诉讼代理人、辩护人，或者为律师、中介组织介绍案件，要求、建议或者暗示当事人更换符合代理条件的律师 3. 接受当事人、律师、特殊关系人、中介组织请客送礼或其他利益 4. 向当事人、律师、特殊关系人、中介组织借款、租借房屋，借用交通工具、通讯工具或者其他物品 5. 在委托评估、拍卖等活动中徇私舞弊，与相关中介组织和人员恶意串通、弄虚作假、违规操作等行为 6. 司法人员与当事人、律师、特殊关系人、中介组织的其他不正当接触交往行为 其他事项： 1. 司法人员在案件办理过程中，应当在**工作场所、工作时间**接待当事人、律师、特殊关系人、中介组织。因办案需要，确需与当事人、律师、特殊关系人、中介组织在**非工作场所、非工作时间**接触的，应**依照相关规定办理审批手续并获批准** 2. 司法人员在案件办理过程中因不明情况或者其他原因在非工作时间或非工作场所接触当事人、律师、特殊关系人、中介组织的，应当在 3 日内向本单位纪检监察部门**报告有关情况**

【经典题目】

司法公正体现在司法活动各个方面和对司法人员的要求上。下列哪一做法体现的不是司法公正的内涵？（　　）（2014–01–45）

A. 甲法院对社会关注的重大案件通过微博直播庭审过程

B. 乙法院将本院公开审理后作出的判决书在网上公布

C. 丙检察院为辩护人查阅、摘抄、复制案卷材料提供便利

D 丁检察院为暴力犯罪的被害人提供医疗和物质救助

解析要点：

A 项：甲法院对社会关注的重大案件通过微博直播庭审过程，有利于实现社会对案件的实时监督，属于审判过程的公开，通过公开保障公正。A 项正确。

B 项：乙法院将本院公开审理后作出的判决书在网上公布，属于审判结果的公开，通过公开保障公正。B 项正确。

C 项：丙检察院为辩护人查阅、摘抄、复制案卷材料提供便利，有利于保障辩护人的阅卷权，维护辩护人的正当权利，体现了当事人地位平等原则，是司法公正的内涵。C 项正确。

D 项：丁检察院为暴力犯罪的被害人提供医疗和物质救助，体现人道主义，与司法公正无关。D 项错误。

综上所述，本题的答案是 D 项。

【答案】D

五、司法效率

司法效率强调的是司法机关在司法活动中，在正确、合法前提下，提高办案效率，不拖延积压案件，及时审理和结案，合理利用和节约司法资源。

司法效率的组成	包括时间效率、资源利用效率和司法活动的成本效率
效率与公正的关系	公正优先，兼顾效率

【经典题目】

关于法官在司法活动中如何理解司法效率，下列哪一说法是不正确的？（ ）（2014–01–46）

A. 司法效率包括司法的时间效率、资源利用效率和司法活动的成本效率

B. 在遵守审理期限义务上，对法官职业道德上的要求更加严格，应力求在审限内尽快完成职责

C. 法官采取程序性措施时，应严格依法并考虑效率方面的代价

D. 法官应恪守中立，不主动督促当事人或其代理人完成诉讼活动

解析要点：

A 项：司法效率包括司法的时间效率、资源利用效率和司法活动的成本效率三个方面。A 项正确。

B 项：近年来，我国法院努力提高司法效率，强化审限意识，严格禁止超审限审理案件。B 项正确。

C 项：在司法过程中，“公正优先，兼顾效率”是基本原则，因此自然要求合理地进行诉讼程序的制度设计，在采取程序性措施时，严格依法并考虑效率方面的代价。C 项正确。

D 项：法官在保障司法公正的同时，也应提高司法效率，严格遵守法定办案时限，节约司法资源，监督当事人及时完成诉讼活动。法官应在不违反其中立地位的前提下，积极督促当事人或其代理人提高效率，减少拖延。D 项错误。

综上所述，本题答案是 D 项。

【答案】D

六、独立行使审判权与独立行使检察权

人民法院、人民检察院依法独立公正行使审判权、检察权是保障国家法律统一正确实施的关键。这种独立性不意味着法官、检察官可以根据个人主张作决定，而是表明，他们可以依法裁决。

根据宪法和法律的规定，独立行使审判权与独立行使检察权的基本内容为：

1. 国家的审判权和检察权只能分别由人民法院和人民检察院依法统一行使，其他机关、团体或个人无权行使这两项权力，也不允许在司法机关之外另设特别法庭。

2. 司法机关依照法律独立行使职权，不受行政机关、社会团体和个人的干涉。行政机关等不得使用任何权力干涉司法程序。

3. 司法机关在司法活动中必须**依照法律规定，正确地适用法律**。

【经典题目】

关于司法制度的表述，下列说法正确的是（　　）。（2019年考生回忆版）

A. 解决纠纷是司法的主要功能，它构成司法制度的基础、运作的主要内容和直接任务，是其他功能发挥的先决条件

B. 司法具有解决纠纷、调整社会关系的直接功能，人权保障、解释和补充法律、形成公共政策、秩序维持、文化支持等间接功能

C. 司法人员应当在工作场合、工作时间与当事人接触，这体现了司法效率的要求

D. 司法人员不得向当事人借用交通工具、通讯工具

解析要点：

A项：解决纠纷是审判制度的首要任务，也是主要功能，是司法的普遍特征，它构成司法制度的基础、运作的内容和直接任务，是其他功能发挥的先决条件。A项正确。

B项：调整社会关系是司法的间接功能而非直接功能。B项错误。

C项：司法人员应当在工作场合、工作时间与当事人接触，这体现了司法人员的廉洁性，从而体现了司法公正的要求，和司法效率无关。C项错误。

D项：司法人员不得向当事人借用交通工具、通讯工具，也体现了司法人员的廉洁性。D项正确。

综上所述，本题答案是AD项。

【答案】 AD

第二节　法律职业道德概述★

应试导读

本节内容是法考的一星级考点，重要性一般，其整体内容比较宏观，很少直接命题。考生学习本节时，应结合常识，重在理解。

知识点

法律职业	法律职业是以**法官、检察官、律师、法学家为核心**的人员所组成的特殊的社会群体，他们受过专门的法学教育，具有较高的法律知识水准、掌握法律职业技能、具有法律职业伦理 在我国法律职业主要包括：法官，检察官，律师，公证员，法律顾问，仲裁员（法律类），政府部门从事行政处罚审核、行政复议、行政裁决的人员，从事法律法规起草的立法工作者，其他行政执法人员，法学教育研究工作者等

（续）

法律职业道德的特征	政治性	法治工作是政治性很强的业务工作，也是业务性很强的政治工作 政治性是法律职业人员**首要的职业道德**
	职业性	法律职业道德规范的是法律职业从业人员的职业行为，在特定职业范围内发挥作用
	实践性	只有在法律职业实践过程中，才能体现出法律职业道德的水准
	正式性	表现形式比较正式，除了一般职业道德的规章制度、工作守则、服务公约、劳动规程、行为须知等表现形式以外，还通过**法律、法规、规范性文件**等形式表现出来
	更高性	要求法律职业人员具有更高的法律职业道德水准，要求明确，**约束力和强制力更明显**
法律职业道德的基本原则	忠于党、忠于国家、忠于人民、忠于法律 以事实为根据，以法律为准绳 严明纪律，保守秘密 互相尊重，互相配合 恪尽职守，勤勉尽责 清正廉洁，遵纪守法	

【经典题目】

关于法律职业道德的特殊性，社会上存在不同观点。对此，下列哪些说法是正确的？（　　）（2021 年考生回忆版）

A. 法律职业道德的问题可以运用大众朴素的道德观察视角找到正确答案

B. 法律职业道德更关注法律规范适用于法律实务问题

C. 法律职业人员的程序性思维等可能与大众观念存在差异

D. 立法本身存在的矛盾直接导致了法律职业道德与大众观念的差异

解析要点：

A、D 项：由于法律职业的特殊性，法律职业道德具有不同于一般职业道德的特征，包括政治性、职业性、实践性、正式性和更高性。这些特征导致了法律职业道德与大众朴素道德存在差异，如果运用大众朴素道德的观察视角，有可能和法律职业道德视角找到相同答案，也有可能找到不同的答案。立法确实不可避免存在矛盾，但立法本身存在的矛盾不能直接导致法律职业道德与大众观念的差异，法律职业的特殊性导致了法律职业道德与大众观念的差异。A、D 项错误。

B 项：在进行法律职业活动过程中，法律职业人员必须更关注法律规范适用于法律实务问题，才能正确适用法律规范，获得合理的法律决定。B 项正确。

C 项：程序性是指法的创制、执行、适用、监督等都必须严格按照程序进行，程序性是法的特征。因此，法律职业人员在进行法律职业活动过程中会形成程序性思维，而大众更看重的道德、习俗等规范一般不具有程序性。所以，法律职业人员的程序性思维等可能与大众观念价值存在差异。C 项正确。

综上所述，本题答案是 BC 项。

【答案】BC

第二章　审判制度与法官职业道德

扫描右侧二维码“听课＋做题”，直达最佳学习效果

1. 在线听课：学习本章节核心考点讲解课程。
2. 在线刷题：点击进入题库做章节练习。

第一节　审判制度★★★★★

应试导读

本节内容是法考的五星级考点，非常重要，在客观题考试中，一般每套卷每年出 1 道题，分值 1—2 分。重难点提示：本节中，“法官”部分（包括法官的任职条件、任免、遴选等）是重中之重，需要考生重点掌握，精准记忆。

知识点

一、审判制度概述

我国审判制度的基本原则	司法公正	人民法院坚持司法公正，以事实为依据，以法律为准绳，遵守法定程序
	独立行使审判权	人民法院依照法律规定独立行使审判权，不受行政机关、社会团体和个人的干涉
	不告不理	未经控诉一方提起，法院不得自行主动对案件进行裁判 法院审理案件的范围由当事人确定，法院无权变更、撤销 在审理中只能按照当事人提出的事实和主张进行审理
	直接言词	**直接原则：**要求参加审判的法官必须亲自参加证据审查，亲自聆听法庭辩论，强调审理法官和判决法官的一体化 **言词原则：**要求当事人等在法庭上必须用言词形式开展质证辩论
	及时审判	及时审理案件，提高办案效率
我国主要审判制度	两审终审	一个案件经过两级人民法院审理即宣告终结
	审判公开	只有评议过程是秘密进行，案件审判其他工作原则上公开
	人民陪审员制度	审判员和人民陪审员共同对案件进行审判，**逐步实行人民陪审员只参与事实认定，不参与法律适用**
	审判监督制度	又称再审制度，是人民法院对已经发生法律效力的判决和裁定依法重新审判的制度

【经典题目】

法院的下列哪些做法是符合审判制度基本原则的？（　　）（2016–01–84）

A. 某法官因病住院，甲法院决定更换法官重新审理此案

B. 某法官无正当理由超期结案，乙法院通知其三年内不得参与优秀法官的评选

C. 对某社会高度关注案件，当地媒体多次呼吁法院尽快结案，丙法院依然坚持按期审结

D. 因人身损害纠纷，原告要求被告赔付医疗费，丁法院判决被告支付全部医疗费及精神损害赔偿金

解析要点：

A 项：在我国诉讼制度中，审理一般采取直接言词原则，直接原则要求参加审判的法官必须亲自参加证据审查，亲自聆听法庭辩论；言词原则要求当事人等在法庭上必须用言词形式开展质证辩论。A 项中法院更换法官重新审理此案，符合直接言词原则，正确。

B 项：某法官无正当理由超期结案，乙法院对其进行处罚，符合及时审判原则。B 项正确。

C 项：丙法院不受社会媒体的影响，坚持按期审结，体现了审判独立原则。C 项正确。

D 项：原告没有主张精神损害赔偿，而丁法院主动判决被告支付精神损害赔偿金，违反了不告不理原则。D 项错误。

综上所述，本题答案是 ABC 项。

【答案】ABC

二、审判机关

最高人民法院	最高人民法院是中华人民共和国的**最高审判机关** 最高人民法院的主要职权包括：一审管辖权、上诉管辖权、审判监督权、**司法解释权、死刑核准权** 【注意】最高人民法院可以设**巡回法庭**，审理最高人民法院依法确定的案件。巡回法庭是最高人民法院的组成部分。巡回法庭的判决和裁定即最高人民法院的判决和裁定
地方各级人民法院	地方各级人民法院分为基层人民法院、中级人民法院和高级人民法院 1. **基层人民法院**，包括县、自治县人民法院，不设区的市人民法院，市辖区人民法院。其职权主要包括：一审管辖权、庭外处理权（处理不需要开庭审判的案件）、调解指导权（指导人民调解委员会的工作） 2. **中级人民法院**，包括省、自治区辖市的中级人民法院，在直辖市内设立的中级人民法院，自治州中级人民法院，在省、自治区内按地区设立的中级人民法院。其职权主要包括：一审管辖权、上诉管辖权、审判监督权 3. **高级人民法院**，包括省高级人民法院、自治区高级人民法院、直辖市高级人民法院。其职权主要包括：一审管辖权、上诉管辖权、审判监督权
专门人民法院	专门人民法院是人民法院组织体系中的一个特殊组成部分。它们是设在特定部门或者针对特定案件而设立，受理与设立部门相关的专业性案件的法院。目前，我国的专门人民法院包括：**军事法院、海事法院、知识产权法院、金融法院等**

三、法官

（一）法官的任职条件

一般条件	1. 具有中华人民共和国国籍 2. 拥护中华人民共和国宪法，拥护中国共产党领导和社会主义制度 3. 具有良好的政治、业务素质和道德品行 4. 具有正常履行职责的身体条件 5. 法学学士 / 非法学类的学士（具有法律专业知识），从事法律工作满五年 法律硕士 / 法学硕士，从事法律工作满四年 法学博士，从事法律工作满三年 【背诵口诀】 本硕博，五四三 【注意】学历条件确有困难的地方，经最高人民法院审核确定，在一定期限内，可以将担任法官的学历条件放宽为高等学校本科毕业 6. 初任法官应当通过国家统一法律职业资格考试取得法律职业资格
禁止条件	下列人员不得担任法官： 1. 因犯罪受过刑事处罚的 2. 被开除公职的 3. 被吊销律师、公证员执业证书或者被仲裁委员会除名的 4. 有法律规定的其他情形的
限制条件	法官不得兼任人民代表大会常务委员会组成人员，不得兼任行政机关、检察机关以及企事业单位的职务，不得兼任律师、仲裁员和公证员

注意 1. 人民法院可以根据审判工作需要，从律师或者法学教学、研究人员等从事法律职业的人员中公开选拔法官。

除应当具备法官任职条件外，参加公开选拔的律师应当**实际执业不少于五年**，执业经验丰富，从业声誉良好；参加公开选拔的法学教学、研究人员应当具有**中级以上职称，从事教学、研究工作五年以上**，有突出研究能力和相应研究成果。

2. 检察官任职条件参照法官任职条件记忆。

（二）法官的任免

最高人民法院	院长	全国人大选举和罢免
	副院长、审判委员会委员、正副庭长、审判员	院长提请全国人大常委会任免
地方各级人民法院	院长	本级人大选举和罢免
	副院长、审判委员会委员、正副庭长、审判员	院长提请本级人大常委会任免
在省、自治区内按地区设立的和在直辖市内设立的中级人民法院	院长	由省、自治区、直辖市人民代表大会常务委员会根据主任会议的提名决定任免
	副院长、审判委员会委员、正副庭长、审判员	由高级人民法院院长提请省、自治区、直辖市人民代表大会常务委员会任免

（三）法官的遴选

省级法官遴选委员会	1. 省、自治区、直辖市设立**法官遴选委员会**，负责**初任法官**人选专业能力的审核 2. 省级法官遴选委员会的组成人员应当包括地方各级人民法院法官代表、其他从事法律职业的人员和有关方面代表，其中法官代表不少于1/3
最高法法官遴选委员会	遴选最高人民法院法官应当设立**最高人民法院法官遴选委员会**，负责法官人选专业能力的审核
遴选方式	1. 初任法官**一般到基层人民法院**任职 2. 上级人民法院法官**一般逐级遴选** 3. 最高人民法院和高级人民法院法官**可以从下两级人民法院遴选** 4. 参加上级人民法院遴选的法官应当在下级人民法院担任法官一定年限，并具有遴选职位相关工作经历

注意 检察官的遴选参照法官的遴选记忆。

（四）法官的回避

任职回避	法官之间有夫妻关系、直系血亲关系、三代以内旁系血亲以及近姻亲关系的，不得同时担任下列职务： 同一人民法院的院长、副院长、审判委员会委员、庭长、副庭长 同一人民法院的院长、副院长和审判员 同一审判庭的庭长、副庭长、审判员 上下相邻两级人民法院的院长、副院长 【背诵口诀】 不在同院当领导，不在同一审判庭，院长回避审判员，上下院长不相邻
	法官的**配偶、父母、子女**有下列情形之一的，法官应当实行任职回避： 1. 担任该法官所任职人民法院辖区内律师事务所的**合伙人或者设立人**的 2. 在该法官所任职人民法院辖区内**以律师身份担任诉讼代理人、辩护人**，或者为诉讼案件当事人提供**其他有偿法律服务**的
离职回避	1. 法官从人民法院**离任后，两年内不得以律师身份担任**诉讼代理人或者辩护人 2. 法官从人民法院**离任后，（终身）不得担任**原任职法院办理案件的诉讼代理人或者辩护人，但是作为当事人的监护人或者近亲属代理诉讼或者进行辩护的除外 3. 法官**被开除后，（终身）不得担任**诉讼代理人或者辩护人，但是作为当事人的监护人或者近亲属代理诉讼或者进行辩护的除外

注意 检察官的回避参照法官的回避记忆。

【经典题目】

关于法官、检察官的任职条件，下列说法错误的是（　　）。（2019年考生回忆版）

A. 甲律师的律师执业证书被注销，因此，甲未来不得担任法官或者检察官

B. 乙法官可以兼职担任仲裁员，但不得收取任何费用

C. 丙法官从法院离任后，一律不得担任原任职法院的诉讼代理人或者辩护人

D. 丁检察官被免职后，不得担任诉讼代理人或者辩护人，但是作为当事人的监护人或者近亲属代理诉讼或者进行辩护的除外

解析要点：

A 项：律师执业证书被注销不是法官职业的禁止条件，律师执业证书被吊销才是禁止条件。A 项错误。

B 项：无论是否收费，法官不得兼任仲裁员。B 项错误。

C 项：法官从人民法院离任后，不得担任原任职法院办理案件的诉讼代理人或者辩护人，但是作为当事人的监护人或者近亲属代理诉讼或者进行辩护的除外。C 项未考虑例外情况，故错误。

D 项：检察官被免职后可以担任诉讼代理人或者辩护人，如被开除，则不得担任诉讼代理人或者辩护人，但是作为当事人的监护人或者近亲属代理诉讼或者进行辩护的除外。D 项错误。

综上所述，本题答案是 ABCD 项。

【答案】ABCD

（五）法官的考核

人民法院设立**法官考评委员会**，负责对本院法官的考核工作。法官考评委员会的组成人员为五至九人。法官考评委员会主任由本院院长担任。

考核内容	审判工作实绩、职业道德、专业水平、工作能力、审判作风。**重点考核审判工作实绩**
考核结果	分为优秀、称职、基本称职和不称职，可作为奖惩、辞退、工资的依据

注意 检察官的考核参照法官的考核记忆。

（六）法官的奖惩

法官的奖励	对于法官的奖励，法律规定实行精神鼓励和物质鼓励相结合的原则 奖励一般分为集体奖励和个人奖励
法官的惩戒	惩戒制度：广义的惩戒制度包括法官的**弹劾制度和惩戒制度**，一般国家都规定有弹劾制度，有的国家则既存在弹劾制度，也规定有惩戒制度。为保障法官队伍的廉洁公正，我国法律规定了**法官的惩戒制度** 法官惩戒委员会： 1. 设立：**最高人民法院和省、自治区、直辖市**设立法官惩戒委员会 2. 组成：法官惩戒委员会由法官代表、其他从事法律职业的人员和有关方面代表组成，其中法官代表不少于**半数** 3. 审查意见：负责从专业角度审查认定法官是否存在违反审判职责的行为，提出构成故意违反职责、存在重大过失、存在一般过失或者没有违反职责等**审查意见** 4. 处理决定：法官惩戒委员会提出审查意见后，**人民法院**依照有关规定作出是否予以惩戒的**决定**，并给予相应处理 【注意】法官惩戒委员会作出的审查意见应当送达当事法官。当事法官对审查意见有异议的，可以向惩戒委员会提出，惩戒委员会应当对异议及其理由进行审查，作出决定

（续）

法官的处分	根据《公务员法》及《法官法》的规定，处分包括下列六种： 1. 警告，期间为 6 个月 2. 记过，期间为 12 个月 3. 记大过，期间为 18 个月 4. 降级，期间为 24 个月 5. 撤职，期间为 24 个月 6. 开除，受开除处分的，自处分决定生效之日起，解除与人民法院的人事关系，不得再担任公务员职务（最严重）
	免予处分：违纪违法行为情节轻微，经过批评教育后改正的，可以免予处分 **从重、加重处分：**1. 在共同违纪违法行为中起主要作用的；2. 隐匿、伪造、销毁证据的；3. 串供或者阻止他人揭发检举、提供证据材料的；4. 包庇同案人员的；5. 法律、法规和人民法院工作人员处分条例分则中规定的其他从重情节 **从轻处分：**1. 主动交代违纪违法行为的；2. 主动采取措施，有效避免或者挽回损失的；3. 检举他人重大违纪违法行为，情况属实的；4. 法律、法规和人民法院工作人员处分条例分则中规定的其他从轻情节 **减轻处分：主动交代**违纪违法行为，并**主动采取措施**有效避免或者挽回损失的，应当在人民法院工作人员处分条例分则规定的处分幅度以外降低一个档次给予减轻处分 **处分的解除、变更和撤销：**受开除以外处分的，在受处分期间有悔改表现，并且没有再发生违纪违法行为的，处分期满后应当解除处分。解除处分后，晋升工资档次、级别、职务不再受原处分的影响。但是，解除降级、撤职处分的，不视为恢复原级别、原职务

注意 检察官的奖惩参照法官的奖惩记忆。

【经典题目】

关于检察官的惩戒，下列哪一说法是正确的？（　　）（2020 年考生回忆版）

A. 检察官惩戒委员会负责从专业角度审查认定检察官是否存在违反检察职责的行为，依照有关规定作出是否予以惩戒的决定，并给予相应处理

B. 检察官惩戒委员会由检察官代表、其他从事法律职业的人员和有关方面代表组成，其中检察官代表不少于 1/3

C. 检察官惩戒委员会审议惩戒事项时，当事检察官有权申请有关人员回避，有权进行陈述、举证、辩解

D. 当事检察官对检察官惩戒委员会作出的审查意见有异议的，可以向上级检察院申诉

解析要点：

A 项：检察官惩戒委员会提出审查意见后，由人民检察院依照有关规定作出是否予以惩戒的决定，并给予相应处理。检察官惩戒委员会无权作出处理决定。A 项错误。

B 项：检察官惩戒委员会中检察官代表不少于半数。B 项错误。

C 项：检察官惩戒委员会审议惩戒事项时，当事检察官有权申请有关人员回避，有权进行陈述、举证、辩解。C 项正确。

D 项：检察官惩戒委员会作出的审查意见应当送达当事检察官。当事检察官对审查意见有异议的，可以向惩戒委员会提出，惩戒委员会应当对异议及其理由进行审查，作

出决定。D 项错误。

综上所述，本题答案是 C 项。

【答案】C

（七）法官的职业保障

根据《法官法》的有关规定，对法官的保障主要有履行职务保障、人身和财产保障、工资保险福利保障等。

履行职务保障	法官依法审判案件不受行政机关、社会团体和个人的干涉，有权拒绝任何单位或者个人违反法定职责或者法定程序、有碍司法公正的要求 司法机关依法独立公正行使职权，不得执行任何领导干部违反法定职责或者法定程序、有碍司法公正的要求 对领导干部干预司法活动、插手具体案件处理的情况，司法人员应当全面、如实记录，做到全程留痕，有据可查 对于司法机关内部人员的干预、说情或者打探案情，法官应当予以拒绝 对于不依正当程序转递涉案材料或者提出其他要求的，应当告知其依照程序办理 非因法定事由，非经法定程序，不得将法官调离、免职、辞退或者作出撤职等处分
人身和财产保障	法官依法履行职责，受法律保护 法官的人身、财产和住所安全受法律保护
工资保险福利保障	根据审判工作特点，国家规定了法官的工资制度和工资标准 法官实行定期增资制度 经考核确定为优秀、称职的，可以按照规定晋升工资档次 法官享受国家规定的津贴、补贴、奖金、保险和福利待遇

第二节　法官职业道德★★★★

应试导读

本节内容是法考的四星级考点，比较重要，在客观题考试中，一般每套卷每两到三年出 1 道题，分值 1—2 分。同时，法官职业道德也可能和检察官、律师、公证员职业道德结合命题。本节内容不难，考生无须死记硬背，应结合常识，重在理解。

知识点

法官职业道德的核心是公正、廉洁、为民，基本要求是忠诚司法事业、保证司法公正、确保司法廉洁、坚持司法为民、维护司法形象。

忠诚司法事业	1. 牢固树立社会主义法治理念，忠于党、忠于国家、忠于人民、忠于法律 2. 坚持和维护中国特色社会主义司法制度，认真贯彻落实依法治国基本方略 3. 热爱司法事业，珍惜法官荣誉，坚持职业操守，恪守法官良知 4. 维护国家利益，遵守政治纪律

（续）

保证司法公正	1. 维护审判独立 2. 确保案件裁判结果公平公正 3. 实体公正与程序公正并重：实体公正是程序公正的目的，程序公正是实体公正的保障 4. 提高司法效率：严守时限，充分考虑效率因素，监督当事人及时完成诉讼 5. 公开审判 6. 遵守回避制度，保持中立地位 7. 不办人情案、关系案、金钱案
确保司法廉洁	1. 自重、自省，坚守廉洁底线 2. 不得接受诉讼当事人的钱物和其他利益 3. 不得从事或者参与营利性的经营活动 4. 不得以其身份谋取特殊利益
坚持司法为民	1. 以人为本 2. 发挥司法的能动作用 3. 司法便民 4. 尊重当事人及其他诉讼参与人
维护司法形象	1. 坚持学习，精研业务 2. 坚持文明司法，遵守司法礼仪 3. 加强自身修养，约束业外活动 4. 退休及辞职法官谨慎行为

第三章　检察制度与检察官职业道德

扫描右侧二维码“听课 + 做题”，直达最佳学习效果

1. 在线听课：学习本章节核心考点讲解课程。
2. 在线刷题：点击进入题库做章节练习。

第一节　检察制度★★★

应试导读

本节内容是法考的三星级考点，比较重要，在客观题考试中，一般每套卷每两到三年出 1 道题，分值 1—2 分。重难点提示：检察官相关考点有很多内容和法官内容一致，这部分在上一节已作了说明，本节重点展示检察制度的特殊规定。

知识点

一、检察制度概述

检察是一种由特定机关代表国家向法院提起诉讼及维护法律实施的司法职能，检察制度是司法制度的重要组成部分。

<table>
<tr><td rowspan="5">我国检察制度的主要特征</td><td>独立的宪法地位</td><td>检察机关是人民代表大会下与行政机关、监察机关、审判机关平行的国家机关</td></tr>
<tr><td>国家的法律监督机关</td><td>通过履行审批起诉、诉讼监督等职能，维护国家法制的统一，定位不仅仅是公诉机关，其拥有明显的法律监督的性质</td></tr>
<tr><td rowspan="3">实行检察一体化原则</td><td>检察长统一领导检察院工作</td></tr>
<tr><td>各级检察院设立检察委员会。检察委员会实行民主集中制，在检察长的主持下，讨论决定重大案件和其他重大问题</td></tr>
<tr><td>最高检察院领导地方各级检察院和专门检察院的工作，上级检察院领导下级检察院的工作</td></tr>
</table>

（续）

<table>
<tr><td rowspan="3">我国检察制度的基本原则</td><td>检察权统一行使</td><td>又称检察一体原则，是指各级检察机关、检察官依法构成统一的整体，在行使职权、执行职务的过程中实行“上命下从”即根据上级检察机关、检察官的指示和命令进行工作</td></tr>
<tr><td>检察权独立行使</td><td>检察机关依照法律规定独立行使检察权，不受其他机关、社会团体和个人的非法干涉</td></tr>
<tr><td>检察机关对诉讼活动实行法律监督</td><td>检察机关依法对各种诉讼的进行以及诉讼中国家机关和诉讼参与人的诉讼活动进行监督，其重点是对诉讼中的国家机关及其工作人员的违法行为进行监督</td></tr>
</table>

二、检察机关

<table>
<tr><td rowspan="3">组织体系</td><td colspan="2">最高人民检察院</td></tr>
<tr><td colspan="2">地方各级人民检察院（省级人民检察院；市级人民检察院；基层人民检察院）</td></tr>
<tr><td colspan="2">专门人民检察院包括军事检察院等</td></tr>
<tr><td rowspan="5">领导体制</td><td>双重从属制</td><td>人民检察院实行双重从属制，既要对同级国家权力机关负责，又要对上级人民检察院负责</td></tr>
<tr><td>国家权力机关对人民检察院的领导</td><td>国家权力机关对人民检察院的领导，主要表现在：人大及其常委会选举、罢免或者任免人民检察院主要组成人员，审议工作报告，进行各种形式的监督等</td></tr>
<tr><td>上级人民检察院对下级人民检察院的垂直领导体制</td><td>1. 人事任免
2. 业务领导：
上级人民检察院认为下级人民检察院的决定错误的，指令下级人民检察院纠正，或者依法撤销、变更
上级人民检察院可以对下级人民检察院管辖的案件指定管辖；上级人民检察院可以办理下级人民检察院管辖的案件
上级人民检察院可以统一调用辖区的检察人员办理案件
下级人民检察院应当执行上级人民检察院的决定，有不同意见的，可以在执行的同时向上级人民检察院报告</td></tr>
<tr><td>检察长</td><td>1. 检察官在检察长领导下开展工作，重大办案事项由检察长决定
2. 检察长可以将部分职权委托检察官行使，可以授权检察官签发法律文书
3. 人民检察院检察长领导本院检察工作，管理本院行政事务。人民检察院副检察长协助检察长工作</td></tr>
<tr><td>检察委员会</td><td>检察委员会的组成：检察长、副检察长和若干资深检察官组成，成员人数应当为单数
检察委员会的职能：
1. 总结检察工作经验
2. 讨论决定重大、疑难、复杂案件
3. 讨论决定其他有关检察工作的重大问题
【注意】最高人民检察院对属于检察工作中具体应用法律的问题进行解释、发布指导性案例，应当由检察委员会讨论通过</td></tr>
</table>

（续）

领导体制	检察长和检察委员会的关系	检察委员会会议由**检察长**或者**检察长委托的副检察长**主持 检察委员会实行**民主集中制** 地方各级人民检察院的检察长**不同意**本院检察委员会多数人的意见时： 1. 属于**办理案件**的，可以报请上一级人民检察院决定 2. 属于**重大事项**的，可以报请上一级人民检察院或者本级人民代表大会常务委员会决定

【经典题目】

检察一体原则是指各级检察机关、检察官依法构成统一的整体，下级检察机关、下级检察官应当根据上级检察机关、上级检察官的批示和命令开展工作。据此，下列哪一表述是正确的？（　　）（2016–01–47）

A. 各级检察院实行检察委员会领导下的检察长负责制

B. 上级检察院可建议而不可直接变更、撤销下级检察院的决定

C. 在执行检察职能时，相关检察院有协助办案检察院的义务

D. 检察官之间在职务关系上可相互承继而不可相互移转和代理

解析要点：

A 项：人民检察院内部实行的是检察长负责制与检察委员会集体领导相结合的领导体制。A 项错误。

B 项：最高人民检察院领导地方各级人民检察院和专门人民检察院的工作，上级人民检察院领导下级人民检察院的工作。因此，上下级检察院是领导关系，故上级检察院可直接变更、撤销下级检察院的决定。B 项错误。

C、D 项：检察一体原则是指各级检察机关、检察官依法构成统一的整体，各级检察机关、检察官在履行职权、职务中，应当根据上级检察机关、上级检察官的批示和命令进行工作和活动，因此，各地和各级检察机关之间具有职能协助的义务，检察官之间在职务关系上可以发生相互移转和代理，C 项正确，D 项错误。

综上所述，本题答案是 C 项。

【答案】C

三、检察官

我国检察官的任免采取选举和任命相结合的方式：各级检察院的检察长采**选举制**，其他检察人员采**任命制**。

最高人民检察院	检察长	全国人大选举和罢免
	副检察长、检察委员会委员、检察员	检察长提请全国人大常委会任免
地方各级人民检察院	检察长	本级人大选举和罢免＋**上一级人民检察院检察长**提请**本级人民代表大会常务委员会**批准
	副检察长、检察委员会委员、检察员	检察长提请本级人大常委会任免

（续）

在省、自治区内按地区设立的和在直辖市内设立的检察院分院	检察长、副检察长、检察委员会委员和检察员	由省级检察院检察长提请省级人大常委会任免

【经典题目】

某省某自治州拟任命自治州人大常委会主任（甲）、自治州中级人民法院院长（乙），自治州人民检察院检察长（丙）和自治州州长（丁）。对此，下列哪些说法是正确的？（　　）（2022年考生回忆版）

A. 甲须由本自治州实行区域自治的民族的公民担任

B. 乙须由省人大常委会选举

C. 丙的任命须由省检察院检察长提请省人大常委会批准

D. 丁须由本自治州实行区域自治的民族的公民担任

解析要点：

A项:《民族区域自治法》第16条规定:“民族自治地方的人民代表大会常务委员会中应当有实行区域自治的民族的公民担任主任或者副主任。”A项错误。

B项:《法官法》第18条规定:“地方各级人民法院院长由本级人民代表大会选举和罢免。”因此，乙须由自治州人大而非省人大常委会选举。B项错误。

C项:《检察官法》第18条规定:“地方各级人民检察院检察长由本级人民代表大会选举和罢免……地方各级人民检察院检察长的任免，须报上一级人民检察院检察长提请本级人民代表大会常务委员会批准。”C项正确。

D项:《民族区域自治法》第17条规定:“自治区主席、自治州州长、自治县县长由实行区域自治的民族的公民担任。”D项正确。

综上所述，本题答案是CD项。

【答案】CD

第二节　检察官职业道德★★

应试导读

本节内容是法考的二星级考点，重要性一般，在客观题考试中，一般每套卷每三到五年出1道题，分值1—2分。同时，检察官职业道德也可能和法官、律师、公证员职业道德结合命题。重难点提示：本节中，“检察官职业责任”是法考改革后大纲新增点，考生应重点关注。

知识点

一、检察官职业道德

检察官职业道德的基本要求为“忠诚、为民、担当、公正、廉洁”五方面。

忠诚	忠于党；忠于国家；忠于人民；忠于宪法和法律；忠于检察事业
为民	坚持以人民为中心的理念 坚持严格、规范、公正、文明司法 坚持融入群众、倾听群众呼声、解决群众诉求、接受群众监督
担当	坚决打击发生在群众身边损害群众利益的各类犯罪 要坚守良知、公正司法、司法公开，自觉接受人民群众和社会的监督，以公开促公正 要直面矛盾，正视问题
公正	独立履职；理性履职；履职回避；重视证据；遵循程序；保障人权；尊重律师和法官；遵守纪律；提高效率
廉洁	坚持廉洁操守；避免不当影响；妥善处理个人事务

【经典题目】

关于检察官的行为，下列哪一观点是正确的？（　　）（2012–01–49）

A. 房检察官在同乡聚会时向许法官打听其在办案件审理情况，并让其估计判处结果。根据我国国情，房检察官的行为可以被理解

B. 关检察长以暂停工作要挟江检察官放弃个人意见，按照陈科长的判断处理某案。关检察长的行为与依法独立行使检察权的要求相一致

C. 容检察官在本地香蕉滞销，蕉农面临重大损失时，多方奔走将 10 万斤香蕉销往外地，为蕉农挽回了损失，本人获辛苦费 5000 元。容检察官没有违反有关经商办企业、违法违规营利活动的规定

D. 成检察官从检察院离任 5 年后，以律师身份担任各类案件的诉讼代理人或者辩护人，受到当事人及其家属的一致肯定。成检察官的行为符合《检察官法》的有关规定

解析要点：

A 项：检察官必须遵守宪法和法律，严格执行宪法和法律的规定，不得违法过问、干预办案。房检察官插手过问案件的做法是错误的。A 项错误。

B 项：检察官应当依法履行检察职责，不受行政机关、社会团体和个人的干涉。检察官既不能非法干预他人办理案件，也不能为他人的非法干预所左右。B 项错误。

C 项：法律、法规禁止检察官从事营利性经营活动。容检察官的行为违反有关经商办企业、违法违规营利活动的规定。C 项错误。

D 项：检察官从人民检察院离任后 2 年内，不得以律师身份担任诉讼代理人或者辩护人。成检察官的行为符合《检察官法》的有关规定。D 项正确。

综上所述，本题答案是 D 项。

【答案】D

二、检察官职业责任

检察官职业责任，是指检察官违反法律法规、职业道德规范和检察工作纪律所应当承担的不利后果，包括检察官执行职务中违纪行为的**司法责任**和检察官执行职务中犯罪行为的**刑事责任**。

（一）检察官执行职务中的司法责任

1. 追责范围

故意违反法律法规责任	例如：(1) 隐瞒、歪曲事实，违规采信关键证据，错误适用法律；(2) 毁灭、伪造、变造、隐匿、篡改证据材料或者法律文书
重大过失责任	例如：(1) 认定事实、适用法律等方面出现错误，导致案件错误处理；(2) 遗漏重要犯罪嫌疑人或者重大罪行，或者使无罪的人受到刑事追究；(3) 对明显属于采取非法方法收集的证据未予排除造成错案
监督管理责任	在行使检察权过程中，检察长、副检察长、业务部门负责人以及其他负有监督管理职责的检察人员，因故意或者重大过失怠于行使或者不当行使监督管理权，在职责范围内对检察人员违反检察职责的行为失职失察、隐瞒不报、措施不当，导致司法办案工作出现严重错误的，应当承担相应的司法责任

注意 （1）检察人员在司法履职中，**虽有错误后果发生，但尽到必要注意义务，对后果发生没有故意或者重大过失**，具有下列情形之一的，不予追究司法责任：①因法律法规、司法解释发生变化或者有关政策调整等原因而改变案件定性或者处理决定的；②因法律法规、司法解释规定不明确，存在对法律法规、司法解释理解和认识不一致，但在专业认知范围内能够予以合理说明的；③因当事人故意作虚假陈述、供述，或者毁灭、伪造证据等过错，导致案件事实认定或者处理出现错误的；④出现新证据或者证据发生变化而改变案件定性或者处理决定的；⑤因技术条件限制等客观原因或者不能预见、无法抗拒的其他原因致使司法履职出现错误的；⑥其他事由。

（2）**司法瑕疵**：检察人员在事实认定、证据采信、法律适用、办案程序、文书制作以及司法作风等方面不符合法律和有关规定，**但不影响案件结论的正确性和效力的**，属于司法瑕疵，不承担司法责任，可以视情节对其进行谈话提醒、批评教育、责令检查、通报或者予以诫勉。

2. 责任认定

检察官	(1) 独任检察官承办并作出决定的案件，由独任检察官承担司法责任 (2) 检察官办案组承办的案件，由主办检察官、检察官共同承担司法责任。主办检察官对其职责范围内决定的事项承担司法责任，其他检察官对自己的行为承担司法责任 (3) 检察官故意隐瞒、歪曲事实，遗漏重要事实、证据或者情节，导致检察委员会、检察长（副检察长）作出错误决定的，主要由检察官承担司法责任。业务部门负责人因故意或者重大过失怠于行使或者不当行使监督管理权，承担相应的司法责任
检察长	(1) 检察长（副检察长）对职权范围内作出的有关办案事项的决定承担司法责任，对于检察官在职权范围内作出决定的事项，检察长（副检察长）不因签发法律文书承担司法责任 (2) 检察长（副检察长）不同意检察官的处理意见，要求检察官复核，检察官根据检察长（副检察长）的要求进行复核并改变原处理意见的，检察长（副检察长）与检察官共同承担司法责任 (3) 检察长（副检察长）改变检察官决定的，对改变部分承担司法责任

（续）

检察院	(1) 上级人民检察院改变下级人民检察院正确意见的，上级人民检察院有关人员应当承担相应的司法责任 (2) 下级人民检察院有关人员故意隐瞒、歪曲事实，遗漏重要事实、证据或者情节，导致上级人民检察院作出错误命令、决定的，由下级人民检察院有关人员承担司法责任；上级人民检察院有关人员有过错的，应当承担相应的司法责任

总结： 谁决定，谁担责。

（二）检察官执行职务中犯罪行为的刑事责任

检察官执行职务行为构成犯罪的，依照刑法有关规定追究其刑事责任。

第四章　律师制度与律师职业道德

扫描右侧二维码“听课 + 做题”，直达最佳学习效果

1. 在线听课：学习本章节核心考点讲解课程。
2. 在线刷题：点击进入题库做章节练习。

第一节　律师制度★★★★★

应试导读

本节内容是法考的五星级考点，非常重要，在客观题考试中，一般每套卷每年至少出 1 道题，分值至少 1—2 分。重难点提示：（1）律师制度有很多程序细节，需要考生在理解基础上记忆要点；（2）《关于进一步规范法院、检察院离任人员从事律师职业的意见》为 2022 年法考大纲新增内容，值得考生重视。

知识点

一、律师制度概述

律师的概念	律师是指依法取得律师执业证书，接受委托或者指定，为当事人提供法律服务的执业人员
律师的分类	律师可分为社会律师、公司律师、公职律师和军队律师 社会律师又可分为专职律师与兼职律师
律师管理体制	目前世界各国的律师管理体制： 1. 以日本、法国为代表的律师协会行业自律模式 2. 以德国为代表的司法行政机关监督、指导下的律师协会行业管理模式 3. 以英国、美国为代表的律师协会行业管理与法院监督结合的管理模式 我国的律师管理体制：司法行政机关行政管理和律师协会行业管理相结合

二、律师

（一）律师的执业许可条件

执业资格	一般条件：1. 拥护宪法；2. 通过法律职业资格考试；3. 在律所实习满 1 年；4. 品行良好
	特殊条件：本科以上学历，在法律服务人员紧缺领域从事专业工作满 15 年，具有高级职称或同等专业水平的人员，经国务院司法行政部门考核合格
	禁止条件： 1. 无民事行为能力或者限制民事行为能力的 2. 受过刑事处罚的，但过失犯罪的除外 3. 被开除公职或者被吊销律师、公证员执业证书的
执业资格	限制条件： 1. 只能在一个律师事务所执业 2. 不能兼任公务员；可兼任人大常委会组成人员，但任职期间不得从事诉讼代理或辩护

（二）律师的执业许可程序

申请	申请律师执业，应当向设区的市级或者直辖市的区人民政府司法行政部门提出申请，并提交下列材料： 1. 国家统一法律职业资格证书 2. 律师协会出具的申请人实习考核合格的材料 3. 申请人的身份证明 4. 律师事务所出具的同意接收申请人的证明 申请兼职律师执业的，还应当提交所在单位的同意证明
审查决定	1. 受理申请的部门应当自受理之日起 20 日内予以审查，并将审查意见和全部申请材料报送省、自治区、直辖市人民政府司法行政部门 2. 省、自治区、直辖市人民政府司法行政部门应当自收到报送材料之日起 10 日内予以审核，作出是否准予执业的决定。准予执业的，向申请人颁发律师执业证书；不准予执业的，向申请人书面说明理由（总结：省级决定，下级审查） 【注意】首次取得或者重新申请取得律师执业证书的执业律师应当进行律师宣誓。宣誓仪式由地市一级律师协会或者省级律师协会组织实施。律师协会应当在律师取得执业证书之日起 3 个月内组织律师宣誓

（三）律师的权利

接受委托权	犯罪嫌疑人自被侦查机关第一次讯问或者采取强制措施之日起，有权委托辩护人；在侦查期间，只能委托律师作为辩护人。被告人有权随时委托辩护人
会见权	1. 受委托律师凭律师执业证书、律师事务所证明和委托书或者法律援助公函，有权会见犯罪嫌疑人、被告人并了解有关案件情况。律师会见犯罪嫌疑人、被告人时不被监听 2. 辩护律师在侦查期间可以为犯罪嫌疑人提供法律帮助；代理申诉、控告；申请变更强制措施；向侦查机关了解犯罪嫌疑人涉嫌的罪名和案件有关情况，提出意见 3. 辩护律师可以同在押的犯罪嫌疑人、被告人会见和通信。其他辩护人经人民法院、人民检察院许可，也可以同在押的犯罪嫌疑人、被告人会见和通信
阅卷权	辩护律师自人民检察院对案件审查起诉之日起，有权查阅、摘抄、复制本案的案卷材料

（续）

调查取证权	律师自行调查取证的，凭律师执业证书和律师事务所证明，可以向有关单位或者个人调查与承办法律事务有关的情况 辩护律师经人民法院或者人民检察院许可，并经被害人或者其近亲属、被害人提供的证人同意，可以向他们收集与本案有关的材料
受保障权	律师在执业活动中的人身权利不受侵犯。律师在法庭上发表的代理、辩护意见不受法律追究，但是，发表危害国家安全、恶意诽谤他人、严重扰乱法庭秩序的言论除外
拒绝权	1. 接受委托前，有权拒绝委托 2. 接受委托后，无正当理由不得拒绝辩护或者代理 但是以下情形可以拒绝辩护和代理：委托事项违法；委托人利用律师提供的服务从事违法活动；委托人故意隐瞒与案件有关的重要事实
在法庭审理阶段的权利	在法庭审理时律师享有广泛的权利，具体包括：对法庭不当询问的拒绝回答权、发问权、提出新证据的权利、质证权、参加法庭辩论的权利等
其他权利	要求回避、申请复议权；得到人民法院开庭通知权；代为上诉的权利；代理申诉或控告权；获取本案诉讼文书副本的权利；为犯罪嫌疑人、被告人申请变更和要求解除强制措施的权利

（四）律师的义务

1. 只能在一个律师事务所执业。律师变更执业机构的，应当申请换发律师执业证书。律师执业不受地域限制。

2. 加入所在地的地方律师协会，并履行律师协会章程规定的义务。

3. 不得私自接受委托、收取费用。律师承办业务，由律师事务所统一接受委托，与委托人签订书面委托合同，按照国家规定统一收取费用并如实入账。

4. 不得利用提供法律服务的便利谋取当事人争议的权益，或者接受对方当事人的财物。

5. 不得在同一案件中，为双方当事人担任代理人。

6. 律师接受委托后，无正当理由的，不得拒绝辩护或代理。

7. 不得违反规定会见法官、检察官、仲裁员以及其他有关工作人员；不得向法官、检察官、仲裁员以及其他有关工作人员行贿、介绍贿赂或者指使、诱导当事人行贿。

8. 不得提供虚假证据，隐瞒事实或者威胁、利诱他人提供虚假证据，隐瞒事实以及妨碍对方当事人合法取得证据。

9. 不得以不正当方式影响依法办理案件。

10. 不得扰乱法庭、仲裁庭秩序，干扰诉讼、仲裁活动的正常进行。

11. 不得煽动、教唆当事人采取扰乱公共秩序、危害公共安全等非法手段解决争议。

12. 不得发表危害国家安全、恶意诽谤他人、严重扰乱法庭秩序的言论。

13. 保守商业秘密，不得泄露当事人的隐私。

原则	律师应当保守在执业活动中知悉的国家秘密、商业秘密，不得泄露当事人的隐私
例外	委托人或者其他人准备或者正在实施危害国家安全、公共安全以及严重危害他人人身安全的犯罪事实和信息除外 【背诵口诀】准备正在国公人

14. 曾担任法官、检察官的律师，从人民法院、人民检察院离任后2年内，不得担任诉讼代理人或者辩护人。

《关于进一步规范法院、检察院离任人员从事律师职业的意见》还规定：

开除	被开除公职的人民法院、人民检察院工作人员不得在律师事务所从事任何工作
辞职退休	辞去公职或者退休的人民法院、人民检察院领导班子成员，四级高级及以上法官、检察官，四级高级法官助理、检察官助理以上及相当职级层次的审判、检察辅助人员在离职3年内，其他辞去公职或退休的人民法院、人民检察院工作人员在离职2年内，不得到原任职人民法院、人民检察院管辖地区内的律师事务所从事律师职业或者担任“法律顾问”、行政人员等，不得以律师身份从事与原任职人民法院、人民检察院相关的有偿法律服务活动
关系待遇	人民法院、人民检察院退休人员在不违反前项从业限制规定的情况下，确因工作需要从事律师职业或者担任律师事务所“法律顾问”、行政人员的，应当严格执行中共中央组织部《关于进一步规范党政领导干部在企业兼职（任职）问题的意见》规定和审批程序，并及时将行政、工资等关系转出人民法院、人民检察院，不再保留机关的各种待遇
报告承诺	人民法院、人民检察院工作人员拟在离任后从事律师职业或者担任律师事务所“法律顾问”、行政人员的，应当在离任时向所在人民法院、人民检察院如实报告从业去向，签署承诺书，对遵守从业限制规定、在从业限制期内主动报告从业变动情况等作出承诺 人民法院、人民检察院离任人员向律师协会申请律师实习登记时，应当主动报告曾在人民法院、人民检察院工作的情况，并作出遵守从业限制的承诺

15. 按照国家规定承担法律援助义务。

16. 依法纳税。

附：公职律师和公司律师的义务：

1. 接受所在单位的管理、监督，根据委托或者指派办理法律事务。

2. 不得从事有偿法律服务，不得在律师事务所等法律服务机构兼职，不得以律师身份办理所在单位以外的诉讼或者非诉讼法律事务。

3.《律师法》等法律法规规定的其他义务。

三、律师事务所

（一）律师事务所的设立

<table>
<tr><td rowspan="4">律师事务所设立条件</td><td>资格条件</td><td>1. 有自己的名称、住所和章程
2. 符合规定的律师
3. 设立人应当具有一定的执业经历，且 3 年内未受过停止执业处罚
4. 有符合国务院司法行政部门规定数额的财产</td></tr>
<tr><td>合伙律师事务所</td><td>普通合伙：书面合伙协议；3 名以上合伙人作为设立人；设立人有 3 年以上执业经历；30 万元资产
【注意】合伙人对律师事务所债务承担无限连带责任
特殊合伙：书面合伙协议；20 名以上合伙人作为设立人；设立人有 3 年以上执业经历；1000 万元资产
【注意】一个或数个合伙人因故意或重大过失造成律师事务所债务的，承担无限连带责任，其他合伙人以在律所资产为限承担有限责任</td></tr>
<tr><td>个人律师事务所</td><td>设立人有 5 年以上执业经历；10 万元资产
【注意】设立人对律师事务所的债务承担无限责任
【背诵口诀】
普通所设立：3 人 3 年 30 万
特殊所设立：20 人 3 年 1000 万
个人所设立：1 人 5 年 10 万</td></tr>
<tr><td>国资律师事务所</td><td>国家出资设立
【注意】以该律师事务所的全部资产对其债务承担责任</td></tr>
<tr><td>律师事务所设立程序</td><td colspan="2">1. 申请：设立律师事务所，应当向设区的市级或者直辖市的区人民政府司法行政部门提出申请
2. 审查：受理申请的部门应当自受理之日起 20 日内予以审查，并将审查意见和全部申请材料报送省、自治区、直辖市人民政府司法行政部门
3. 决定：省、自治区、直辖市人民政府司法行政部门应当自收到报送材料之日起 10 日内予以审核，作出是否准予设立的决定。准予设立的，向申请人颁发律师事务所执业证书；不准予设立的，向申请人书面说明理由（总结：省级决定，下级审查）
【注意】成立 3 年以上并具有 20 名以上执业律师的合伙律师事务所，可以设立分所。设立分所，须经拟设立分所所在地的省、自治区、直辖市人民政府司法行政部门审核</td></tr>
</table>

（二）律师事务所的变更、终止

<table>
<tr><td>律师事务所的变更</td><td>律师事务所变更名称、负责人、章程、合伙协议的，应当报原审核部门批准
律师事务所变更住所、合伙人的，应当自变更之日起 15 日内报原审核部门备案</td></tr>
</table>

（续）

律师事务所的终止	律师事务所有下列情形之一的，应当终止： 1. 不能保持法定设立条件，经限期整改仍不符合条件的 2. 律师事务所执业证书被依法吊销的 3. 自行决定解散的 4. 法律、行政法规规定应当终止的其他情形 【注意】1. 设立许可后，6个月内未开业或者无正当理由停止业务活动满1年的，视为自行停办，应当终止 2. 律师事务所终止的，由颁发执业证书的部门注销该律师事务所的执业证书

【经典题目】

根据《法官法》以及相关规定的要求，下列做法中，哪些是符合要求的？(2023年考生回忆版)

A. 甲法官辞职后从事律师职业，到原任职法院担任其父案件的代理人

B. 乙法官退休后从事律师职业，及时将行政、工资等关系转出法院

C. 丙法官被开除公职后，在某律师事务所担任法律顾问

D. 丁法官为未成年当事人家属推荐擅长代理未成年案件的某律师

解析要点：

A项:《法官法》规定，法官从人民法院离任后，不得担任原任职法院办理案件的诉讼代理人或者辩护人，但是作为当事人的监护人或者近亲属代理诉讼或者进行辩护的除外。A项正确。

B项:《关于进一步规范法院检察院离任人员从事律师执业的意见》规定，人民法院、人民检察院退休人员在不违反从业限制规定的情况下，确因工作需要从事律师职业或者担任律师事务所“法律顾问”、行政人员的，应当及时将行政、工资等关系转出人民法院、人民检察院，不再保留机关的各种待遇。B项正确。

C项:《关于进一步规范法院检察院离任人员从事律师执业的意见》规定，被开除公职的人民法院、人民检察院工作人员不得在律师事务所从事任何工作。C项错误。

D项:《关于建立健全禁止法官、检察官与律师不正当接触交往制度的意见》规定，法官不得为律师介绍案件，为当事人推荐、介绍律师，要求或者暗示当事人更换符合代理条件的律师等。D项错误。

综上所述，本题答案是AB项。

【答案】AB

第二节 法律援助制度★★★★★

应试导读

本节内容是法考的五星级考点，非常重要，在客观题考试中，一般每套卷每年出1道题，分值至少1—2分。2022年1月1日起《中华人民共和国法律援助法》施行，因此，法律援助制度为2022年法考大纲新修内容，值得考生重视。

知识点

一、法律援助制度的概念

法律援助是国家建立的为经济困难公民和符合法定条件的其他当事人无偿提供法律咨询、代理、刑事辩护等法律服务的制度，是公共法律服务体系的组成部分。

二、法律援助的机构和人员

机构和人员	县级以上人民政府司法行政部门应当设立法律援助机构 法律援助机构负责组织实施法律援助工作，受理、审查法律援助申请，指派**律师、基层法律服务工作者、法律援助志愿者**等法律援助人员提供法律援助，支付法律援助补贴
值班律师	法律援助机构可以在**人民法院、人民检察院**和**看守所等场所**派驻值班律师，依法为没有辩护人的犯罪嫌疑人、被告人提供法律援助
律师、基层法律服务工作者	律师事务所、基层法律服务所、律师、基层法律服务工作者负有依法提供法律援助的义务 律师事务所、基层法律服务所应当支持和保障本所律师、基层法律服务工作者履行法律援助义务
法律援助志愿者	国家鼓励和规范法律援助志愿服务；支持符合条件的个人作为法律援助志愿者，依法提供法律援助 高等院校、科研机构可以组织**从事法学教育、研究工作的人员**和**法学专业学生**作为法律援助志愿者，在司法行政部门指导下，为当事人提供**法律咨询、代拟法律文书**等法律援助

三、法律援助的形式和范围

（一）法律援助的形式

法律援助机构可以组织法律援助人员依法提供下列形式的法律援助服务：

1. 法律咨询；
2. 代拟法律文书；
3. 刑事辩护与代理；
4. 民事案件、行政案件、国家赔偿案件的诉讼代理及非诉讼代理；
5. 值班律师法律帮助；
6. 劳动争议调解与仲裁代理；
7. 法律、法规、规章规定的其他形式。

（二）法律援助的范围

<table>
<tr><td rowspan="3">刑事案件</td><td>申请援助</td><td>刑事案件的犯罪嫌疑人、被告人因经济困难或者其他原因没有委托辩护人的，本人及其近亲属可以向法律援助机构申请法律援助
【注意】申请应当采用书面形式，填写申请表；以书面形式提出申请确有困难的，可以口头申请
总结："应当书面，可以口头"</td></tr>
<tr><td>通知援助</td><td>刑事案件的犯罪嫌疑人、被告人属于下列人员之一，没有委托辩护人的，人民法院、人民检察院、公安机关应当通知法律援助机构指派律师担任辩护人：
1. 未成年人
2. 视力、听力、言语残疾人
3. 不能完全辨认自己行为的成年人
4. 可能被判处无期徒刑、死刑的人
5. 申请法律援助的死刑复核案件被告人
6. 缺席审判案件的被告人
强制医疗案件的被申请人或者被告人没有委托诉讼代理人的，人民法院应当通知法律援助机构指派律师为其提供法律援助
【背诵口诀】通知援助：盲聋哑人未成年，无期死刑精神病，死刑复核缺席判，强制医疗应通知</td></tr>
<tr><td>无须经济状况审查</td><td>法律援助机构无须进行经济状况审查的四种情形：
1. 犯罪嫌疑人、被告人属于一级或者二级智力残疾的
2. 共同犯罪案件中，其他犯罪嫌疑人、被告人已委托辩护人的
3. 人民检察院抗诉的
4. 案件具有重大社会影响的
【背诵口诀】无须经济状况审查：智力残疾共同犯，检察抗诉影响大</td></tr>
<tr><td>民事、行政案件</td><td colspan="2">下列事项的当事人，因经济困难没有委托代理人的，可以向法律援助机构申请法律援助：
1. 依法请求国家赔偿
2. 请求给予社会保险待遇或者社会救助
3. 请求发给抚恤金
4. 请求给付赡养费、抚养费、扶养费
5. 请求确认劳动关系或者支付劳动报酬
6. 请求认定公民无民事行为能力或者限制民事行为能力
7. 请求工伤事故、交通事故、食品药品安全事故、医疗事故人身损害赔偿
8. 请求环境污染、生态破坏损害赔偿</td></tr>
<tr><td>不受经济困难条件限制</td><td colspan="2">有下列情形之一，当事人申请法律援助的，不受经济困难条件的限制：
1. 英雄烈士近亲属为维护英雄烈士的人格权益
2. 因见义勇为行为主张相关民事权益
3. 再审改判无罪请求国家赔偿
4. 遭受虐待、遗弃或者家庭暴力的受害人主张相关权益
5. 法律、法规、规章规定的其他情形
【背诵口诀】不受经济困难条件的限制：英烈亲属见义为，受害无罪求国赔</td></tr>
</table>

四、法律援助的程序和实施

（一）法律援助的申请

诉讼事项法律援助申请	对诉讼事项的法律援助，由申请人向办案机关所在地的法律援助机构提出申请。例如，家住A县的乙在邻县涉嫌犯罪被邻县检察院批准逮捕，其因经济困难，可向邻县法律援助中心申请法律援助
非诉讼事项法律援助申请	对非诉讼事项的法律援助，由申请人向争议处理机关所在地或者事由发生地的法律援助机构提出申请

（二）法律援助的审查

审查	1. 法律援助机构应当自收到法律援助申请之日起7日内进行审查，作出是否给予法律援助的决定。决定给予法律援助的，应当自作出决定之日起3日内指派法律援助人员为受援人提供法律援助；决定不给予法律援助的，应当书面告知申请人，并说明理由 2. 申请人提交的申请材料不齐全的，法律援助机构应当一次性告知申请人需要补充的材料或者要求申请人作出说明。申请人未按要求补充材料或者作出说明的，视为撤回申请

（三）法律援助的实施

先行提供	法律援助机构收到法律援助申请后，发现有下列情形之一的，可以决定先行提供法律援助： 1. 距法定时效或者期限届满不足7日，需要及时提起诉讼或者申请仲裁、行政复议 2. 需要立即申请财产保全、证据保全或者先予执行 3. 法律、法规、规章规定的其他情形
终止援助	有下列情形之一的，法律援助机构应当作出终止法律援助的决定： 1. 受援人以欺骗或者其他不正当手段获得法律援助 2. 受援人故意隐瞒与案件有关的重要事实或者提供虚假证据 3. 受援人利用法律援助从事违法活动 4. 受援人的经济状况发生变化，不再符合法律援助条件 5. 案件终止审理或者已经被撤销 6. 受援人自行委托律师或者其他代理人 7. 受援人有正当理由要求终止法律援助 8. 法律法规规定的其他情形
异议程序	1. 申请人、受援人对法律援助机构不予法律援助、终止法律援助的决定有异议的，可以向设立该法律援助机构的司法行政部门提出 2. 司法行政部门应当自收到异议之日起5日内进行审查，作出维持法律援助机构决定或者责令法律援助机构改正的决定 3. 申请人、受援人对司法行政部门维持法律援助机构决定不服的，可以依法申请行政复议或者提起行政诉讼

（四）法律援助的救济

检察机关法律监督	人民检察院审查批准逮捕时，认为犯罪嫌疑人具有应当通知辩护的情形，公安机关未通知法律援助机构指派律师的，应当通知公安机关予以纠正，公安机关应当将纠正情况通知人民检察院
申诉控告程序	犯罪嫌疑人、被告人及其近亲属、法定代理人，强制医疗案件中的被申请人、被告人的法定代理人认为公安机关、人民检察院、人民法院应当告知其可以向法律援助机构申请法律援助而没有告知，或者应当通知法律援助机构指派律师为其提供辩护或者诉讼代理而没有通知的，有权向同级或者上一级人民检察院申诉或者控告。人民检察院应当对申诉或者控告及时进行审查，情况属实的，通知有关机关予以纠正 申请人对法律援助机构不予援助或者终止援助的决定有异议的，可以向主管该法律援助机构的司法行政机关提出。司法行政机关应当在收到异议之日起 5 个工作日内进行审查

【经典题目】

某检察院对王某盗窃案提出二审抗诉，王某未委托辩护人，欲申请法律援助。对此，下列哪一说法是正确的？（　　）（2015–01–49）

A. 王某申请法律援助只能采用书面形式

B. 法律援助机构应当严格审查王某的经济状况

C. 法律援助机构只能委派律师担任王某的辩护人

D. 法律援助机构决定不提供法律援助时，王某可以向该机构提出异议

解析要点：

A 项：申请法律援助，如果以书面形式提出申请确有困难的，申请人可以口头申请。A 项错误。

B 项：人民检察院抗诉的情形下，犯罪嫌疑人、被告人申请法律援助的，法律援助机构无须进行经济状况审查。B 项错误。

C 项：根据《刑事诉讼法》的规定，刑事辩护的法律援助只能委派律师。C 项正确。

D 项：申请人对法律援助机构不予援助或者终止援助的决定有异议的，可以向主管该法律援助机构的司法行政机关提出，而非向该机构提出。D 项错误。

综上所述，本题答案是 C 项。

【答案】C

第三节　律师职业道德★★★★

应试导读

本节内容是法考的四星级考点，比较重要，在客观题考试中，一般每套卷每一到两年出 1 道题，分值 1—2 分。同时，律师职业道德也可能和法官、检察官、公证员职业道德结合命题。重难点提示：本节中，"律师与委托人或者当事人关系规范"相对重要，需要考生结合常识进行理解性记忆。

知识点

一、律师职业道德基本准则

忠诚、为民、法治、正义、诚信、敬业。

二、律师业务推广规范

推广原则	1. 律师和律师事务所可以依法以广告方式宣传律师和律师事务所以及自己的业务领域和专业特长 2. 律师和律师事务所可以通过发表学术论文、案例分析、专题解答、授课、普及法律等活动，宣传自己的专业领域 3. 律师和律师事务所可以通过举办或者参加各种形式的专题、专业研讨会，宣传自己的专业特长 4. 律师可以以自己或者其任职的律师事务所名义参加各种社会公益活动 5. 律师和律师事务所在业务推广中不得为不正当竞争行为
推广广告	1. 律师广告应具可识别性，应能够使社会公众辨明是律师广告 2. 律师广告可以以律师个人名义发布，也可以以律师事务所名义发布 【注意】以律师个人名义发布的律师广告应当注明律师个人所任职的执业机构名称，应当载明律师执业证号 3. 律师个人广告的内容：应当限于律师的姓名、肖像、年龄、性别、学历、学位、专业、律师执业许可日期、所任职律师事务所名称、在所任职律师事务所的执业期限；收费标准、联系方法；依法能够向社会提供的法律服务业务范围；执业业绩 4. 律师事务所广告的内容：应当限于律师事务所名称、住所、电话号码、传真号码、邮政编码、电子信箱、网址；所属律师协会；所内执业律师及依法能够向社会提供的法律服务业务范围简介；执业业绩
	具有下列情况之一的，律师和律师事务所不得发布律师广告： 1. 没有通过年度考核的 2. 处于停止执业或停业整顿处罚期间的 3. 受到通报批评、公开谴责未满 1 年的 律师和律师事务所不得以有悖律师使命、有损律师形象的方式制作广告，不得采用一般商业广告的艺术夸张手段制作广告 律师和律师事务所不得进行歪曲事实和法律，或者可能使公众对律师产生不合理期望的宣传 律师和律师事务所可以宣传所从事的某一专业法律服务领域，但不得自我声明或者暗示其被公认或者证明为某一专业领域的权威或专家 律师和律师事务所不得进行律师之间或者律师事务所之间的比较宣传 总结：不得夸张不歪曲，不称专家不比较

三、律师与委托人或者当事人关系规范

（一）委托代理关系

按照法律规定，委托代理关系为一种合同关系。同时，律师应当谨慎、诚实、客观地告知委托人拟委托事项可能出现的法律风险。

（二）禁止虚假承诺

律师根据委托人提供的事实和证据，依据法律规定进行分析，向委托人提出分析性

意见。律师的辩护、代理意见未被采纳，不属于虚假承诺。

（三）禁止非法谋取委托人利益

律师和律师事务所不得利用提供法律服务的便利，谋取当事人争议的权益。

律师和律师事务所不得违法与委托人就争议的权益产生经济上的联系，不得与委托人约定将争议标的物出售给自己；不得委托他人为自己或为自己的近亲属收购、租赁委托人与他人发生争议的标的物。

律师事务所可以依法与当事人或委托人签订以回收款项或标的物为前提，按照一定比例收取货币或实物作为律师服务费用的协议。

注意 律师事务所可以实行风险代理收费。

禁止风险代理收费的情形：

1. 婚姻、继承案件；
2. 请求给予社会保险待遇或者最低生活保障待遇的；
3. 请求给付赡养费、抚养费、扶养费、抚恤金、救济金、工伤赔偿的；
4. 请求支付劳动报酬的；
5. 刑事诉讼案件、行政诉讼案件、国家赔偿案件以及群体性诉讼案件。

（四）利益冲突审查

律师事务所在接受委托之前，应当进行利益冲突审查并作出是否接受委托决定。

不得建立或维持委托关系	1. 律师在同一案件中为双方当事人担任代理人，或代理与本人或者其近亲属有利益冲突的法律事务的 2. 律师办理诉讼或者非诉讼业务，其近亲属是对方当事人的法定代表人或者代理人的 3. 曾经亲自处理或者审理过某一事项或者案件的行政机关工作人员、审判人员、检察人员、仲裁员，成为律师后又办理该事项或者案件的 4. 同一律师事务所的不同律师同时担任同一刑事案件的被害人的代理人和犯罪嫌疑人、被告人的辩护人，但在该县区域内只有一家律师事务所且事先征得当事人同意的除外 5. 在民事诉讼、行政诉讼、仲裁案件中，同一律师事务所的不同律师同时担任争议双方当事人的代理人，或者本所或其工作人员为一方当事人，本所其他律师担任对方当事人的代理人的 6. 在非诉讼业务中，除各方当事人共同委托外，同一律师事务所的律师同时担任彼此有利害关系的各方当事人的代理人的 7. 在委托关系终止后，同一律师事务所或同一律师在同一案件后续审理或者处理中又接受对方当事人委托的 8. 其他相似情况

（续）

非经委托人同意，不得建立或维持委托关系	1. 接受民事诉讼、仲裁案件一方当事人的委托，而同所的其他律师是该案件中对方当事人的近亲属的 2. 担任刑事案件犯罪嫌疑人、被告人的辩护人，而同所的其他律师是该案件被害人的近亲属的 3. 同一律师事务所接受正在代理的诉讼案件或者非诉讼业务当事人的对方当事人所委托的其他法律业务的 4. 律师事务所与委托人存在法律服务关系，在某一诉讼或仲裁案件中该委托人未要求该律师事务所律师担任其代理人，而该律师事务所律师担任该委托人对方当事人的代理人的 5. 在委托关系终止后1年内，律师又就同一法律事务接受与原委托人有利害关系的对方当事人的委托的 6. 其他相似情况

【背诵口诀】

律师利益冲突审查：直接冲突不能干，间接冲突经同意。

【经典题目】

某律师事务所一审代理了原告张某的案件。一年后，该案再审。该所的下列哪一做法与律师执业规范相冲突？（　　）（2014–01–48）

A. 在代理原告案件时拒绝与该案被告李某建立委托代理关系

B. 在拒绝与被告李某建立委托代理关系时，承诺可在其他案件中为其代理

C. 得知该案再审后，主动与原告张某联系

D. 张某表示再审不委托该所，该所遂与被告李某建立委托代理关系

解析要点：

A项：律师在同一案件中拒绝为双方当事人担任代理人，符合律师执业规范要求。A项正确。

B项：律师执业规范并未禁止律师向对方当事人承诺可在其他案件中为其代理。B项正确。

C项：该律师事务所一审代理了原告张某的案件，再审中仍然可以代理原告张某的案件，符合律师执业规范要求。C项正确。

D项：律师执业行为规范规定，律师在委托关系终止后，不得在同一案件后续审理或者处理中又接受对方当事人的委托。D项错误。

综上所述，本题答案是D项。

【答案】D

（五）保管委托人财产

律师事务所可以与委托人签订书面保管协议，妥善保管委托人财产，严格履行保管协议。

律师事务所受委托保管委托人财产时，应当将委托人财产与律师事务所的财产、律师个人财产严格分离。

（六）转委托

未经委托人同意，律师事务所不得将委托人委托的法律事务转委托其他律师事务所

办理。但在紧急情况下，为维护委托人的利益可以转委托，但应当及时告知委托人。

（七）委托关系的解除与终止

律师事务所应当终止委托关系	1. 委托人提出终止委托协议的 2. 律师受到吊销执业证书或者停止执业处罚的，经过协商，委托人不同意更换律师的 3. 当发现有《律师执业行为规范（试行）》第 51 条规定的利益冲突情形（利益冲突审查中的直接冲突情形）的 4. 受委托律师因健康状况不适合继续履行委托协议的，经过协商，委托人不同意更换律师的 5. 继续履行委托协议违反法律、法规、规章或者律师执业行为规范的
经提示委托人不纠正，律师事务所可以解除委托	1. 委托人利用律师提供的法律服务从事违法犯罪活动的 2. 委托人要求律师完成无法实现或者不合理的目标的 3. 委托人没有履行委托合同义务的 4. 在事先无法预见的前提下，律师向委托人提供法律服务将会给律师带来不合理的费用负担，或给律师造成难以承受的、不合理的困难的 5. 其他合法理由

【经典题目】

王某和李某斗殴，李某与其子李二将王某打伤。李某在王某提起刑事自诉后聘请省会城市某律师事务所赵律师担任辩护人。关于本案，下列哪一做法符合相关规定？（　　）（2015–01–48）

A. 赵律师同时担任李某和李二的辩护人，该所钱律师担任本案王某代理人

B. 该所与李某商定辩护事务按诉讼结果收取律师费

C. 该所要求李某另外预交办案费

D. 该所指派实习律师代赵律师出庭辩护

解析要点：

A 项：同一律所的不同律师原则上不能同时担任同一刑事案件的被害人的代理人和犯罪嫌疑人、被告人的辩护人。A 项错误。

B 项：刑事诉讼、行政诉讼、国家赔偿案件以及群体性诉讼案件不得适用风险代理收费。B 项错误。

C 项：办案费用是指律师事务所在提供法律服务过程中代委托人支付的诉讼费、仲裁费、鉴定费、公证费和查档费等费用，其不属于律师服务费，由委托人另行支付。因此，律所可以要求委托人预交办案费，律师应本着节俭的原则合理使用。C 项正确。

D 项：辩护人只能由律师担任，实习律师不得担任。D 项错误。

综上所述，本题答案是 C 项。

【答案】C

第五章　公证制度与公证员职业道德

扫描右侧二维码"听课 + 做题"，直达最佳学习效果

1. 在线听课：学习本章节核心考点讲解课程。
2. 在线刷题：点击进入题库做章节练习。

第一节　公证制度★★

应试导读

本节内容是法考的二星级考点，重要性一般，在客观题考试中，一般每套卷每三到五年出 1 道题，分值 1—2 分。

知识点

一、公证制度的概念与特征

公证是公证机构根据自然人、法人或者其他组织的申请，依照法定程序对民事法律行为、有法律意义的事实和文书的真实性、合法性予以证明的活动。

公证制度是国家司法制度的重要组成部分，属于**民事程序法的范畴**。公证制度是一种司法证明制度，它在民事活动和经济交往中具有预防纠纷、化解矛盾的特殊社会功能。

我国公证制度的特征主要表现为以下两方面：

（一）公证是一种特殊的证明活动

公证主体的特定性	只有公证机构按照法律规定的程序出具的证明才称为"公证" **公证职能**只能由依法设立的证明机构——**公证机构统一行使** 公证机构以**国家名义**进行公证证明活动，其出具的公证文书在法律上具有特定的效力、普遍的法律约束力，在**国际国内都能通行使用**
公证对象和内容的特定性	公证对象是没有争议的民事法律行为、有法律意义的事实和文书 公证的内容是证明公证对象的**真实性与合法性**
公证效力的特殊性	公证机构出具的公证文书具有**证据效力、强制执行效力、法律行为成立的形式要件效力**，这是其他证明所不具备的 例如，《民事诉讼法》第 72 条规定：经过法定程序公证证明的法律事实和文书，人民法院应当作为认定事实的根据，但有相反证据足以推翻公证证明的除外

（续）

公证程序的法定性	公证机构、公证员和公证当事人必须严格遵守《公证法》《公证程序规则》等，公证的申请和证明活动必须依法律规定的程序进行，符合法律的要求

（二）公证是一种非讼司法活动

公证是一种具有预防性的法律制度，旨在通过公证活动预防纠纷、消除隐患，平衡当事人之间的利害冲突，防患于未然。

二、公证制度的管理体制

根据法律规定，我国实行**司法行政机关行政管理**与**公证协会行业管理**相结合的公证管理体制。

三、公证机构

公证机构的设立原则	统筹规划、合理布局 可以在县、不设区的市、设区的市、直辖市或者市辖区设立；在设区的市、直辖市可以设立一个或者若干个公证机构。公证机构不按行政区划层层设立
公证机构的设立条件	1. 有自己的名称 2. 有固定的场所 3. 有 2 名以上公证员（负责人应当在有 3 年以上执业经历的公证员中推选产生） 4. 有开展公证业务所必需的资金
公证机构的设立程序	设立公证机构，由所在地的司法行政部门报**省、自治区、直辖市人民政府司法行政部门**按照规定程序批准后，颁发公证机构执业证书 省、自治区、直辖市司法行政机关应当自收到申请材料之日起 30 日内，完成审核，作出批准设立或者不予批准设立的决定。对准予设立的，颁发公证机构执业证书；对不准予设立的，应当在决定中告知不予批准的理由。批准设立公证机构的决定，应当报司法部备案

四、公证业务范围

我国法律规定了较为广泛的公证业务范围，大致包括证明民事法律行为、证明有法律意义的事实、证明有法律意义的文书、其他公证事务四类。

证明民事法律行为	我国公证机构的主要公证业务为证明民事法律行为，如合同、继承、委托、声明、赠与、遗嘱、财产分割、招标投标、拍卖等。公证机构根据当事人的申请办理合同公证、继承公证、遗嘱公证、财产分割公证、委托公证、声明公证、赠与公证、招标投标公证、拍卖公证等事项，对民事法律行为的真实性、合法性予以证明
证明有法律意义的事实	除民事法律行为外，有些事实能够引起民事法律关系产生、变更或消灭，具有法律意义 公证机构根据当事人的申请办理婚姻状况公证（包括已婚公证、未婚公证、离婚公证和丧偶公证）、亲属关系公证、收养关系公证（包括确认收养关系公证和解除收养关系公证）、出生公证、生存公证、死亡公证、身份公证、经历公证、学历和学位公证、职务和职称公证、有无犯罪违法记录公证、保全证据等事项，对有法律意义事实的真实性、合法性予以证明

（续）

证明有法律意义的文书	各种文件、证书、文字材料在法律上具有特定意义，公证机构根据当事人的申请办理公司章程公证，文书的签名、印鉴、日期公证（包括学位证书、技术等级证书、夫妻关系证明书、驾驶证等），文书的副本、影印本与原本相符公证等事项，对有法律意义的文书的真实性、合法性予以证明
其他公证事务	公证机构根据当事人的申请办理其他公证事务，包括法律、行政法规规定由公证机构登记的事务 例如提存、保管遗嘱、遗产或者其他与公证事项有关的财产、物品、文书；代书与公证事项有关的法律事务文书；提供公证法律咨询

五、公证员

（一）公证员的任职条件

一般条件	中国国籍 25—65 周岁 公道正派、遵纪守法、品行良好 通过国家统一法律职业资格考试 在公证机构实习 2 年以上或具有 3 年以上其他法律职业经历并在公证机构实习 1 年以上，经考核合格
特殊条件	从事法学教学、研究工作，具有高级职称的人员或本科以上学历，从事审判、检察、法制工作满 10 年的公务员、律师，离开原岗位后经考核合格
禁止条件	无民事行为能力或者限制民事行为能力的 因**故意犯罪**或者**职务过失犯罪**受过刑事处罚的 被**开除公职**的 被**吊销**公证员、律师执业证书的

（二）公证员的任命和免职

公证员的任命	担任公证员，应当由符合公证员条件的人员提出申请，经公证机构推荐，由所在地的司法行政部门报**省、自治区、直辖市人民政府司法行政部门审核同意**后，报请**国务院司法行政部门任命**，并由**省、自治区、直辖市人民政府司法行政部门颁发公证员执业证书**
公证员的免职	公证员有下列情形之一的，由所在地的司法行政部门报省、自治区、直辖市人民政府司法行政部门提请**国务院司法行政部门**予以免职： 1. 丧失中华人民共和国国籍的 2. 年满 65 周岁或者因健康原因不能继续履行职务的 3. 自愿辞去公证员职务的 4. 被吊销公证员执业证书的

【经典题目】

公证制度是司法制度重要组成部分，设立公证机构、担任公证员具有严格的条件及程序。关于公证机构和公证员，下列哪一选项是正确的？（　　）（2017–01–50）

A. 公证机构可接受易某申请为其保管遗嘱及遗产并出具相应公证书

B. 设立公证机构应由省级司法行政机关报司法部依规批准后，颁发公证机构执业证书

C. 贾教授在高校讲授法学 11 年，离职并经考核合格，可以担任公证员

D. 甄某交通肇事受过刑事处罚，因此不具备申请担任公证员的条件

解析要点：

A 项：公证机构可接受易某申请为其保管遗嘱及遗产，但保管遗嘱及遗产不是公证事项，不能出具公证书。A 项错误。

B 项：设立公证机构，由所在地的司法行政部门报省、自治区、直辖市人民政府司法行政部门按照规定程序批准后，颁发公证机构执业证书。B 项错误。

C 项：从事法学教学、研究工作，具有高级职称的人员，或者具有本科以上学历，从事审判、检察、法制工作、法律服务满 10 年的公务员、律师，已经离开原工作岗位，经考核合格的，可以担任公证员。贾教授符合条件，可以担任公证员。C 项正确。

D 项：因故意犯罪或者职务过失犯罪受过刑事处罚的不得担任公证员。交通肇事罪既非故意犯罪，也非职务过失犯罪。D 项错误。

综上所述，本题答案是 C 项。

【答案】C

第二节　公证员职业道德★★

应试导读

本节内容是法考的二星级考点，在客观题考试中，一般每套卷每三到五年出 1 道题，分值 1—2 分。同时，公证员职业道德也可能和法官、检察官、律师职业道德结合命题。

知识点

忠于法律尽职履责	1. 忠于宪法和法律，恪守客观、公正原则。以事实为根据，以法律为准绳 2. 遵守法定回避制度。不得办理本人及近亲属或与本人及近亲属有利害关系的公证 3. 履行执业保密义务。保守国家秘密、商业秘密、个人隐私 4. 积极采取措施纠正、制止违法违规行为。公证员在履行职责时，对发现的违法、违规或违反社会公德的行为，应当按照法律规定的权限，积极采取措施予以纠正、制止
爱岗敬业规范服务	1. 强化服务意识 2. 履行告知义务。公证员在履行职责时，应当告知当事人、代理人和参与人的权利和义务，并就权利和义务的真实意思和可能产生的法律后果作出**明确解释**，避免形式上的简单告知 3. 平等、热情地对待公证当事人、代理人和参与人 4. 依法提高办证质量和效率 5. 注重文明礼仪，维护职业形象 6. 积极履行监督义务。公证员如果发现**已生效的公证文书存在问题或其他公证员有违法、违规行为**，应当**及时向有关部门反映** 7. 不发表不当评论
加强修养提高素质	遵守社会公德；注重个人修养和品行；忠于职守；热爱集体、团结协作；提高自身业务能力和职业素养；终身学习、勤勉进取

（续）

廉洁自律尊重同行	1. 廉洁自律。公证员**不得从事有报酬的其他职业**和与公证员职务、身份不相符的活动 2. 妥善处理个人事务。公证员应当妥善处理个人事务，**不得利用公证员的身份和职务为自己、亲属或他人谋取利益** 3. 不得接受不当利益。公证员**不得索取或接受**当事人及其代理人、利害关系人的答谢款待、馈赠财物或其他利益 4. 相互尊重。公证员应当相互尊重，与同行保持良好的合作关系，公平竞争，同业互助，共谋发展 5. 避免不当干预。公证员不得以不正当方式或途径对其他公证员正在办理的公证事项进行干预或施加影响 6. 不从事不正当竞争行为： 公证员不得利用媒体或其他手段炫耀自己，贬损他人，排斥同行，为自己招揽业务 公证员不得以支付介绍费、给予回扣、许诺提供利益等方式承揽业务 公证员不得利用与行政机关、社会团体的特殊关系进行业务垄断

【经典题目】

法律职业人员应自觉遵守回避制度，确保司法公正。关于法官、检察官、律师和公证员四类法律职业人员的回避规定，下列哪些判断是正确的？（　　）（2015–01–85）

A. 与当事人（委托人）有近亲属关系，是法律职业人员共同的回避事由

B. 法律职业人员的回避，在其《职业道德基本准则》中均有明文规定

C. 法官和检察官均有任职回避的规定，公证员则无此要求

D. 不同于其他法律职业，律师回避要受到委托人意思的影响

解析要点：

A 项：律师与当事人之间有近亲属关系并不构成回避的理由，律师可以与当事人（委托人）有近亲属关系。A 项错误。

B 项：中华全国律师协会 2014 年 6 月 5 日制定了《律师职业道德基本准则》，全文只有 6 条，其中没有规定回避制度。B 项错误。

C 项：《法官法》《检察官法》均规定了法官、检察官的任职回避，但《公证法》对于公证员任职回避没有要求。C 项正确。

D 项：《律师执业行为规范》第 52 条罗列了在一些情形下，律师应当告知委托人并主动提出回避，但委托人同意其代理或者继续承办的除外。也就是说，律师和律师事务所发现存在上述情形的，应当告知委托人利益冲突的事实和可能产生的后果，由委托人决定是否建立或维持委托关系。D 项正确。

综上所述，本题答案是 CD 项。

【答案】CD

第四编　习近平法治思想

概述　习近平法治思想考情与备考要点

一、考试分值

法考改革后，司法部官方不再公布真题以及答案。“习近平法治思想”是 2021 年法考大纲新增科目，替换了原科目“中国特色社会主义法治理论”，两个科目在内容上一脉相承，在命题上风格类似，根据考生对“中国特色社会主义法治理论”以及“习近平法治思想”的题目回忆：

在客观题考试中，“习近平法治思想”每年每套卷**考查 12 分左右**。

在主观题考试中，法考时代前三年（2018—2020 年）的主观题均直接针对“中国特色社会主义法治理论”命题，2021 年开始的法考主观题直接针对“习近平法治思想”命题，分值为 30—40 分。

二、命题特点（客观题）

（一）命题结合时事政治，重在考查对知识的积累和理解

根据考生回忆和试题分析，“习近平法治思想”的命题难度相比“中国特色社会主义法治理论”的命题难度有所上升。“习近平法治思想”命题结合时事政治，重在考查考生的积累和理解。试举一道典型题目：

古语云："经国序民，正其制度。"根据习近平法治思想，下列说法和这句古语含义最贴近的是：(2023 年考生回忆版)

A. 以人民为中心是中国特色社会主义法治的根本立场

B. 中国特色社会主义法治体系是国家治理体系的骨干工程

C. 全面实施宪法是中国特色社会主义法治的首要任务

D. 推动全社会成员增强法治观念是全面依法治国的基础工程

分析：

B 项：习近平总书记在十九届中央政治局第十七次集体学习时指出："古人说：'经国序民，正其制度。'意思说，治理国家，使人民安然有序，就要健全各项制度。"中国特色社会主义法治体系是中国特色社会主义制度的法律表现形式。"中国特色社会主义法治体系是治理体系的骨干工程"即强调制度建设对于治理国家的重要意义，和题干中的古语含义最为贴近。

A、C、D 项和题干中的古语含义关联度不高。

综上所述，本题答案是 B 项。

（二）结合法理学、宪法等考点，综合命题

根据考生回忆，命题人考查习近平法治思想时，不少题目体现了习近平法治思想考点和法理学、宪法等考点综合命题。试举一道典型题目：

2020 年，全国人大常委会共收到报送备案的行政法规、地方性法规、自治条例和单行条例、经济特区法规、司法解释、特别行政区法律 1310 件，全国人大常委会法工委逐件开展了主动审查。同时，法工委对 5146 件公民、组织提出的审查建议，也在逐一审查后，向审查建议人作了反馈。对此，下列哪一说法是正确的？（　　）(2021 年考生回忆版)

A. 备案审查制度是加快形成有力的法治保障体系的重要举措

B. 维护宪法尊严、保证宪法实施，应加强备案审查制度和能力建设

C. 所有规范性文件都必须报送全国人大常委会才能提高立法的水平

D. 公民可以向全国人大常委会提出对行政法规和地方性法规进行备案审查的要求

分析：本题是习近平法治思想考点和宪法考点结合考查的综合性题目，C、D 两项通过宪法考点设置干扰项，本题正确答案为 B 项。

三、备考建议（客观题）

学习目标：对"习近平法治思想"知识点深入理解，充分熟悉。

具体做法：

结合本书以及配套课程，明确重点，课后至少认真做一到两遍配套试题。

说明："习近平法治思想"命题重在考查考生对知识的理解和积累，所以，在客观题备考阶段，考生无须花太多精力背诵本学科的细节内容。从应试角度，考生应结合真题，对知识点做到深入理解和充分熟悉。到了主观题备考阶段再重点背诵，同时训练论述题写作，背练结合。

第一章　习近平法治思想的形成发展及重大意义

扫描右侧二维码"听课 + 做题"，直达最佳学习效果

1. 在线听课：学习本章节核心考点讲解课程。
2. 在线刷题：点击进入题库做章节练习。

第一节　习近平法治思想的形成发展★★★

应试导读

本节内容是法考的三星级考点，比较重要，在客观题考试中，一般每套卷每两到三年出 1 道题，分值 1—2 分。本节内容相对宏观，考生不应死记硬背，重在深入理解，充分熟悉，在此基础上记忆要点。

知识点

一、习近平法治思想形成的时代背景

2020 年 11 月 16 日至 17 日召开的中央全面依法治国工作会议，明确了习近平法治思想在全面依法治国工作中的指导地位。

习近平法治思想是马克思主义法治理论中国化的最新成果，是中国特色社会主义法治理论的重大创新发展，是习近平新时代中国特色社会主义思想的重要组成部分，是新时代推进全面依法治国必须长期坚持的指导思想。习近平法治思想是着眼中华民族伟大复兴战略全局和当今世界百年未有之大变局，顺应实现中华民族伟大复兴时代要求应运而生的重大战略思想。

当前我国正处在中华民族伟大复兴的关键时期，中华民族迎来了从站起来、富起来到强起来的伟大飞跃。我国经济正处在转变发展方式、优化经济结构、转换增长动力的攻关期，经济已由高速增长阶段转向高质量发展阶段，经济长期向好，市场空间广阔，发展韧性强大，正在形成以国内大循环为主体、国内国际双循环相互促进的新发展格局，改革发展稳定任务日益繁重。

面对新形势新任务，着眼于统筹国内国际两个大局，科学认识和正确把握我国发展的重要战略机遇期，必须把全面依法治国摆在更加突出的全局性、战略性的重要地位。习近平法治思想从历史和现实相贯通、国际和国内相关联、理论和实际相结合上，**深刻回答了新时代为什么要实行全面依法治国、怎样实行全面依法治国等一系列重大问题，**

为深入推进全面依法治国、加快建设社会主义法治国家，运用制度威力应对风险挑战，实现党和国家长治久安，全面建设社会主义现代化国家、实现中华民族伟大复兴的中国梦，提供了科学指南。

二、习近平法治思想形成发展的逻辑

历史逻辑	习近平法治思想凝聚着中国共产党人在法治建设长期探索中形成的经验积累和智慧结晶，标志着我们党对共产党执政规律、社会主义建设规律、人类社会发展规律的认识达到了新高度，开辟了中国特色社会主义法治理论和实践的新境界
理论逻辑	习近平法治思想坚持**马克思主义法治理论的基本原则**，贯彻运用马克思主义法治理论的立场、观点和方法，继承我们**党关于法治建设的重要理论**，传承**中华优秀传统法律文化**，系统总结**新时代中国特色社会主义法治实践经验**，是马克思主义法治理论与新时代中国特色社会主义法治实践相结合的产物，是马克思主义法治理论中国化的新发展新飞跃，反映了创新马克思主义法治理论的内在逻辑要求
实践逻辑	习近平法治思想是从统筹中华民族伟大复兴战略全局和世界百年未有之大变局、实现党和国家长治久安的战略高度，在推进伟大斗争、伟大工程、伟大事业、伟大梦想的实践之中完善形成的，并会随着实践的发展而进一步丰富

三、习近平法治思想的鲜明特色

习近平法治思想体系完整、理论厚重、博大精深，用“十一个坚持”对全面依法治国进行阐释、部署，都是涉及理论和实践的方向性、根本性、全局性的重大问题，具有鲜明特色。

原创性	马克思主义创造性地揭示了人类社会发展规律，并随着实践的变化而发展。习近平总书记以马克思主义政治家、思想家、战略家的深刻洞察力、敏锐判断力和战略定力，在理论上不断拓展新视野、提出新命题、作出新论断、形成新概括，为发展马克思主义法治理论作出了重大原创性贡献
系统性	系统观点是马克思主义基本原理的重要内容。习近平总书记强调全面依法治国是一个系统工程，注重用整体联系、统筹协调、辩证统一的科学方法谋划和推进法治中国建设，科学指出当前和今后一个时期推进全面依法治国十一个重要方面的要求，构成了系统完备、逻辑严密、内在统一的科学思想体系
时代性	时代性是马克思主义的一个基本特性。习近平总书记立足中国特色社会主义进入新时代的历史方位，立时代之潮头，发思想之先声，科学回答了新时代我国法治建设向哪里走、走什么路、实现什么目标等根本性问题，在新时代治国理政实践中开启了法治中国新篇章
人民性	人民性是马克思主义最鲜明的品格。习近平总书记强调法治建设要为了人民、依靠人民、造福人民、保护人民，推动把体现人民利益、反映人民愿望、维护人民权益、增进人民福祉落实到全面依法治国各领域全过程，不断增强人民群众获得感、幸福感、安全感
实践性	实践性是马克思主义理论区别于其他理论的显著特征。习近平总书记明确提出全面依法治国并将其纳入“四个全面”战略布局，以破解法治实践难题为着力点，作出一系列重大决策部署，解决了许多长期想解决而没有解决的难题，办成了许多过去想办而没有办成的大事，社会主义法治国家建设发生历史性变革、取得历史性成就

第二节 习近平法治思想的重大意义★★★

应试导读

本节内容是法考的三星级考点，比较重要，在客观题考试中，一般每套卷每两到三年出1道题，分值1—2分。本节内容相对宏观，考生不应死记硬背，重在深入理解，充分熟悉。

知识点

习近平法治思想是**马克思主义法治理论同中国实际相结合、同中华优秀传统法律文化相结合的最新成果**	习近平法治思想是马克思主义法治理论中国化的最新成果。习近平法治思想坚持马克思主义立场观点方法，坚持科学社会主义基本原则，植根于中华优秀传统法律文化，借鉴人类法治文明有益成果，在理论上有许多重大突破、重大创新、重大发展，同我们党长期形成的法治理论既一脉相承又与时俱进，为发展马克思主义法治理论作出了重大原创性、集成性贡献
习近平法治思想是**对党领导法治建设丰富实践和宝贵经验的科学总结**	习近平法治思想以新的高度、新的视野、新的认识赋予中国特色社会主义法治建设事业以新的时代内涵，深刻回答了事关新时代我国社会主义法治建设的一系列重大问题，实现了中国特色社会主义法治理论的历史性飞跃；既是提炼升华党领导法治建设丰富实践和宝贵经验的重大理论创新成果，更是引领新时代全面依法治国不断从胜利走向新的胜利的光辉思想旗帜
习近平法治思想是**在法治轨道上全面建设社会主义现代化国家的根本遵循**	习近平法治思想贯穿经济、政治、文化、社会、生态文明建设的各个领域，涵盖改革发展稳定、内政外交国防、治党治国治军各个方面，为深刻认识全面依法治国在治国理政中的重要地位提供了科学指引，为推进国家治理体系和治理能力现代化，建设更高水平的法治中国提供了根本遵循
习近平法治思想是**引领法治中国建设实现高质量发展的思想旗帜**	习近平法治思想从全面建设社会主义现代化国家的目标要求出发，立足新发展阶段、贯彻新发展理念、构建新发展格局的实际需要，提出了当前和今后一个时期全面依法治国的目标任务，为实现新时代法治中国建设高质量发展提供了强有力的思想武器

第二章　习近平法治思想的核心要义

扫描右侧二维码"听课 + 做题"，直达最佳学习效果

1. 在线听课：学习本章节核心考点讲解课程。
2. 在线刷题：点击进入题库做章节练习。

第一节　坚持党对全面依法治国的领导★★★★★

应试导读

本节内容是法考的五星级考点，非常重要，在客观题考试中，一般每套卷每一到两年出1道题，分值1—2分。同时，本节内容有可能和"十一个坚持"的其他内容结合命题。对于本节内容，考生不应死记硬背，应认真学习，深入理解，充分熟悉，在此基础上记忆要点。

知识点

一、党的领导是中国特色社会主义法治之魂

党政军民学、东西南北中，党是领导一切的。

坚持党的领导，是社会主义法治的根本要求，是党和国家的根本所在、命脉所在，是全国各族人民的利益所系、幸福所系，是全面推进依法治国的题中应有之义。习近平总书记强调："全党同志必须牢记，**党的领导是我国社会主义法治之魂，是我国法治同西方资本主义国家法治最大的区别**。离开了党的领导，全面依法治国就难以有效推进，社会主义法治国家就建不起来。

党的领导是中国特色社会主义最本质的特征，是社会主义法治最根本的保证。党的领导和社会主义法治是一致的；社会主义法治必须坚持党的领导，党的领导必须依靠社会主义法治。

二、全面依法治国是要加强和改善党的领导

全面依法治国，必须坚持党总揽全局、协调各方的领导核心地位不动摇。必须不断加强和改善党的领导，巩固党的执政地位，完成党的执政使命。

加强和改善党对全面依法治国的领导，**是由全面依法治国的性质和任务决定的**	习近平总书记指出："全面推进依法治国是一个系统工程，是国家治理领域一场广泛而深刻的革命。" **"深刻革命"**意味着许多改革事项都是难啃的"硬骨头"，迫切需要**党中央层面**加强顶层设计、统筹协调，需要**各级党委**加强对法治工作的组织领导和政治引领
加强和改善党对全面依法治国的领导，**是由全面依法治国的性质和任务决定的**	**"系统工程"**不仅意味着全面依法治国具有复杂性、长期性、艰巨性，涉及经济建设、政治建设、文化建设、社会建设、生态文明建设、国防军队建设、党的建设等各领域，涉及改革发展稳定、内政外交国防、治党治国治军各个方面，**而且意味着全面依法治国是长期历史任务**；只有发挥党总揽全局、协调各方的领导核心作用，才能完成全面依法治国这一"系统工程"的总规划，才能实现全面依法治国的总目标
加强和改善党对全面依法治国的领导，**是由党的领导和社会主义法治的一致性决定的**	全面推进依法治国需要通过法定程序**把党的意志转化为国家意志，把党的路线方针政策转化为国家的法律法规** 只有坚持党的领导，才能使立法符合党的基本理论、基本路线、基本方略，符合国家经济社会发展战略，适应全面深化改革需要 党带头厉行法治，把法治作为治国理政的基本方式，各级党组织和广大党员带头模范守法，才能在全社会普遍形成尊法守法风尚，为社会主义法治建设创造浓厚氛围

三、坚持党的领导、人民当家作主、依法治国有机统一

坚持党的领导、人民当家作主、依法治国有机统一，是对中国特色社会主义法治本质特征的科学概括，是对中国特色社会主义民主法治发展规律的本质把握。

坚持党的领导、人民当家作主、依法治国有机统一，**最根本的是坚持党的领导。**习近平总书记强调："**党的领导是人民当家作主和依法治国的根本保证，人民当家作主是社会主义民主政治的本质特征，依法治国是党领导人民治理国家的基本方式**，三者统一于我国社会主义民主政治伟大实践。只有坚持党的领导，人民当家作主才能充分实现，国家和社会生活制度化、法治化才能有序推进。

人民代表大会制度是坚持党的领导、人民当家作主、依法治国有机统一的**根本制度安排**。人民代表大会制度是实现党的领导和执政的制度载体和依托，是人民当家作主的根本途径和实现形式。

【背诵口诀】

党是保证，人是本质，法治是方式。

【要点对比】

坚持党的领导、人民当家作主、依法治国有机统一，**最根本**的是坚持党的领导。

坚持党的领导、人民当家作主、依法治国有机统一，**根本制度安排**是人民代表大会制度。

四、坚持党领导立法、保证执法、支持司法、带头守法

推进全面依法治国，必须把党的领导贯彻落实到全面依法治国全过程和各方面。

三个统一	必须坚持党领导立法、保证执法、支持司法、带头守法，把依法治国基本方略同依法执政基本方式统一起来 把党总揽全局、协调各方同人大、政府、政协、监察机关、审判机关、检察机关依法依章程履行职能、开展工作统一起来 把党领导人民制定和实施宪法法律同党坚持在宪法法律范围内活动统一起来
四个善于	善于使党的主张通过法定程序成为国家意志 善于使党组织推荐的人选通过法定程序成为国家政权机关的领导人员 善于通过国家政权机关实施党对国家和社会的领导 善于运用民主集中制原则维护中央权威、维护全党全国团结统一

五、健全党领导全面依法治国的制度和工作机制

加强党对全面依法治国的领导，必须健全党领导全面依法治国的制度和工作机制。

习近平总书记强调："要健全党领导全面依法治国的制度和工作机制，推进党的领导制度化、法治化，通过法治保障党的路线方针政策有效实施。"

组建中央全面依法治国委员会，目的就是从体制机制上加强党对全面依法治国的**集中统一领导**，统筹推进全面依法治国工作；这既是加强党的领导的应有之义，也是法治建设的重要任务。

党委政法委员会是**党委**领导和管理政法工作的职能部门，是实现党对政法工作领导的重要组织形式，要带头在宪法法律范围内活动，善于运用法治思维和法治方式领导政法工作，在推进国家治理体系和治理能力现代化中发挥重要作用。

【经典题目】

近年来，一些党员领导干部利用手中权力和职务便利收受巨额贿赂，根据党内法规和法律被开除党籍和公职，并依法移送司法机关处理。对此，下列哪一说法是错误的？（　　）(2015-01-08)

A. 这表明党员领导干部在行使权力、履行职责时要牢记法律底线不可触碰

B. 依照党内法规惩治腐败，有利于督促党员领导干部运用法治思维依法办事

C. 要注重将党内法规与国家法律进行有效衔接和协调，以作为对党员违法犯罪行为进行法律制裁的依据

D. 党规党纪严于国家法律，对违反者必须严肃处理

解析要点：

C 项：对党员实施法律制裁的依据只能是法律法规，党内法规不能适用于法律制裁，因为党内法规并非法的正式渊源。C 项错误，正确的表述是"以国家法律作为对党员违法犯罪行为进行法律制裁的依据"。

A、B、D 项正确。

综上所述，本题答案是 C 项。

【答案】 C

第二节 坚持以人民为中心★★★★★

应试导读

本节内容是法考的五星级考点，非常重要，在客观题考试中，一般每套卷每一到两年出1道题，分值1—2分。同时，本节内容有可能和“十一个坚持”的其他内容结合命题。对于本节内容，考生不应死记硬背，应认真学习，深入理解，充分熟悉，在此基础上记忆要点。

知识点

一、以人民为中心是中国特色社会主义法治的根本立场

党的十九届六中全会总结了一百年来党领导人民进行伟大奋斗积累的宝贵历史经验，“坚持人民至上”就是其中之一。人民群众是我们党的力量源泉，人民立场是中国共产党的**根本政治立场**。习近平总书记指出，“必须牢记我们的共和国是中华人民共和国，始终要把人民放在心中最高的位置，始终全心全意为人民服务，始终为人民利益和幸福而努力工作”。

以人民为中心是新时代坚持和发展中国特色社会主义的根本立场，是中国特色社会主义法治的本质要求。坚持以人民为中心，深刻回答了推进全面依法治国，建设社会主义法治国家为了谁、依靠谁的问题。

全面依法治国最广泛、最深厚的基础是人民，**推进全面依法治国的根本目的**是依法保障人民权益。习近平总书记强调：“我们党的宏伟奋斗目标，离开了人民支持就绝对无法实现。我们党的执政水平和执政成效都不是由自己说了算，**必须而且只能由人民来评判**。人民是我们党的工作的**最高裁决者和最终评判者**。”

我国社会主义制度保证了**人民当家作主的主体地位**，也保证了人民在全面推进依法治国中的主体地位。这是我们的制度优势，也是**中国特色社会主义法治区别于资本主义法治的根本所在**。

【要点对比】

依法治国的**根本保证**——党的领导。

推进全面依法治国的**根本目的**——依法保障人民权益。

二、坚持人民主体地位

坚持人民主体地位，必须把以人民为中心的发展思想融入到全面依法治国的伟大实践中。一方面，要保证人民在党的领导下依照法律规定通过各种途径和形式管理国家事务，管理经济和文化事业，管理社会事务。另一方面，要保证人民依法享有广泛的权利和自由、承担应尽的义务。

坚持人民主体地位，要求用法治保障人民当家作主。

三、牢牢把握社会公平正义的价值追求

公平正义是法治的生命线，是中国特色社会主义法治的内在要求。

坚持全面依法治国，建设社会主义法治国家，切实保障社会公平正义和人民权利，是社会主义法治的价值追求。全面依法治国必须紧紧围绕保障和促进社会公平正义，把公平正义贯穿到立法、执法、司法、守法的全过程和各方面，紧紧围绕保障和促进社会公平正义来推进法治建设和法治改革，创造更加公平正义的法治环境，努力让人民群众在每一项法律制度、每一个执法决定、每一宗司法案件中都感受到公平正义。加强人权法治保障，非因法定事由、非经法定程序不得限制、剥夺公民、法人和其他组织的权利。

坚持以人民为中心，维护社会公平正义，必须坚持**法律面前人人平等**。习近平总书记在党的十九大报告中要求："树立宪法法律至上、法律面前人人平等的法治理念。**平等是社会主义法律的基本属性，是社会主义法治的基本要求。**

四、推进全面依法治国的根本目的是依法保障人民权益

我们党全心全意为人民服务的根本宗旨，决定了必须始终把人民作为一切工作的中心。

推进全面依法治国，要切实保障公民的人身权、财产权、人格权和基本政治权利，保证公民经济、文化、社会等各方面权利得到落实。必须着力解决人民群众最关切的公共安全、权益保障、公平正义问题，努力维护最广大人民的根本利益，保障人民群众对美好生活的向往和追求。

【经典题目】

坚持人民主体地位，必须把以人民为中心的发展思想融入到全面依法治国的伟大实践中。对此，下列哪一说法是正确的？（　　）（2022 年考生回忆版）

A. 坚持以人民为中心，继承了"民惟邦本，本固邦宁"的民本理念

B. 坚持依法治国与以德治国相结合，体现了"屈法申恩、以德去刑"的儒家观念

C. 坚持抓住领导干部这个"关键少数"，反映了"有治人，无治法"的法家智慧

D. 坚持和发展新时代"枫桥经验"，表达了"和为贵、忍为高"的价值追求

解析要点：

A 项："民惟邦本、本固邦宁"的意思是人民才是国家的根基，根基牢固，国家才能安定。这句话体现了民本理念，也体现了以人民为中心的发展思想，应当继承和发扬。A 项正确。

B 项："屈法申恩、以德去刑"的意思是放宽刑罚，法外开恩，通过道德教化预防犯罪乃至消灭犯罪。这句话体现了"重德治，轻法治"的思想，没有体现依法治国与以德治国相结合。B 项错误。

C 项："有治人，无治法"的意思是有能够治理好国家的人才，没有能够使国家治理好的法律。这句话体现了"重人治，轻法治"的精神，和现代法治精神相违背。C 项错误。

D 项："和为贵、忍为高"的意思是和气是为人的法宝，忍让是处事的高招。"枫桥

经验”坚持“小事不出村、大事不出镇、矛盾不上交、就地化解”，重点坚持人民主体地位，而发动和依靠群众，就地解决问题，并非一味要求群众通过忍让避免矛盾。D项错误。

综上所述，本题答案是A项。

【答案】A

第三节 坚持中国特色社会主义法治道路★★★★★

应试导读

本节内容是法考的五星级考点，非常重要，在客观题考试中，一般每套卷每一到两年出1道题，分值1—2分。同时，本节内容有可能和“十一个坚持”的其他内容结合命题。对于本节内容，考生不应死记硬背，应认真学习，深入理解，充分熟悉，在此基础上记忆要点。

知识点

一、中国特色社会主义法治道路是建设中国特色社会主义法治体系、建设社会主义法治国家的唯一正确道路

道路决定成败。习近平总书记指出：“全面推进依法治国，必须走对路。如果路走错了，南辕北辙了，那再提什么要求和举措也都没有意义了。”“中国特色社会主义法治道路是一个管总的东西。具体讲我国法治建设的成就，大大小小可以列举出十几条、几十条，但**归结起来就是开辟了中国特色社会主义法治道路这一条**。”“中国特色社会主义法治道路，是社会主义法治建设成就和经验的集中体现，**是建设中国特色社会主义法治体系、建设社会主义法治国家的唯一正确道路**。

中国特色社会主义法治道路是最适合中国国情的法治道路。在坚持和拓展中国特色社会主义法治道路这个根本问题上，要树立自信、保持定力，必须从我国实际出发，同推进国家治理体系和治理能力现代化相适应，突出中国特色、实践特色、时代特色，**既不能罔顾国情、超越阶段，也不能因循守旧、墨守成规**。要学习借鉴世界上优秀的法治文明成果，但必须坚持**以我为主、为我所用**，认真鉴别、合理吸收，**不能搞“全盘西化”，不能搞“全面移植”，不能囫囵吞枣、照搬照抄。**

二、中国特色社会主义法治道路的核心要义

坚定不移走中国特色社会主义法治道路，必须深刻把握其核心要义。习近平总书记指出：“全面推进依法治国这件大事能不能办好，最关键的是方向是不是正确、政治保证是不是坚强有力，具体讲就是要**坚持党的领导，坚持中国特色社会主义制度，贯彻中国特色社会主义法治理论。这三个方面实质上是中国特色社会主义法治道路的核心要义**，规定和确保了中国特色社会主义法治体系的制度属性和前进方向。

坚持党的领导	坚定不移走中国特色社会主义法治道路，**最根本的是坚持中国共产党的领导**。抓住了这个根本问题，就抓住了中国特色社会主义法治道路的本质。**党的领导是实现全面推进依法治国总目标的最根本保证**，必须始终坚持党总揽全局、协调各方的领导核心地位不动摇
坚持中国特色社会主义制度	中国特色社会主义制度是中国特色社会主义法治体系的根本制度基础，是全面推进依法治国的**根本制度保障**
贯彻中国特色社会主义法治理论	中国特色社会主义法治理论是中国特色社会主义法治体系的**理论指导和学理支撑**，是全面推进依法治国的行动指南

第四节　坚持依宪治国、依宪执政★★★★★

应试导读

本节内容是法考的五星级考点，非常重要，在客观题考试中，一般每套卷每一到两年出1道题，分值1—2分。同时，本节内容有可能和“十一个坚持”的其他内容结合命题。对于本节内容，考生不应死记硬背，应认真学习，深入理解，充分熟悉，在此基础上记忆要点。

知识点

一、坚持依法治国首先要坚持依宪治国，坚持依法执政首先要坚持依宪执政

坚持依法治国首先要坚持依宪治国，坚持依法执政首先要坚持依宪执政，这是宪法的地位和作用决定的。

坚持**依宪治国**，是推进全面依法治国、建设社会主义法治国家的基础性工作，科学回答了宪法如何更好促进全面建设社会主义现代化国家的关键性问题。坚持依宪治国，既强调宪法的根本法地位，又强调在全面依法治国过程中，必须依据宪法精神、宪法原则以及宪法所确定的各项制度推进依法治理。

坚持**依宪执政**，体现了中国共产党作为执政党的执政理念，体现了我们党对执政规律和执政方式的科学把握。我国宪法坚持党的领导、人民当家作主、依法治国有机统一，发扬人民民主，集中人民智慧，体现了全体人民共同意志，得到最广大人民的拥护和遵行。

坚持依宪治国、依宪执政，要坚持宪法确定的中国共产党领导地位不动摇，坚持宪法确定的人民民主专政的国体和人民代表大会制度的政体不动摇。

二、宪法是国家的根本法，是治国理政的总章程

宪法是国家的根本法，是治国理政的总章程，是党和人民意志的集中体现，具有最高的法律地位、法律权威、法律效力。

首先，**宪法确认了中国共产党的执政地位，**确认了党在国家政权结构中总揽全局、

协调各方的领导核心地位，这是中国特色社会主义最本质的特征，也是我国宪法制度的最显著特征和最大优势。

其次，**宪法集中体现了党和人民的统一意志和共同愿望，是国家意志的最高表现形式**。

再次，**宪法在中国特色社会主义法律体系中居于核心地位**。宪法是国家政治和社会生活的最高法律规范，是国家一切法律法规的总依据、总源头，具有最高的法律地位、法律权威、法律效力。

最后，**宪法经实践证明是符合国情、符合实际、符合时代发展要求的好宪法**。

三、全面贯彻实施宪法

全面贯彻实施宪法，是建设社会主义法治国家的首要任务和基础性工作。习近平总书记指出："宪法的生命在于实施，宪法的权威也在于实施。"全面贯彻实施宪法，切实维护宪法尊严和权威，是维护国家法制统一、尊严、权威的前提，也是维护最广大人民根本利益、确保国家长治久安的重要保障。

国家宪法日	2014 年，全国人大常委会通过立法把每年 12 月 4 日设立为国家宪法日，开展国家宪法日活动，在全社会弘扬宪法精神
宪法宣誓制度	2015 年，全国人大常委会作出《关于实行宪法宣誓制度的决定》，并于 2018 年进行修订，规定各级人大及县级以上各级人大常委会选举或者决定任命的国家工作人员，以及各级人民政府、监察委员会、人民法院、人民检察院任命的国家工作人员，在就职时应当公开进行宪法宣誓，激励和教育国家工作人员忠于宪法、遵守宪法、维护宪法
宪法和法律委员会	2018 年，全国人大法律委员会更名为全国人大宪法和法律委员会，增加推动宪法实施、开展宪法解释、推进合宪性审查、加强宪法监督、配合宪法宣传等工作职责

四、推进合宪性审查工作

完善宪法监督制度，必须积极稳妥推进合宪性审查工作，加强备案审查制度和能力建设，依法撤销和纠正违宪违法的规范性文件，维护宪法权威。

监督宪法的实施	监督宪法的实施，是宪法赋予全国人大及其常委会的重要职责。全国人大及其常委会和国家有关监督机关要担负起宪法和法律监督职责，加强对宪法和法律实施情况的监督检查，健全监督机制和程序，坚决纠正违宪违法行为
加强宪法解释工作	推进合宪性审查工作，必须加强宪法解释工作，积极回应涉及宪法有关问题的关切，努力实现宪法稳定性和适应性的统一。要健全宪法解释程序机制，确保宪法解释准确、可靠
健全备案审查制度	通过健全备案审查制度，使**所有的法规规章、司法解释和各类规范性文件出台后依法依规纳入备案审查范围** 全国人大常委会的备案审查工作，包括审查有关规范性文件是否存在不符合宪法规定、不符合宪法精神的内容 其他国家机关发现规范性文件可能存在合宪性问题的，要及时报告全国人大常委会或者依法提请全国人大常委会审查 地方各级人大及其常委会要依法行使职权，保证宪法在本行政区域内得到遵守和执行

五、深入开展宪法宣传教育

习近平总书记强调，“宪法法律的权威源自人民的内心拥护和真诚信仰，加强宪法 学习宣传教育是实施宪法的重要基础。要在全社会广泛开展尊崇宪法、学习宪法、遵守宪法、维护宪法、运用宪法的宣传教育，弘扬宪法精神，弘扬社会主义法治意识，增强广大干部群众的宪法意识，使全体人民成为宪法的忠实崇尚者、自觉遵守者、坚定捍卫者”。

具体做法	1. 要紧密结合党的理论和路线方针政策的宣传教育。解读好宪法的精神、原则、要义，解读好宪法所规定的重大制度和重大事项 2. 要使宪法真正走入日常生活、走入人民群众。通过灵活多样的形式和手段、鲜活生动的语言和事例，使广大人民群众真正认识到宪法不仅是全体公民必须遵循的行为规范，而且是保障公民权利的法律武器。坚持从青少年抓起，把宪法法律教育纳入国民教育体系 3. 要抓住领导干部这个“关键少数”。把宪法教育作为党员干部教育的重要内容，使各级领导干部和国家机关工作人员掌握宪法的基本知识。完善国家工作人员学习宪法法律的制度，推动领导干部加强宪法学习，增强宪法意识，带头尊崇宪法、学习宪法、遵守宪法、维护宪法、运用宪法，做尊法学法守法用法的模范

第五节　坚持在法治轨道上推进国家治理体系和治理能力现代化★★★★

应试导读

本节内容是法考的四星级考点，比较重要，在客观题考试中，一般每套卷每一到两年出 1 道题，分值 1—2 分。同时，本节内容有可能和“十一个坚持”的其他内容结合命题。对于本节内容，考生不应死记硬背，应认真学习，深入理解，充分熟悉，在此基础上记忆要点。

知识点

全面依法治国是国家治理的一场广泛而深刻的革命。我国社会主义法治凝聚着我们党治国理政的理论成果和实践经验，是制度之治最基本最稳定最可靠的保障。

法治是国家治理体系和治理能力的重要依托	历史和现实都告诉我们，法治是治国理政的基本方式，是社会文明进步的显著标志。法治兴则民族兴，法治兴则国家兴，法治强则国家强。习近平总书记指出：“法治是国家治理体系和治理能力的重要依托。只有全面依法治国才能有效保障国家治理体系的系统性、规范性、协调性，才能最大限度凝聚社会共识。” 国家治理体系是在党领导下管理国家的制度体系，包括经济、政治、文化、社会、生态文明和党的建设等各领域的体制机制、法律法规安排，是一整套紧密相连、相互协调的国家制度 国家治理能力是运用国家制度管理社会各方面事务的能力，是改革发展稳定、内政外交国防、治党治国治军等各个方面国家制度执行能力的集中体现

（续）

更好发挥法治固根本、稳预期、利长远的保障作用	全面推进依法治国，是着眼于实现中华民族伟大复兴中国梦、实现党和国家长治久安的长远考虑。习近平总书记指出："我们提出全面推进依法治国，坚定不移厉行法治，一个重要意图就是为了子孙万代计、为长远发展谋。"为此，必须更加重视法治、厉行法治，更好发挥法治固根本、稳预期、利长远的重要作用坚持依法应对重大挑战、抵御重大风险、克服重大阻力、解决重大矛盾。要打赢防范化解重大风险攻坚战，必须坚持和完善中国特色社会主义制度、推进国家治理体系和治理能力现代化，运用制度威力应对风险挑战的冲击 新冠疫情就是一场突如其来的重大风险挑战，能不能坚持依法、科学、有序防控至关重要
坚持依法治军、从严治军	坚持党对军队的绝对领导，这是依法治军的核心和根本要求，是中国特色军事法治的最大优势。坚持构建完善中国特色军事法治体系；坚持按照法治要求转变治军方式；坚持从严治军铁律；坚持抓住领导干部这个"关键少数"
坚持依法保障"一国两制"实践与推进祖国统一	"一国两制"是党领导人民实现祖国和平统一的一项重要制度，是中国特色社会主义的一个伟大创举 必须高度重视依法保障"一国两制"实践，善于运用法治思维和法治方式进行治理，牢牢掌握宪法和基本法赋予的**中央对特别行政区全面管治权** 必须始终严格依照宪法和基本法办事，自觉维护宪法的最高法律地位和最高法律效力，坚决维护宪法和基本法权威 坚定不移并全面准确贯彻"一国两制"、"港人治港"、"澳人治澳"、高度自治的方针 必须坚持"一国"是实行"两制"的前提和基础，"两制"从属和派生于"一国"并统一于"一国"之内，绝不容忍任何挑战"一国两制"底线的行为
坚持依法治网	网络空间不是"法外之地"，同样要讲法治。网络空间是虚拟的，但运用网络空间的主体是现实的。习近平总书记指出："网络空间同现实社会一样，既要提倡自由，也要保持秩序。**自由是秩序的目的，秩序是自由的保障**。" **完善网络立法：**加快制定完善互联网领域法律法规。要加强信息技术领域立法，及时跟进研究数字经济、互联网金融、人工智能、大数据、云计算等相关法律制度，完善互联网信息内容管理、关键信息基础设施保护等法律法规，抓紧补齐短板 **加强安全管理：**依法加强数据安全管理。加大个人信息保护力度，规范互联网企业和机构对个人信息的采集使用，特别是做好数据跨境流动的安全评估和监管。要加强关键信息基础设施安全保护，强化国家关键数据资源保护能力，增强数据安全预警和溯源能力。加强国际数据治理政策储备和治理规则研究，提出中国方案 **打击违法犯罪：**依法严厉打击网络违法犯罪行为，对利用网络鼓吹推翻国家政权、煽动宗教极端主义、宣扬民族分裂思想、教唆暴力恐怖活动等行为，要坚决制止和打击。对利用网络进行欺诈活动、散布色情材料、进行人身攻击、兜售非法物品等言行，要坚决管控和治理。对网络黑客、电信网络诈骗、侵犯公民个人隐私等违法犯罪行为，要切断网络犯罪利益链条，持续形成高压态势，维护人民群众合法权益 **推动国际合作：**共同维护网络空间和平安全，要倡导尊重网络主权，加强对话交流，有效管控分歧，同各国一道推动制定各方普遍接受的网络空间国际规则，制定网络空间国际反恐公约，健全打击网络犯罪司法协助机制

第六节 坚持建设中国特色社会主义法治体系★★★★★

应试导读

本节内容是法考的五星级考点，非常重要，在客观题考试中，一般每套卷每一到两年出 1 道题，分值 1—2 分。同时，本节内容有可能和“十一个坚持”的其他内容结合命题。对于本节内容，考生不应死记硬背，应认真学习，深入理解，充分熟悉，在此基础上记忆要点。

知识点

全面推进依法治国涉及立法、执法、司法、普法、守法各个环节、各个方面，必须有一个总揽全局、牵引各方的**总抓手**，这个总抓手就是建设中国特色社会主义法治体系。

中国特色社会主义法治体系，是中国特色社会主义制度的法律表现形式，是国家治理体系的骨干工程。

建设中国特色社会主义法治体系，就是在中国共产党领导下，坚持中国特色社会主义制度，贯彻中国特色社会主义法治理论，形成**完备的法律规范体系、高效的法治实施体系、严密的法治监督体系、有力的法治保障体系，形成完善的党内法规体系。**

全面推进依法治国，要求各项工作都要围绕建设中国特色社会主义法治体系、建设社会主义法治国家这个总目标来部署、来展开，都要围绕中国特色社会主义法治体系这个总抓手来谋划、来推进。

【背诵口诀】

中国特色社会主义法治体系：规范实施需监督，党内法规应保障。（具体指形成完备的法律规范体系、高效的法治实施体系、严密的法治监督体系、有力的法治保障体系，形成完善的党内法规体系）

建设完备的法律规范体系	经过长期努力，**中国特色社会主义法律体系已经形成**，国家和社会生活各方面总体上实现了有法可依。法律体系必须随着时代变化、理论创新和实践需要不断发展、不断完善 要不断完善以宪法为核心的中国特色社会主义法律体系，坚持立法先行，坚持立改废释并举，健全完善法律、行政法规、地方性法规，为全面推进依法治国提供遵循 要深入推进科学立法、民主立法、依法立法，提高立法质量和效率，以良法保善治、促发展 要加快我国法域外适用的法律体系建设，更好维护国家主权、安全、发展利益

（续）

建设高效的法治实施体系	法治实施体系是执法、司法、守法等宪法法律实施的工作体制机制 高效的法治实施体系，**最核心的是健全宪法实施体系**。全面贯彻实施宪法，是建设社会主义法治国家的首要任务和基础性工作 **执法**：要深入推进执法体制改革，完善执法程序，推进综合执法，严格执法责任，建立权责统一、权威高效的行政执法体制 **司法**：要深化司法体制改革，完善司法管理体制和司法权力运行机制，规范司法行为，加强对司法活动的监督，切实做到公正司法 **普法守法**：坚持把全民普法和守法作为全面依法治国的长期基础性工作，采取有力措施加强法治宣传教育，不断增强全民法治观念
建设严密的法治监督体系	**法治监督体系**是由党内监督、人大监督、民主监督、行政监督、司法监督、审计监督、社会监督、舆论监督等构成的权力制约和监督体系 **党的领导**：要加强党对法治监督工作的集中统一领导，把法治监督作为党和国家监督体系的重要内容，保证行政权、监察权、审判权、检察权依法正确行使，保证公民、法人和其他组织合法权益得到切实保障 **监督合力**：加强国家机关监督、民主监督、群众监督和舆论监督，形成法治监督合力，发挥整体监督效能 **完善机制**：加强执纪执法监督，坚持把纪律规矩挺在前面，推进执纪执法贯通，建立有效衔接机制。建立健全立法监督工作机制，完善监督程序。建立健全与执法司法权运行机制相适应的制约监督体系，构建权责清晰的执法司法责任体系，健全政治督察、综治督导、执法监督、纪律作风督查巡查等制度机制 **人民监督**：要拓宽人民监督权力的渠道，公民对于任何国家机关和国家工作人员有提出批评和建议的权利，对于任何国家机关和国家工作人员的违法失职行为有向有关国家机关提出申诉、控告或者检举的权利
建设有力的法治保障体系	**法治保障体系**包括党领导全面依法治国的制度和机制、队伍建设和人才保障等。有力的法治保障体系，是推进全面依法治国的重要支撑 **政治和组织保障**：各级党委要切实加强对依法治国的领导，提高依法执政能力和水平，为全面依法治国提供有力的政治和组织保障 **人才保障**：牢牢把握忠于党、忠于国家、忠于人民、忠于法律的总要求，大力提高法治工作队伍思想政治素质、业务工作能力和职业道德水准，努力建设一支德才兼备的高素质法治工作队伍 **科技保障**：要充分运用大数据、云计算、人工智能等现代科技手段，全面建设“智慧法治”，推动法治中国建设的数据化、网络化、智能化
建设完善的党内法规体系	党内法规既是管党治党的重要依据，也是建设社会主义法治国家的有力保障 必须完善党内法规制定体制机制，完善党的组织法规制度、党的领导法规制度、党的自身建设法规制度、党的监督保障法规制度 要加大党内法规备案审查和解释力度，注重党内法规同国家法律的衔接和协调 要完善党内法规制度体系，确保内容科学、程序严密、配套完备、运行有效，形成制度整体效应，强化制度执行力，为提高党的领导水平和执政能力提供有力的制度保障

【要点对比】

中国特色社会主义法律体系**已经形成**。

法治国家、法治政府、法治社会**尚未建成**。

【经典题目】

2020 年，全国人大常委会共收到报送备案的行政法规、地方性法规、自治条例和单行条例、经济特区法规、司法解释、特别行政区法律 1310 件，全国人大常委会法工委逐件开展了主动审查。同时，法工委对 5146 件公民、组织提出的审查建议，也在逐一审查后，向审查建议人作了反馈。对此，下列哪一说法是正确的？（　　）（2021 年考生回忆版）

A. 备案审查制度是加快形成有力的法治保障体系的重要举措

B. 维护宪法尊严、保证宪法实施，应加强备案审查制度和能力建设

C. 所有规范性文件都必须报送全国人大常委会才能提高立法的水平

D. 公民可以向全国人大常委会提出对行政法规和地方性法规进行备案审查的要求

解析要点：

A 项：法治保障体系包括党领导全面依法治国的制度和机制、队伍建设和人才保障等。备案审查制度属于宪法监督制度，是法治监督体系的组成部分。A 项错误。

B 项：加强备案审查制度和能力建设能够纠正违宪违法行为，从而维护宪法尊严，保证宪法实施。B 项正确。

C 项：并非所有规范性文件都必须报送全国人大常委会备案。全国人大常委会接受行政法规、监察法规、地方性法规、自治州和自治县的自治条例和单行条例以及司法解释的备案，不接受规章等规范性文件的备案。因此，C 项说法过于绝对，故错误。

D 项：规范性文件的审查请求包括要求审查和建议审查两种情况。公民可以向全国人大常委会书面提出审查建议，而非审查要求。D 项错误。

综上所述，本题答案是 B 项。

【答案】B

第七节　坚持依法治国、依法执政、依法行政共同推进，法治国家、法治政府、法治社会一体建设★★★★★

应试导读

本节内容是法考的五星级考点，非常重要，在客观题考试中，一般每套卷每一到两年出 1 道题，分值 1—2 分。同时，本节内容有可能和“十一个坚持”的其他内容结合命题。对于本节内容，考生不应死记硬背，应认真学习，深入理解，充分熟悉，在此基础上记忆要点。

知识点

全面依法治国是一个系统工程。全面依法治国涉及改革发展稳定、内政外交国防、治党治国治军等各个领域，必须立足全局和长远来统筹谋划。系统观念是具有基础性的思想和工作方法。要坚持系统观念，准确把握**全面依法治国工作布局**，坚持依法治国、依法执政、依法行政共同推进，法治国家、法治政府、法治社会一体建设。

依法治国、依法执政、依法行政是一个有机整体，**关键在于党要坚持依法执政、各**

级政府要坚持依法行政。法治国家、法治政府、法治社会三者各有侧重、相辅相成：**法治国家是法治建设的目标，法治政府是建设法治国家的主体，法治社会是构筑法治国家的基础**。全面推进依法治国，必须着眼全局、统筹兼顾，在共同推进上着力，在一体建设上用劲。

法治国家是法治建设的目标	建设社会主义法治国家，是我们党确定的建设社会主义现代化国家的重要目标。历史和现实都告诉我们，法治兴则国兴，法治强则国强。从我国古代看，凡属盛世都是法制相对健全的时期。从世界历史看，国家强盛往往同法治相伴而生 党的十八届四中全会明确提出，全面推进依法治国，总目标是建设中国特色社会主义法治体系，建设社会主义法治国家
法治政府是建设法治国家的主体	习近平总书记强调，“推进全面依法治国，法治政府建设是重点任务和主体工程，对法治国家、法治社会建设具有示范带动作用” **全面依法治国，法治政府建设要率先突破**。必须深入推进依法行政，加快建设法治政府，构建职责明确、依法行政的政府治理体系 各级政府必须坚持在党的领导下、在法治轨道上开展工作，创新执法体制，完善执法程序，推进综合执法，严格执法责任，建立权责统一、权威高效的依法行政体制。加快建设职能科学、权责法定、执法严明、公开公正、智能高效、廉洁诚信、人民满意的法治政府
法治社会是构筑法治国家的基础	全面依法治国需要全社会共同参与，需要增强全社会法治观念，必须在全社会弘扬社会主义法治精神，建设社会主义法治文化 **要在全社会树立法律权威**，使人民认识到法律既是保障自身权利的有力武器，也是必须遵守的行为规范 **广泛开展依法治理活动，提高社会治理法治化水平**，培育社会成员办事依法、遇事找法、解决问题用法、化解矛盾靠法的良好环境

【要点对比】

建设社会主义法治国家的**首要任务和基础性工作**——全面贯彻实施宪法。

社会主义法治的**根本保证**——党的领导。

中国特色社会主义法治的**根本立场**——以人民为中心。

中国特色社会主义法治的**本质要求**——以人民为中心。

推进全面依法治国的**根本目的**——依法保障人民权益。

全面推进依法治国**总目标**——建设中国特色社会主义法治体系、建设社会主义法治国家。

全面推进依法治国**总抓手**——建设中国特色社会主义法治体系。

全面推进依法治国的**工作布局**——坚持依法治国、依法执政、依法行政共同推进，法治国家、法治政府、法治社会一体建设。

【经典题目】

关于法治社会、法治国家、法治政府间的关系，下列说法错误的是（　　）。(2019年考生回忆版)

A. 法治国家、法治政府、法治社会三者相互联系、相互支撑

B. 法治社会是建设法治国家的基础

C. 法治社会是法治建设的目标

D. 法治政府的建设对法治国家的建设具有示范作用

解析要点：

C 项：法治国家是法治建设的目标，法治政府是建设法治国家的重点，法治社会是构筑法治国家的基础。C 项错误。

A、B、D 项正确。

综上所述，本题答案是 C 项。

【答案】C

第八节 坚持全面推进科学立法、严格执法、公正司法、全民守法★★★★★

应试导读

本节内容是法考的五星级考点，非常重要，在客观题考试中，一般每套卷每一到两年出 1 道题，分值 1—2 分。同时，本节内容有可能和“十一个坚持”的其他内容结合命题。对于本节内容，考生不应死记硬背，应认真学习，深入理解，充分熟悉，在此基础上记忆要点。

知识点

全面依法治国是一项长期而重大的历史任务，党的十一届三中全会确立了“有法可依、有法必依、执法必严、违法必究”的社会主义法制建设的**“十六字方针”**。

习近平总书记在党的十九大报告中指出，全面依法治国是国家治理的一场深刻革命，必须坚持厉行法治，推进科学立法、严格执法、公正司法、全民守法。**“科学立法、严格执法、公正司法、全民守法”**是全面依法治国的重要环节，成为指引新时代法治中国建设的**“新十六字方针”**。

推进科学立法	法律是治国之重器，良法是善治之前提 建设中国特色社会主义法治体系，**必须坚持立法先行**，深入推进科学立法、民主立法、依法立法，提高立法质量和效率，以良法促进发展、保障善治 **立法内容：**要注重加强重点领域、新兴领域、涉外领域立法，注重将社会主义核心价值观融入立法，注重健全国家治理急需、满足人民日益增长的美好生活需要必备的法律制度 **立法程序：**要优化立法职权配置，发挥人大及其常委会在立法工作中的主导作用；要扩大公众有序参与，创新公众参与立法方式；要明确立法权力边界，从体制机制和工作程序上有效防止部门利益和地方保护主义法律化

（续）

推进严格执法	执法是行政机关履行政府职能、管理经济社会事务的主要方式 **要加强宪法和法律实施**，维护社会主义法制的统一、尊严、权威，形成人们不愿违法、不能违法、不敢违法的法治环境，做到有法必依、执法必严、违法必究 行政机关是实施法律法规的重要主体，**要带头严格规范文明执法** 要加强对执法活动的监督，严禁过度执法、逐利执法、粗暴执法 **坚决排除对执法活动的非法干预**，坚决防止和克服地方保护主义和部门保护主义 **坚决惩治腐败现象**，做到有权必有责、用权受监督、违法必追究 **要严格执法资质**，严格实行行政执法人员持证上岗和资格管理制度 进一步整合行政执法队伍，推动执法重心下移，提高行政执法能力水平 **继续探索实行跨领域跨部门综合执法**，建立执法队伍主管部门和相关行业管理部门相互支持、密切配合、信息共享的联动机制 **全面落实行政执法责任制**，严格确定不同部门及机构、岗位执法人员执法责任和责任追究机制 **要加强行政执法与刑事司法有机衔接**，坚决克服有案不移、有案难移、以罚代刑等现象 **要健全行政纠纷解决体系**，推动构建行政调解、行政裁决、行政复议、行政诉讼有机衔接的纠纷解决机制
推进公正司法	公正司法事关人民切身利益，事关社会公平正义，事关全面推进依法治国。各级司法机关要紧紧围绕努力让人民群众在每一个司法案件中都感受到公平正义这个目标来改进工作，坚持做到严格司法、规范司法 **体制机制改革：**要紧紧抓住影响司法公正、制约司法能力的深层次问题，深化司法体制和工作机制改革，加强党对司法工作的领导，确保审判机关、检察机关依法独立公正行使审判权、检察权，全面落实司法责任制。健全公安机关、检察机关、审判机关、司法行政机关各司其职，侦查权、检察权、审判权、执行权相互配合、相互制约的体制机制 **完善诉讼制度：**要拓展公益诉讼案件范围，完善公益诉讼法律制度，探索建立民事公益诉讼惩罚性赔偿制度，强化诉讼过程中当事人和其他诉讼参与人的知情权、陈述权、辩护辩论权、申请权、申诉权的制度保障，完善人民监督员制度，依法规范司法人员与当事人、律师、特殊关系人、中介组织的接触、交往行为 **改进工作作风：**要改进司法工作作风，通过热情服务切实解决好老百姓打官司难问题，特别是要加大对困难群众维护合法权益的法律援助 **加大司法公开：**加大司法公开力度，以回应人民群众对司法公正公开的关注和期待
推进全民守法	法律要发生作用，全社会首先要信仰法律 **要深入开展法治宣传教育**，在全社会弘扬社会主义法治精神，传播法律知识，培养法律意识，在全社会形成宪法至上、守法光荣的良好社会氛围 要引导全体人民遵守法律，有问题依靠法律来解决，使法治成为社会共识和基本准则 **要突出普法重点内容**，努力在增强普法的针对性和实效性上下功夫，不断提升全体公民法治意识和法治素养 **要坚持法治教育与法治实践相结合**，广泛开展依法治理活动，提高社会治理法治化水平 **要坚持依法治国和以德治国相结合**，把法治建设和道德建设紧密结合起来，把他律和自律紧密结合起来，做到法治和德治相辅相成、相互促进

【经典题目】

增强全民法治观念，推进法治社会建设，使人民群众内心拥护法律，需要健全普法宣传教育机制。某市的下列哪一做法没有体现这一要求？（　　）（2015-01-07）

A. 通过《法在身边》电视节目、微信公众号等平台开展以案释法，进行普法教育

B. 印发法治宣传教育工作责任表，把普法工作全部委托给人民团体
C. 通过举办法治讲座、警示教育报告会等方式促进领导干部带头学法、模范守法
D. 在暑期组织“预防未成年人违法犯罪模拟法庭巡演”，向青少年宣传《未成年人保护法》

解析要点：

B 项：“把普法工作全部委托给人民团体”做法不妥。政府应坚持普法责任制，谁执法、谁普法，普法工作可以部分委托但不能完全交给人民团体。B 项错误。

A、C、D 项正确。

综上所述，本题答案是 B 项。

【答案】B

第九节　坚持统筹推进国内法治和涉外法治★★★

应试导读

本节内容是法考的三星级考点，比较重要，在客观题考试中，一般每套卷每两到三年出 1 道题，分值 1—2 分。同时，本节内容有可能和“十一个坚持”的其他内容结合命题。对于本节内容，考生不应死记硬背，应认真学习，深入理解，充分熟悉，在此基础上记忆要点。

知识点

一、统筹推进国内法治和涉外法治是全面依法治国的迫切任务

2023 年 11 月 27 日下午，习近平总书记在主持中共中央政治局就加强涉外法制建设进行第十次集体学习时指出，法律是社会生活、国家治理的准绳。涉外法律制度是国家法制的重要组成部分，是涉外法治的基础，发挥着固根本稳预期、利长远的重要作用。在强国建设、民族复兴新征程上，必须坚持正确政治方向，以更加积极的历史担当和创造精神，加快推进我国涉外法治体系和能力建设。

加强涉外法治建设既是以中国式现代化全面推进强国建设民族复兴伟业的**长远所需**，也是推进高水平对外开放、应对外部风险挑战的**当务之急**。

二、加快涉外法治工作战略布局

统筹国内国际两个大局是我们党治国理政的基本理念和基本经验，统筹推进国内法治和涉外法治、加快涉外法治工作战略布局即是这一理念和经验在法治领域的具体体现。

立法	要加快形成系统完备的涉外法律法规体系，积极构建更加完善的涉外经济法律体系，逐步形成法治化、国际化、便利化的营商环境
执法司法	要提升涉外执法司法效能，引导企业、公民在“走出去”过程中更加自觉遵守当地法律法规和风俗习惯，提高运用法律和规则维护自身合法权益的意识和能力

（续）

理论制度	要加强反制裁、反干涉和反制“长臂管辖”的理论研究和制度建设，努力维护公平公正的国际环境
人才培养	要加大涉外法治人才培养力度，尽快建设一支精通国内法治和涉外法治，既熟悉党和国家方针政策、了解我国国情又具有全球视野、熟练运用外语、通晓国际规则的高水平法治人才队伍，为我国参与国际治理提供有力人才支撑

三、加强对外法治交流合作

法治是人类政治文明的重要成果，是现代社会治理的基本手段；既是国家治理体系和治理能力的重要依托，也是维护世界和平与发展的重要保障。

维护引导国际秩序	要旗帜鲜明地坚定维护以联合国为核心的国际体系，坚定维护以联合国宪章宗旨和原则为基础的国际法基本原则和国际关系基本准则，坚定维护以国际法为基础的国际秩序引导国际社会共同塑造更加公正合理的国际新秩序，推动构建人类命运共同体
执法安全国际合作	积极参与执法安全国际合作，共同打击暴力恐怖势力、民族分裂势力、宗教极端势力和贩毒走私、跨国有组织犯罪
司法领域国际合作	坚持深化司法领域国际合作，完善我国司法协助体制，扩大国际司法协助覆盖面
反腐败国际合作	加强反腐败国际合作，加大海外追赃追逃、遣返引渡力度
提高国际法斗争能力	要提高国际法斗争能力，坚持国家主权平等，坚持反对任何形式的霸权主义，坚持推进国际关系民主化法治化，综合利用立法、执法、司法等法律手段开展斗争，坚决维护国家主权、安全、发展利益
参与引领国际规则制定	要主动参与并努力引领国际规则制定，对不公正不合理、不符合国际格局演变大势的国际规则、国际机制提出中国的改革方案，推动形成公正、合理、透明的国际规则体系，提高我国在全球治理体系变革中的话语权和影响力

四、为构建人类命运共同体提供法治保障

党的十八大以来，习近平总书记着眼中国人民和世界人民的共同利益，高瞻远瞩地提出构建人类命运共同体重要理念。

构建人类命运共同体，需要有与其内含意旨相符合、反映当今时代特色、体系结构合理和谐的调整国际社会关系的法律规则。必须坚持民主、平等、正义，建设国际法治。不断实现国际法治内容和路径变革，在国际社会确立良法和推行善治，有助于推动人类命运共同体从理想变为现实。

第十节　坚持建设德才兼备的高素质法治工作队伍★★★

应试导读

本节内容是法考的三星级考点，比较重要，在客观题考试中，一般每套卷每两到三

年出1道题，分值1—2分。同时，本节内容有可能和“十一个坚持”的其他内容结合命题。对于本节内容，考生不应死记硬背，应认真学习，深入理解，充分熟悉，在此基础上记忆要点。

知识点

一、建设一支德才兼备的高素质法治工作队伍至关重要

法治工作队伍是国家治理队伍的一支重要力量，处于法治实践的最前沿。他们的素质如何，直接影响和制约着国家治理法治化的进程。

要坚持把法治工作队伍建设作为**全面依法治国的基础性工作**，大力推进法治专门队伍革命化、正规化、专业化、职业化，培养造就一大批高素质法治人才及后备力量。

二、加强法治专门队伍建设

我国的法治专门队伍主要包括在人大和政府从事立法工作的人员、在行政机关从事执法工作的人员、在司法机关从事司法工作的人员。全面推进依法治国，首先必须把这几支法治专门队伍建设好。

政治标准	**要坚持把政治标准放在首位**，加强科学理论武装，坚持用习近平新时代中国特色社会主义思想特别是习近平法治思想武装头脑，深入开展理想信念教育，深入开展社会主义核心价值观教育
公正廉洁	**要把强化公正廉洁的职业道德作为必修课**，自觉用法律职业伦理约束自己，信仰法治、坚守法治，培育职业良知，坚持严格执法、公正司法，树立惩恶扬善、执法如山的浩然正气，杜绝办“金钱案”“权力案”“人情案”
职业准入资格管理	**完善法律职业准入、资格管理制度**，建立法律职业人员统一**职前培训制度**和在职法官、检察官、警官、律师同堂培训制度 完善从符合条件的律师、法学专家中招录立法工作者、法官、检察官、行政复议人员制度
交流机制	加强立法工作队伍建设。建立健全立法、执法、司法部门干部和人才**常态化交流机制**，加大法治专门队伍与其他部门具备条件的干部和人才交流力度
边疆民族基层建设	加强边疆地区、民族地区和基层法治专门队伍建设
员额管理	健全法官、检察官员额管理制度，规范遴选标准、程序
辅助人员队伍建设	加强执法司法辅助人员队伍建设
职业保障	建立健全符合职业特点的法治工作人员管理制度，完善职业保障体系 健全执法司法人员依法履职免责、履行职务受侵害保障救济、不实举报澄清等制度

三、加强法律服务队伍建设

法律服务队伍是全面依法治国的重要力量，由律师、公证员、司法鉴定人、仲裁员、

人民调解员、基层法律服务工作者、法律服务志愿者等构成。

律师队伍建设	要充分发挥律师在全面依法治国中的重要作用，加强律师队伍思想政治建设，完善律师执业保障机制，增强广大律师走中国特色社会主义法治道路的自觉性和坚定性 要落实党政机关、人民团体、国有企业事业单位普遍建立**法律顾问制度和公职律师、公司律师制度**，健全相关工作规则，理顺管理体制机制，重视发挥法律顾问和公职律师、公司律师作用
其他队伍建设	要加快发展公证员、司法鉴定人、仲裁员、人民调解员、基层法律服务工作者、法律服务志愿者等几支法律服务队伍，满足人民群众日益增长的法律服务需求和法治社会建设的需要
人才流动	建立激励**法律服务人才跨区域流动机制**，逐步解决基层和欠发达地区法律服务资源不足和高端人才匮乏问题

四、加强法治人才培养

高校教育	**高校作为法治人才培养的第一阵地**，要充分利用学科齐全、人才密集的优势，加强法治及其相关领域基础性问题的研究，对复杂现实进行深入分析、作出科学总结，提炼规律性认识，为完善中国特色社会主义法治体系、建设社会主义法治国家提供理论支撑 办好法学教育，必须加强法学教师队伍建设，打造一支政治立场坚定、理论功底深厚、熟悉中国国情的高水平法学专家队伍 要大力加强法学学科体系建设，认真总结法学教育和法治人才培养经验和优势，深入研究和解决好为谁教、教什么、教给谁、怎样教的问题，探索建立适应新时代全面依法治国伟大实践需要的法治人才培养机制
实践教育	要强化法学教育实践环节，处理好法学知识和法治实践教学的关系，将立法执法司法实务工作部门的优质法治实践资源引进高校课堂。加强法学教育、法学研究工作者和法治实务工作者之间的交流
借鉴吸收	坚持以我为主、兼收并蓄、突出特色，积极吸收借鉴世界上的优秀法治文明成果，有甄别、有选择地吸收和转化，不能囫囵吞枣、照搬照抄，努力以中国智慧、中国实践为世界法治文明建设作出贡献

【经典题目】

某市律师协会与法院签订协议，选派10名实习律师到法院从事审判辅助工作6个月，法院为他们分别指定一名资深法官担任导师。对此，下列哪一说法是正确的？（　　）（2017–01–07）

A. 法官与律师具有完全相同的职业理想和职业道德

B. 是对法院审判活动进行监督的一种新途径

C. 有助于加深律师和法官相互的了解和信任

D. 是从律师中招录法官、充实法官队伍的一种方式

解析要点：

A项：法官与律师的职业理想与职业道德，既有共性要求，也有各自的个性特点。“完全相同”说法过于绝对，A项错误。

B项：实习律师到法院从事审判辅助工作目的是辅助工作和学习而不是监督。B项

错误。

C项：实习律师到法院从事审判辅助工作有助于加深律师和法官相互的了解和信任。C项正确。

D项:《法官法》规定，初任法官采用严格考核的办法，按照德才兼备的标准，从通过国家统一法律职业资格考试取得法律职业资格，并具备法官条件的人中择优提出人选，实行统一招考制度，而不是直接从律师中招录法官。D项错误。

综上所述，本题答案是C项。

【答案】C

第十一节　坚持抓住领导干部这个“关键少数”★★★

应试导读

本节内容是法考的三星级考点，比较重要，在客观题考试中，一般每套卷每两到三年出1道题，分值1—2分。同时，本节内容有可能和“十一个坚持”的其他内容结合命题。对于本节内容，考生不应死记硬背，应认真学习，深入理解，充分熟悉，在此基础上记忆要点。

知识点

领导干部是全面依法治国的关键	领导干部是全面推进依法治国的重要组织者、推动者、实践者，是全面依法治国的关键。习近平总书记指出:“各级领导干部作为具体行使党的执政权和国家立法权、行政权、司法权的人，在很大程度上决定着全面依法治国的方向、道路、进度。党领导立法、保证执法、支持司法、带头守法，**主要是通过各级领导干部的具体行动和工作来体现、来实现**。因此，高级干部做尊法学法守法用法的模范，是实现全面推进依法治国目标和任务的关键所在。”**领导干部对法治建设既可以起到关键推动作用，也可能起到致命破坏作用**。必须把领导干部作为全面依法治国实践的重中之重予以高度重视，牢牢抓住领导干部这个“关键少数”
领导干部要做尊法学法守法用法的模范	尊崇法治、敬畏法律，是领导干部必须具备的基本素质 1. **领导干部必须做尊法的模范**，带头尊崇法治、敬畏法律，彻底摒弃人治思想和长官意识，决不搞以言代法、以权压法 2. **领导干部必须做学法的模范**，深入学习贯彻习近平法治思想，带头了解法律、掌握法律，充分认识法治在推进国家治理体系和治理能力现代化中的重要地位和重大作用 3. **领导干部必须做守法的模范**，牢记法律红线不可逾越、法律底线不可触碰，带头遵纪守法、捍卫法治 4. **领导干部必须做用法的模范**，带头厉行法治、依法办事，真正做到在法治之下而不是法治之外更不是法治之上想问题、作决策、办事情 **领导干部做尊法学法守法用法的模范，要靠自觉，也要靠制度保证**。我们党就此提出了一系列制度安排，包括完善党政部门依法决策机制，建立行政机关内部重大决策合法性审查机制，建立重大决策终身责任追究制度及责任倒查机制，建立领导干部干预司法活动、插手具体案件处理的记录、通报和责任追究制度，建立法治建设成效考核制度等

（续）

领导干部要提高运用法治思维和法治方式的能力	善用法治思维和法治方式可以促进法治实践，法治实践又会激发人们自觉能动地运用法治思维和法治方式 **领导干部要守法律、重程序、讲规矩**，带头营造办事依法、遇事找法、解决问题用法、化解矛盾靠法的法治环境，善于用法治思维谋划工作，用法治方式处理问题 **要牢记职权法定**，牢记权力来自哪里、界线划在哪里，做到法定职责必须为、法无授权不可为 **要坚持以人民为中心**，牢记法治的真谛是保障人民权益，权力行使的目的是维护人民权益 **要加强对权力运行的制约监督**，依法设定权力、规范权力、制约权力、监督权力，把权力关进制度的笼子里 **要把法治素养和依法履职情况作为重要内容纳入干部考核评价**，让尊法学法守法用法成为领导干部自觉行为和必备素质
党政主要负责人要履行推进法治建设第一责任人职责	党政主要负责人要履行推进法治建设第一责任人职责，这是推进法治建设的重要组织保证 **党委主要负责人：**党委主要负责人在推进法治建设中应当充分发挥党委在推进本地区法治建设中的领导核心作用，定期听取有关工作汇报，及时研究解决有关重大问题，将法治建设纳入地区发展总体规划和年度工作计划，与经济社会发展同部署、同推进、同督促、同考核、同奖惩 **政府主要负责人：**政府主要负责人在推进法治建设中应加强对本地区法治政府建设的组织领导，制定工作规划和年度工作计划，及时研究解决法治政府建设有关重大问题，为推进法治建设提供保障、创造条件 **约束机制：**要完善党政主要负责人履行推进法治建设第一责任人职责的约束机制，党政主要负责人不履行或者不正确履行推进法治建设第一责任人职责的，应当依照《中国共产党问责条例》等有关党内法规和国家法律法规予以问责

【经典题目】

实施依法治国方略，要求各级领导干部善于运用法治思维思考问题，处理每项工作都要依法依规进行。下列哪一做法违反了上述要求？（　　）（2014–01–03）

A. 某市环保部门及时发布大型化工项目的环评信息，回应社会舆论质疑

B. 某市法院为平息来访被害人家属及群众情绪签订保证书，根据案情承诺加重处

C. 某市人大常委会就是否在地方性法规中规定“禁止地铁内进食”举行立法听证

D. 某省推动建立涉法涉诉信访依法终结制度

解析要点：

A 项：某市环保部门及时发布环评信息回应社会舆论质疑的行为，体现了政府依法公开信息的要求。A 项正确。

B 项：某市法院为平息群众情绪签订承诺加重处罚被告人的保证书的行为违反了司法公正，没有做到“以事实为依据，以法律为准绳”。B 项错误。

C 项：在制定地方性法规前，对某项规定举行立法听证，确保了公众的知情权和参与权，符合依法治国原则。C 项正确。

D 项：对信访采取法律程序进行终结，体现了以法治思维解决矛盾的要求。D 项正确。

综上所述，本题答案是 B 项。

【答案】B

第三章　习近平法治思想的实践要求

扫描右侧二维码“听课＋做题”，直达最佳学习效果

1. 在线听课：学习本章节核心考点讲解课程。
2. 在线刷题：点击进入题库做章节练习。

第一节　充分发挥法治对经济社会发展的保障作用★★★★★

应试导读

本节内容是法考的五星级考点，非常重要，在客观题考试中，一般每套卷每一到两年出1道题，分值1—2分。对于本节内容，考生不应死记硬背，应认真学习，深入理解，充分熟悉，在此基础上记忆要点。

知识点

一、以法治保障经济发展

意义	厉行法治是发展社会主义市场经济的内在要求，也是社会主义市场经济良性运行的根本保障 习近平总书记在中央全面依法治国委员会第一次会议上指出：“贯彻新发展理念，**实现经济从高速增长转向高质量发展，必须坚持以法治为引领**。”习近平总书记在中央全面依法治国委员会第二次会议上强调：“**法治是最好的营商环境**。”
措施	**国家角度：1. 要不断完善社会主义市场经济法律制度。**加快建立和完善现代产权制度推进产权保护法治化，加大知识产权保护力度 **2. 要积极营造公平有序的经济发展法治环境。**依法平等保护各类市场主体合法权益，营造各种所有制主体依法平等使用资源要素、公开公平公正参与竞争、同等受到法律保护的市场环境 **企业角度：各类企业都要把守法诚信作为安身立命之本** **1. 守法经营。**这是任何企业都必须遵守的一个大原则 **2. 诚信经营。**法治意识、契约精神、守约观念是现代经济活动的重要意识规范，也是信用经济、法治经济的重要要求

二、以法治保障政治稳定

意义	保障政治安全、政治稳定是法律的重要功能 党的十八大以来，党和国家通过修改宪法，依法保障人民当家作主，依法维护国家政治安全，党心民心进一步提振和凝聚，党的领导地位和人民民主专政政权更加稳固 习近平总书记指出："国际国内环境越是复杂，改革开放和社会主义现代化建设任务越是繁重，越要运用法治思维和法治手段巩固执政地位、改善执政方式、提高执政能力，保证党和国家长治久安。"
措施	推进全面依法治国，必须要加强和改善党的领导，健全党领导全面依法治国的制度和工作机制，推进党的领导制度化、法治化，通过法治保障党的路线方针政策有效实施，以法治方式巩固党的执政地位，以党的领导维护和促进政治稳定和国家长治久安

三、以法治保障文化繁荣

意义	文化是民族血脉和人民的精神家园，是一个国家的灵魂 党的十八大以来，紧紧围绕建立健全坚持社会主义先进文化前进方向、遵循文化发展规律、有利于激发文化创造力、保障人民基本文化权益的文化法律制度，深化文化体制改革，依法保障社会主义文化事业建设，促进社会主义文化大发展、大繁荣
措施	当前，我国文化建设进入一个新的发展阶段，文化事业日益繁荣，文化产业快速发展，特别是互联网新技术新应用日新月异，由此带来的相关法律问题日益突出 **要坚持用社会主义核心价值观引领文化立法**，完善社会主义先进文化的法治保障机制，依法规范和保障社会主义先进文化发展方向，进一步完善中国特色社会主义文化法律制度体系 **要深入推进社会主义文化强国建设**，加快公共文化服务体系建设，运用法治方式保障人民文化权益，满足人民群众的基本文化需求

四、以法治保障社会和谐

意义	社会和谐稳定是人民群众的共同心愿，是改革发展的重要前提 随着改革开放和社会主义现代化建设不断推进，我国经济社会发生深刻变化，民生和社会治理领域出现一些新情况、新问题。妥善处理好这些矛盾和问题，处理好各方面利益关系，充分调动各方面积极性，从根本上还是要靠法律、靠制度
措施	**要充分发挥法治作为保障和改善民生制度基石的作用，加强民生法治保障**，破解民生难题，着力保障和改善民生 **要更加注重社会建设**，推进社会体制改革，扩大公共服务，完善社会管理，促进社会公平正义，满足人民日益增长的美好生活需要 **要坚持和完善共建共治共享的社会治理制度**，完善党委领导、政府负责、社会协同、公众参与、法治保障的社会治理体制，畅通公众参与重大公共决策的渠道，切实保障公民、法人和其他组织合法权益

五、以法治保障生态良好

意义	生态环境是关系党的使命宗旨的**重大政治问题**，也是关系民生的**重大社会问题** 党的十八大描绘了生态文明建设的宏伟蓝图，勾勒出“美丽中国”的美好愿景
措施	**要加大生态环境保护执法司法力度**，大幅度提高破坏环境违法犯罪的成本，强化各类环境保护责任主体的法律责任，强化绿色发展法律和政策保障，用严格的法律制度保护生态环境 **要建立健全自然资源产权法律制度**，完善国土空间开发保护法律制度，完善生态环境保护管理法律制度，加快构建有效约束开发行为和促进绿色发展、循环发展、低碳发展的生态文明法治体系

第二节　正确认识和处理全面依法治国一系列重大关系★★★★★

应试导读

本节内容是法考的五星级考点，非常重要，在客观题考试中，一般每套卷每一到两年出1道题，分值1—2分。对于本节内容，考生不应死记硬背，应认真学习，深入理解，充分熟悉，在此基础上记忆要点。

知识点

一、政治和法治

政治和法治的关系	正确处理政治和法治的关系，是法治建设的一个根本问题 有什么样的政治就有什么样的法治，政治制度和政治模式必然反映在以宪法为统领的法律制度体系上，体现在立法、执法、司法、守法等法治实践之中 习近平总书记指出：**“法治当中有政治，没有脱离政治的法治。”**
党和法的关系	**“党大还是法大”是一个伪命题**。习近平总书记强调：“我们说不存在‘党大还是法大’的问题，是把党作为一个执政整体而言的，是指党的执政地位和领导地位而言的，具体到每个党政组织、每个领导干部，就必须服从和遵守宪法法律，就不能以党自居，就不能把党的领导作为个人以言代法、以权压法、徇私枉法的挡箭牌。” **“权大还是法大”则是一个真命题**。各级领导干部尤其要弄明白法律规定怎么用权，什么事能干，什么事不能干，把权力运行的规矩立起来、讲起来、守起来，真正做到谁把法律当儿戏，谁就必然要受到法律的惩罚
党的政策和国家法律的关系	两者在本质上是一致的 **党的政策是国家法律的先导和指引，是立法的依据和执法司法的重要指导** 要善于通过法定程序使党的政策成为国家意志、形成法律，并通过法律保障党的政策有效实施，从而确保党发挥总揽全局、协调各方的领导核心作用。党的全面领导在法治领域，就是党领导立法、保证执法、支持司法、带头守法

二、改革和法治

法治和改革有着内在的必然联系，二者相辅相成、相伴而生，如鸟之两翼、车之两轮。必须在法治下推进改革，在改革中完善法治。

党的十八大以来，习近平总书记就改革和法治的关系作出了一系列重要论述，强调全面深化改革需要法治保障，全面推进依法治国也需要深化改革，把法治改革纳入全面深化改革的总体部署。

要坚持改革决策和立法决策相统一、相衔接，确保改革和法治实现良性互动	立法主动适应改革需要，积极发挥引导、推动、规范、保障改革的作用，做到重大改革于法有据，改革和法治同步推进，增强改革的穿透力 ——**对实践证明已经比较成熟的改革经验和行之有效的改革举措**，要尽快上升为法律，先修订、解释或者废止原有法律之后再推行改革 ——**对部门间争议较大的重要立法事项**，要加快推动和协调，不能久拖不决
要坚持改革决策和立法决策相统一、相衔接，确保改革和法治实现良性互动	——**对实践条件还不成熟、需要先行先试的**，要按照法定程序作出授权，在若干地区开展改革试点，既不允许随意突破法律红线，也不允许简单以现行法律没有依据为由迟滞改革 ——**对不适应改革要求的现行法律法规**，要及时修改或废止，不能让一些过时的法律条款成为改革的“绊马索”
善于通过改革和法治推动贯彻落实新发展理念	习近平总书记指出：“要深入分析新发展理念对法治建设提出的新要求，深入分析贯彻落实新发展理念在法治领域遇到的突出问题，有针对性地采取对策措施，**运用法治思维和法治方式贯彻落实新发展理念**。” 立足新发展阶段，必须坚持以法治为引领，坚决纠正“发展要上、法治要让”的认识误区，杜绝立法上“放水”、执法上“放弃”的乱象，用法治更好地促进发展，实现经济高质量发展
法治领域也必须深化改革	目标：要围绕让人民群众在每一项法律制度、每一个执法决定、每一宗司法案件中都感受到公平正义这个目标，深化司法体制综合配套改革，加快建设公正高效权威的社会主义司法制度 **具体措施：**1. **要健全社会公平正义法治保障制度，完善公益诉讼制度**，健全执法权、监察权、司法权运行机制，加强权力制约和监督 2. **要加快构建系统完备、规范高效的执法司法制约监督体系**，加强对立法权、执法权、监察权、司法权的监督，健全纪检监察机关、公安机关、检察机关、审判机关、司法行政机关各司其职，侦查权、检察权、审判权、执行权相互制约的体制机制，确保执法司法各环节、全过程在有效制约监督下进行 3. **要加强统筹谋划，完善法治人才培养体系**，加快发展律师、公证、司法鉴定、仲裁、调解等法律服务队伍，着力建设一支忠于党、忠于国家、忠于人民、忠于法律的社会主义法治工作队伍 4. **要深化执法司法人员管理体制改革**，加强法治专门队伍管理教育和培养 5. **要深化政法队伍教育整顿**，继续依法打击执法司法领域腐败行为，推动扫黑除恶常态化

三、依法治国和以德治国

习近平总书记指出："法律是准绳，任何时候都必须遵循；道德是基石，任何时候都不可忽视。在新的历史条件下，我们要把依法治国基本方略、依法执政基本方式落实好，把法治中国建设好，必须坚持依法治国和以德治国相结合，使法治和德治在国家治理中相互补充、相互促进、相得益彰，推进国家治理体系和治理能力现代化。"

中国特色社会主义法治道路的一个鲜明特点，就是坚持依法治国与以德治国相结合，既重视发挥法律的规范作用，又重视发挥道德的教化作用，这是历史经验的总结，也是对治国理政规律的深刻把握。要提高全民法治意识和道德自觉，使全体人民成为社会主义法治的忠实崇尚者、自觉遵守者、坚定捍卫者，争做社会主义道德的示范者、良好风尚的维护者。要发挥领导干部在依法治国和以德治国中的关键作用，以实际行动带动全社会崇德向善、尊法守法。

强化法律对道德建设的促进作用	立法、执法、司法都要体现社会主义道德要求，都要把社会主义核心价值观贯穿其中，使社会主义法治成为良法善治： 立法：要把实践中广泛认同、较为成熟、操作性强的道德要求及时上升为法律规范，引导全社会崇德向善 执法：要坚持严格执法，弘扬真善美、打击假恶丑 司法：要坚持公正司法，发挥司法断案惩恶扬善功能 要运用法治手段解决道德领域突出问题： 要加强相关立法工作，明确对失德行为的惩戒措施 要依法加强对群众反映强烈的失德行为的整治。对突出的诚信缺失问题，既要抓紧建立覆盖全社会的征信系统，又要完善守法诚信褒奖机制和违法失信惩戒机制，使人不敢失信、不能失信。对见利忘义、制假售假的违法行为，要加大执法力度，让败德违法者受到惩治、付出代价
强化道德对法治的支撑作用	坚持依法治国和以德治国相结合，就要重视发挥道德的教化作用，提高全社会文明程度，为全面依法治国创造良好人文环境 要在道德体系中体现法治要求，发挥道德对法治的滋养作用，努力使道德体系同社会主义法律规范相衔接、相协调、相促进 要在道德教育中突出法治内涵，注重培育人们的法律信仰、法治观念、规则意识，引导人们自觉履行法定义务、社会责任、家庭责任，营造全社会都讲法治、守法治的文化环境

【经典题目】

相传，清朝大学士张英的族人与邻人争宅基，两家因之成讼。族人驰书求助，张英却回诗一首："一纸书来只为墙，让他三尺又何妨？万里长城今犹在，不见当年秦始皇。"族人大惭，遂后移宅基三尺。邻人见状亦将宅基后移三尺，两家重归于好。根据上述故事，关于依法治国和以德治国的关系，下列哪一理解是正确的？（　　）（2016-01-02）

A. 在法治国家，道德通过内在信念影响外部行为，法律的有效实施总是依赖于道德

B. 以德治国应大力弘扬"和为贵、忍为高"的传统美德，不应借诉讼对利益斤斤计较

C. 道德能够令人知廉耻、懂礼让、有底线，良好的道德氛围是依法治国的重要基础

D. 通过立法将"礼让为先""勤俭节约""见义勇为"等道德义务全部转化为法律义

务，有助于发挥道德在依法治国中的作用

解析要点：

A 项：法律是约束人们行为的，却不能因此认为法律的有效实施总是依赖于道德，法律与道德二者应该是相辅相成。A 项错误。

B 项：在法治国家，追逐合法利益是无可厚非的，而通过诉讼等合法方式也是被允许的。“斤斤计较”往往是权利意识觉醒的体现，如消费者权益的保障，这些是要提倡的。B 项错误。

C 项：坚持依法治国与以德治国相结合，必须坚持一手抓法治、一手抓德治，以道德滋养法治精神、强化道德对法治文化的支撑作用，实现法律和道德相辅相成、法治和德治相得益彰。C 项正确。

D 项：道德与法律互有区别，相对独立发展，不能认为道德义务可以完全转化为法律义务。D 项错误。

综上所述，本题答案是 C 项。

【答案】C

四、依法治国和依规治党

国有国法，党有党规。依法治国、依法执政，既要求党依据宪法法律治国理政，也要求党依据党内法规管党治党。

依规管党治党是依法治国的重要前提和政治保障。正确处理依法治国和依规治党的关系，是中国特色社会主义法治建设的鲜明特色。

党的十九大提出要坚持依法治国和依规治党有机统一，并将其纳入新时代中国特色社会主义基本方略。习近平总书记指出：“要发挥依法治国和依规治党的互补性作用，确保党既依据宪法法律治国理政，又依据党内法规管党治党、从严治党。”

要完善党内法规体系	党内法规体系是中国特色社会主义法治体系重要组成部分。党内法规是党的中央组织、中央纪律检查委员会以及党中央工作机关和省、自治区、直辖市党委制定的体现党的统一意志、规范党的领导和党的建设活动、依靠党的纪律保证实施的专门规章制度 党内法规体系是以党章为根本，以民主集中制为核心，以准则、条例等中央党内法规为主干，由各领域各层级党内法规制度组成的有机统一整体。要从全面依法治国和全面从严治党相统一的高度，科学认识党内法规及其与国家法律的关系，确保党内法规与国家法律的衔接与协调
坚持依规治党带动依法治国	习近平总书记指出：“依规治党深入党心，依法治国才能深入民心。” 只有坚持依规治党，切实解决党自身存在的突出问题，才能使中国共产党始终成为中国特色社会主义事业的坚强领导核心，才能为全面依法治国确立正确的方向和道路，才能发挥好党领导立法、保证执法、支持司法、带头守法的政治优势 只有坚持依规治党，使各级党组织和全体党员牢固树立法治意识、规则意识、程序意识，弘扬宪法精神和党章精神，才能对科学立法、严格执法、公正司法、全民守法实行科学有效的领导，在全面依法治国中起到引领和保障作用

【经典题目】

习近平总书记指出，“贯彻新发展理念，实现经济从高速增长转向高质量发展，必须坚持以法治为引领”，要“以良法促进发展、保障善治”“运用法治思维和法治方式解决经济社会发展面临的深层次问题”。关于促进良法善治，下列哪些说法是正确的？（2022年考生回忆版）

A. 坚持立法先行，坚持立改废释并举，加快完善法律、行政法规、地方性法规体系

B. 明确地方立法权限和范围，鼓励有立法权的地方制发带有立法性质的文件

C. 贯彻落实新发展理念，实现经济高质量发展，在实践中就要做到“发展要上、法治要让”

D. 完善党内法规制定体制机制，注重党内法规同国家法律的衔接和协调

解析要点：

A 项：建设中国特色社会主义法治体系，必须坚持立法先行，以良法促进发展、保障善治。同时，习近平总书记强调，“要抓住立法质量这个关键，深入推进科学立法、民主立法、依法立法，统筹立改废释纂，提高立法效率，增强立法系统性、整体性、协同性。”A 项正确。

B 项：《中共中央关于全面推进依法治国若干重大问题的决定》指出，完善全国人大及其常委会宪法监督制度，健全宪法解释程序机制。加强备案审查制度和能力建设，把所有规范性文件纳入备案审查范围，依法撤销和纠正违宪违法的规范性文件，禁止地方制发带有立法性质的文件。B 项错误。

C 项：法治和改革有着内在的必然联系，必须在法治下推进改革，在改革中完善法治。立足新发展阶段，必须坚持以法治为引领，坚决纠正“发展要上、法治要让”的认识误区，杜绝立法上“放水”、执法上“放弃”的乱象，用法治更好地促进发展，实现经济高质量发展。C 项错误。

D 项：党内法规体系是中国特色社会主义法治体系的重要组成部分，要完善党内法规体系，从全面依法治国和全面从严治党相统一的高度，科学认识党内法规及其与国家法律的关系，确保党内法规与国家法律的衔接与协调。D 项正确。

综上所述，本题答案为 AD 项。

【答案】 AD

第五编　中国法律史

概述　中国法律史考情与备考要点

一、考试分值

法考改革后，司法部官方不再公布真题以及答案，根据考生回忆：

在客观题考试中，中国法律史每年每套卷**考查 4 分左右**。

在主观题考试中，不考查中国法律史。

二、命题特点

（一）内容庞杂，命题重点不够突出

中国法律史内容很多，从纵向看，时间跨度长，包括先秦、秦汉、魏晋南北朝、隋唐、宋元、明清、中华民国各个历史时期的法律思想和制度；从横向看，内容范围广，每个历史时期既考查法律思想，又考查法律制度（刑事法律制度、民事法律制度、司法制度等）。

但是，中国法律史命题重点不够突出，给考生备考造成一定的压力。

（二）命题直接，考查细节

中国法律史命题经常考查官方辅导用书中的细节词句。试举几例：

例 1:《大明律》由朱元璋在建国初年开始编修，其律文简于唐律，其精神宽于宋律。（2022 年考生回忆版某选项）

分析：该选项表述错误。《大明律》由朱元璋在建国初年开始编修，其律文简于唐律，其精神**严于**宋律。

例 2：隋代正式设置大理寺，以大理寺卿和少卿为正副长官。（2021年考生回忆版某选项）

分析：该选项表述**错误**，应为**北齐**时期正式设置大理寺。命题人有意混淆了朝代。

例 3：古代成语“大逆不道”中，“大逆”和“不道”是十恶中两种罪名。（2020 年考生回忆版某选项）

分析：该选项表述**正确**。十恶分别是谋反、**谋大逆**、谋叛、恶逆、**不道**、大不敬、不孝、不睦、不义、内乱。

综上所述，中国法律史内容多，考得细，分值低，属于备考性价比较低的学科。

三、备考建议

学习目标：其他科目学有余力时，再背诵中国法律史要点。

具体做法：

对于中国法律史，整体不建议考生投入太多备考时间和精力。

考生在其他科目学有余力的前提下，首先，可以结合本书以及配套课程，明确中国法律史相对重要的考点；其次，将本学科配套习题做一遍；最后，到了在客观题冲刺阶段，建议优先背诵其他科目，有余力时再背诵中国法律史。

第一章　中国古代法律史

扫描右侧二维码“听课 + 做题”，直达最佳学习效果

1. 在线听课：学习本章节核心考点讲解课程。
2. 在线刷题：点击⌂进入题库做章节练习。

第一节　中国古代法律思想演变★★

应试导读

本节内容是法考的二星级考点，重要性一般，在客观题考试中，一般每套卷每三到五年出 1 道题，分值 1 分。

知识点

基础知识：历史朝代顺序表

夏商与西周，东周分两段。
春秋和战国，一统秦两汉。
三分魏蜀吴，两晋前后延。
南北朝并立，隋唐五代传。
宋元明清后，皇朝至此完。

一、西周时期的法律思想

以德配天 明德慎罚	周初统治者认为，“上天”将统治人间的“天命”授予那些有“德”者；一旦统治者“失德”，就会失去上天的庇护，新的有德者即应运而生，取而代之**“德”**的要求：敬天、敬祖、保民 **“明德慎罚”**：实施德教，用刑宽缓 【注意】西周“以德配天，明德慎罚”——汉代中期“德主刑辅，礼刑并用”——唐代“礼律合一”

（续）

出礼入刑	**礼的含义：** 1. **抽象的精神原则。**可归纳为**"亲亲"**与**"尊尊"**两方面。"亲亲父为首，尊尊君为首" 2. **具体的礼仪形式。**西周时期主要有五个方面，通称"五礼"：吉礼（祭祀之礼）、凶礼（丧葬之礼）、军礼（行兵仗之礼）、宾礼（迎宾待客之礼）、嘉礼（冠婚之礼） 【注意】西周的礼已经具备法的性质，具有规范性、国家意志性和强制性 **礼刑关系：** 1.**"出礼入刑"** "礼"正面、积极地规范人们言行 "刑"对一切违礼的行为进行处罚 两者共同构成西周法律的完整体系 2.**"礼不下庶人，刑不上大夫"** **"礼不下庶人"**强调礼有等级差别，禁止任何越礼的行为 **"刑不上大夫"**强调贵族官僚在适用刑罚上的特权 整体强调平民百姓与贵族官僚之间的不平等，强调官僚贵族的法律特权

【经典题目】

《汉书·陈宠传》就西周礼刑关系描述说："礼之所去，刑之所取，失礼则入刑，相为表里。"关于西周礼刑的理解，下列哪一选项是正确的？（　　）（2017–01–15）

A. 周礼分为五礼，核心在于"亲亲""尊尊"，规定了政治关系的等级

B. 西周时期五刑，即墨、劓、剕（刖）、宫、大辟，适用于庶民而不适用于贵族

C. "礼"不具备法的性质，缺乏国家强制性，需要"刑"作为补充

D. 违礼即违法，在维护统治的手段上"礼""刑"二者缺一不可

解析要点：

A 项：周礼的核心在于"亲亲""尊尊"，即"亲亲父为首"和"尊尊君为首"，既规定了政治关系等级，又规定了血缘亲属关系等级。A 项错误。

B 项：西周所谓"刑不上大夫"，指的是贵族在适用刑罚上可以享有某些特权，一般犯罪能够获得宽宥，但贵族若有严重犯罪，也会受到刑罚制裁。B 项错误。

C 项：西周的礼已经具备法的性质，具有规范性、国家意志性和强制性。C 项错误。

D 项：西周时期，礼刑互为表里，"礼"正面、积极地规范人们言行，"刑"对一切违礼的行为进行处罚；刑与礼是个统一体，共同构成西周法制的完整体系。D 项正确。

综上所述，本题答案是 D 项。

【答案】D

二、东周时期的法律思想

商鞅变法与法家思想	1. **改法为律，扩充法律内容：**"改法为律"强调法律规范的普遍性 2. **运用法律手段推行"富国强兵"的措施：**"富国强兵"是变法的终极目的，颁布《分户令》与《军爵律》 3. **运用法律手段剥夺旧贵族特权：**废除世卿世禄，按军功授爵；取消分封制，实行郡县制 4. **以法治国，明法重刑：**以法治国、轻罪重刑、不赦不宥、鼓励告奸、实行连坐

三、汉代的法律思想

上请	1. 始于西汉，即通过请示皇帝给有罪贵族官僚某些优待 2. 东汉时，上请成为官僚贵族的一项普遍特权，从徒刑二年到死刑都可以适用
恤刑	1. 以“为政以仁”相标榜，贯彻儒家矜老恤幼的思想 2. 年 80 岁以上的老人，8 岁以下的幼童，以及怀孕未产的妇女、老师、侏儒等，在有罪监禁期间，给予不戴刑具的优待 3. 老人、幼童及连坐妇女，除犯大逆不道诏书指明追捕的犯罪外，一律不再拘捕监禁
亲亲得首匿	背景：汉宣帝时期确立，主张亲属间首谋藏匿犯罪可以不负刑事责任
	内容：对卑幼亲属首匿尊长亲属的犯罪行为，不追究刑事责任 对尊长亲属首匿卑幼亲属的犯罪行为，罪应处死的，可上请皇帝宽贷
	评价：反映出汉律的儒家化（来源于儒家“父为子隐，子为父隐，直在其中”的理论），并且成为以后中华法系的主要特点之一，一直影响着中国及其周边东亚、东南亚各国的后世立法

四、唐代的法律思想

礼律合一	《唐律》开篇载明：“德礼为政教之本，刑罚为政教之用。” 把封建伦理道德的精神力量与政权法律统治力量紧密糅合在一起 法的强制力加强了礼的束缚作用，礼的约束力增强了法的威慑力量，从而构筑了严密的统治法网
科条简要宽简适中	秦汉：以往秦汉法律，向以繁杂著称。西汉武帝以后，因一事立一法，导致律令杂乱 魏晋南北朝：西晋修律对汉律令作了大幅度的缩减，《北齐律》定为 12 篇 949 条，较之前又有所进步 隋唐：唐朝沿袭隋制，实行精简、宽平的原则，定律 12 篇 502 条，并为后世所继承
立法技术完善	唐律在立法技术上表现出高超的水平。如自首、化外人相犯、类推原则的确定等都有充分体现

五、明清的法律思想

明刑弼教	“明刑弼教”一词最早见于《尚书》，宋代朱熹作出新的阐释：提高了礼刑关系中刑的地位，认为礼律二者对治国同等重要，刑与德的关系不再是“德主刑辅”中的“从属”关系，德对刑不再有制约作用，而只是刑罚的目的，刑罚也不必拘泥于“先教后刑”的框框，而可以“先刑后教” 经朱熹阐发、朱元璋身体力行的“明刑弼教”思想，则完全是借“弼教”之口实，为推行重典治国政策提供思想理论依据
刑罚从重从新	凡律自颁降日为始，若犯在以前者，并依新律拟断

（续）

重其所重 轻其所轻	重其所重：对于贼盗及有关钱粮等事，明律较唐律处刑为重，不分情节，一律处以重刑，且扩大株连范围 轻其所轻：为了突出“重其所重”的原则，对于“典礼及风俗教化”等一般性犯罪，处罚轻于唐律 发展：清代继承了这一原则，扩大加重对“谋反”“谋大逆”等侵犯皇权犯罪的惩罚。“文字狱”按谋反大逆定罪，多被处以极刑并株连最广

第二节　中国古代重要法典★★★

应试导读

本节内容是法考的三星级考点，比较重要，在客观题考试中，一般每套卷每两到三年出1道题，分值1分。重难点提示：考生学习本节时，要相对重视记忆考点中的“第一次”“第一部”“最后一部”。

知识点

一、春秋战国时期的重要法典

铸刑书	郑国子产“铸刑书”：中国历史上第一次公布成文法	
铸刑鼎	晋国赵鞅“铸刑鼎”：中国历史上第二次公布成文法 意义：成文法的公布，否定了“刑不可知，则威不可测”的旧传统，明确了“法律公开”这一新兴地主阶级的立法原则	
《法经》	内容	《法经》是中国历史上第一部比较系统的成文法典。它是战国时期魏国李悝在总结春秋以来各国成文法的基础上制定的，在中国立法史上具有重要历史地位。《法经》共六篇： 1. 盗法：侵犯财产 2. 贼法：危害人身、危害国家安全、破坏社会秩序 【注意】李悝将盗、贼两篇放在法典之首，认为“王者之政莫急于盗贼” 3. 网法：囚禁和审判罪犯，又名囚法 4. 捕法：追捕盗贼及其他犯罪者 【注意】网、捕两篇多属于诉讼法 5. 杂法：“盗贼”以外的其他犯罪与刑罚，主要规定了“六禁”（淫禁、狡禁、城禁、嬉禁、徒禁、金禁） 6. 具法：定罪量刑中从轻从重等法律原则的规定，起着“具其加减”的作用，相当于近代刑法典中的总则部分
	基本特征	1. 贯彻了法家“轻罪重刑”的法治理论 2. 充分反映了新兴地主阶级的意志与利益
	历史地位	1.《法经》是战国时期政治制度变革的重要成果，是战国时期封建立法的典型代表和全面总结 2.《法经》的体例和内容，为后世传统封建成文法典的进一步完善奠定了重要的基础

二、魏晋南北朝时期的重要法典

<table>
<tr><td rowspan="2">《魏律》
(《曹魏律》)</td><td>结构</td><td>魏明帝下诏改定刑制，作新律 18 篇，将“具律”改为“刑名”，置于律首</td></tr>
<tr><td>重要内容</td><td>“八议”入律：对特定人物犯罪实行减免处罚（议亲、议故、议贤、议能、议功、议贵、议勤、议宾）</td></tr>
<tr><td rowspan="2">《晋律》
(泰始律)</td><td>结构</td><td>西晋晋武帝诏颁《晋律》，20 篇
总则：在刑名后增加“法例律”，丰富了刑法总则的内容
分则：分则重新编排，向“刑宽”“禁简”方向迈进</td></tr>
<tr><td>重要内容</td><td>1.“准五服以制罪”的确立：《晋律》与《北齐律》中相继确立“准五服以制罪”的制度。这项制度影响广泛，直到明清
服制是中国封建社会以丧服为标志，按服制依亲属从近到远分为五等：斩衰、齐衰、大功、小功、缌麻
服制不但确定继承与赡养等权利义务关系，同时也是亲属相犯时确定刑罚轻重的依据
例如，斩衰亲服制最高，尊长犯卑幼减免处罚，卑幼犯尊长加重处罚。缌麻亲服制最疏，尊长犯卑幼处罚相对从重，卑幼犯尊长处罚相对从轻
2.“张杜律”：张斐、杜预为《晋律》作注，经晋武帝批准颁行，成为与《晋律》具有同等法律效力的官方法律解释；《晋律》及该注解合称“张杜律”
例如，张斐对一些法律名词作了说明，如“故意”是“知而犯之谓之故意”；“过失”是“不意误犯谓之过失”</td></tr>
<tr><td rowspan="2">《北魏律》</td><td>结构</td><td>20 篇</td></tr>
<tr><td>重要内容</td><td>“官当”制度：允许官吏以官职爵位折抵徒刑的特权制度
北朝《北魏律·法例篇》规定：每一爵级抵当徒罪 2 年
南朝《陈律》规定：凡以官抵折徒刑，同赎刑结合使用
“八议”与“官当”制度实质上是适用刑罚的特殊原则的体现</td></tr>
<tr><td rowspan="3">《北齐律》</td><td>结构</td><td>总则：将“刑名”与“法例律”合为“名例律”1 篇，充实了刑法总则
分则：精炼了分则，成为 11 篇
共 12 篇</td></tr>
<tr><td>重要内容</td><td>规定“重罪十条”，置于律首，作为严厉打击的对象。“其犯此十者，不在八议论赎之限”
反逆（造反）；大逆（毁坏皇帝宗庙、山陵与宫殿）；叛（叛变）；降（投降）；恶逆（殴打谋杀尊亲属）；不道（凶残杀人）；不敬（盗用皇室器物及对皇帝不尊重）；不孝（不侍奉父母，不按礼制服丧）；不义（杀本府长官与授业老师）；内乱（亲属间乱伦行为）</td></tr>
<tr><td>评价</td><td>《北齐律》是当时最有水准的法典，在中国法律史上起着承先启后的作用，对后世的立法影响深远</td></tr>
</table>

三、隋唐时期的重要法典

《开皇律》	结构	隋文帝杨坚颁行，继承了北齐律“法令明审、科条简要”的特点，共12篇，500条
	重要内容	1. 确立传统五刑：以笞、杖、徒、流、死作为基本的刑罚手段，上述五刑通称为帝制时期的五刑，以有别于西周时期的墨、劓、剕、宫、大辟旧五刑 2. 创设十恶之条：《开皇律》在北齐律“重罪十条”的基础上加以删增，创设了“十恶”条款。把十种严重危害统治秩序及悖逆传统纲常名教的犯罪归纳起来，称为“十恶”，置于律之首篇《名例律》予以特别规定，作为刑罚的重点 3. 议请减赎当免之法：继承发展贵族官僚特权法律的“议请减赎当免之法” 【背诵口诀】 五刑十恶开皇创，特权议请减赎当
《武德律》	结构	唐高祖李渊颁行，共12篇，500条，是唐代首部法典
《贞观律》	结构	唐太宗李世民在《武德律》基础上修订，共12篇，500条
	重要内容	对《武德律》进行了较大修改，基本上确定了唐律的主要内容和风格
《永徽律疏》	结构	唐高宗李治在《贞观律》的基础上修订，共12篇，502条
	重要内容	《律疏》：鉴于当时中央、地方在审判中对法律条文理解不一，每年科举考试中明法科考试也无统一的权威标准的情况，唐高宗在永徽三年（公元652年）下令，召集律学通才和一些重要臣僚对《永徽律》进行逐条逐句的解释 唐高宗批准，将疏议分附于律文之后颁行，计分12篇，共30卷，称为《永徽律疏》，又称为《唐律疏议》
	评价	《永徽律疏》的完成，标志着中国古代立法达到了最高水平，是中国历史上迄今保存下来的最完整、最早、最具有社会影响的古代成文法典，在中国古代立法史上占有最为重要的地位

附：唐律的历史地位

唐律是我国传统法典的楷模	唐律是我国传统法典的楷模，在中国法律史上具有继往开来、承前启后的重要地位，对东南亚各国均有影响 唐朝承袭秦汉立法成果，吸收汉晋律学成就，集古代中国传统法典之大成也，对宋元明清产生了深刻影响
唐律是中华法系的代表作	作为中华法系的代表作，唐律超越国界，对亚洲诸国产生了重大影响： 1. 朝鲜《高丽律》篇章内容都取法于唐律 2. 日本文武天皇制定《大宝律令》，也以唐律为蓝本 3. 越南李太宗时期颁布的《刑书》，大多参用唐律

【经典题目】

元代人在《唐律疏议序》中说：“乘之（指唐律）则过，除之则不及，过与不及，其失均矣。”表达了对唐律的敬畏之心。下列关于唐律的哪一表述是错误的？（　　）（2016–01–17）

A. 促使法律统治“一准乎礼”，实现了礼律统一

B. 科条简要、宽简适中、立法技术高超，结构严谨

C. 是我国传统法典的楷模与中华法系形成的标志

D. 对古代亚洲及欧洲诸国产生了重大影响，成为其立法渊源

解析要点：

A 项：《唐律疏议》承袭和发展了以往礼法并用的统治方法，使得法律统治“一准乎礼”，真正实现了礼与律的统一。A 项正确。

B 项：《唐律疏议》以科条简要、宽简适中为特点；在立法技术上，表现出高超的水平，且结构严谨，如自首、化外人有犯、类推原则的确定都有充分的体现。B 项正确。

C、D 项：作为中国传统法制的最高成就，《唐律疏议》全面体现了中国法律制度的水平、风格和基本特征，成为中华法系的代表性法典。但是，《唐律疏议》的影响尚未到达欧洲等国。C 项正确，D 项错误。

综上所述，本题答案是 D 项。

【答案】 D

四、宋元时期的重要法典

《宋刑统》	宋太祖建隆三年（公元 962 年）开始修订宋朝新的法典，次年完成，由太祖诏“付大理寺刻板摹印，颁行天下”，是历史上**第一部刊印颁行的封建法典** 《宋刑统》的编纂体例可追溯至唐宣宗时颁行的《大中刑律统类》，在具体编纂上，仍以传统的刑律为主，同时将有关敕、令、格、式和朝廷禁令、州县常科等条文，都分类编附于后，使其成为一部具有**统括性和综合性的法典**
编敕	**敕**在南北朝以后成为**皇帝诏令**的一种。宋代的敕是指皇帝对特定的人或事所做的命令，**效力往往高于律**，成为断案的依据
	编敕是将一个个单行的**敕令整理成册**，上升为一般法律形式的立法过程，是宋代一项重要和频繁的立法活动。特点为： 1. 宋仁宗前基本是“敕律并行”，编敕一般依律的体例分类，独立于《宋刑统》之外 2. 宋神宗时敕的地位提高，已到足以**破律、代律**的地步 3. 敕主要是关于犯罪与刑罚方面的规定

五、明清时期的重要法典

《大明律》	背景：《大明律》是**明太祖朱元璋**在建国初年开始编修，于洪武三十年（公元 1397 年）完成并颁行天下的法典 **结构：**一改唐、宋旧律的传统体例，形成了以名例、吏、户、礼、兵、刑、工**七篇为构架**的格局 **评价：**《大明律》律文简于唐律，精神严于宋律

（续）

《明大诰》	**背景：**为防止"法外遗奸"，**明太祖手订四编《大诰》**，将其亲自审理的案例加以整理汇编，并加上因案而发的"训导"，作为训诫臣民的特别法令颁布天下，具有与**《大明律》相同的法律效力** **特点：**1. **重典治世：大诰集中体现了朱元璋"重典治世"**的思想，对律中原有的罪名，一般都加重处罚 2. **滥用法外之刑：**大诰中开列有族诛、枭首、断手、斩趾等酷刑 3. **重典治吏：**大多数条文专为惩治贪官污吏而定，以强化统治效能 4. **空前普及：**大诰是中国法制史上空前普及的法规，每户一册，也列入科举考试的内容 明太祖死后，大诰被束之高阁，不具法律效力
《大清律例》	**结构：**乾隆年间修订颁行，结构、形式、体例、篇目与《大明律》基本相同，共7篇，自乾隆五年（公元1740年）颁律以后律文部分基本定型，极少修订，后世只是不断增修后面的"附例" **评价：**中国历史上**最后一部传统成文法典**，是中国传统法典的集大成者
清代的例	清代最重要的法律形式之一就是例。例是统称，可分为条例、则例、事例、成例等名目，引例断案是**成文法适用的补充形式** **以律为宗，例以辅律：**有清一代，至乾隆朝，定法律"五年一小修，十年一大修"。律文高度稳定，甚少大的改动，条例则随时增删，以补律文之不足；此时的"例"并非"案例"，已是**高度抽象条文化**（而非案件故事叙述式）的表达。与律典密切相关的"条例"则更是如此。《大清律例》代表了传统中国帝制时期的基本"律例"关系。形成了"以律为宗，例以辅律"的体例传统

【经典题目】

明太祖朱元璋主持编修了《大明律》《明大诰》。关于上述法律典籍，下列哪一说法是正确的？（　　）（2022年考生回忆版）

A.《明大诰》乃开国之作，其在明代的作用可以与《大明律》相提并论

B.《大明律》由朱元璋在建国初年开始编修，其律文简于唐律，其精神宽于宋律

C.《大明律》自明初开始编修，几易其稿，从未颁行，表明统治者的慎重态度

D.《明大诰》是明初特别刑事法规，其具有滥用法外之刑和重典治吏的特点

解析要点：

A、B项：《大明律》在法律史上具有重要地位，其律文简于唐律，其精神严于宋律，成为终明之世通行不改的基本法典。而《明大诰》在明太祖死后，被束之高阁，不具法律效力。因此，《明大诰》在明代的作用不能与《大明律》相提并论。A、B项错误。

C项：《大明律》是明太祖朱元璋在建国初年开始编修，于洪武三十年（公元1397年）完成并颁行天下的法典。C项错误。

D项：《明大诰》是明初的一种特别刑事法规，其特点之一是"滥用法外之刑"：四编大诰中开列的刑罚如族诛、枭首、断手、斩趾等，都是汉律以来久不载于法令的酷刑。"重典治吏"是其又一特点，其中大多数条文专为惩治贪官污吏而定，以此强化统治效能。D项正确。

综上所述，本题答案是D项。

【答案】D

第三节 中国古代刑事制度★★★

应试导读

本节内容是法考的三星级考点，比较重要，在客观题考试中，一般每套卷每两到三年出1道题，分值1分。

知识点

一、罪名

（一）秦代的罪名

危害皇权罪	谋反；泄露机密；偶语《诗》《书》、以古非今；诅咒、诽谤；妄言、妖言；非所宜言；投书；不行君令等
侵犯财产和人身罪	盗（侵犯财产）：共盗（五人以上）、群盗（聚众反抗） 贼（侵犯人身）：贼杀、伤人
渎职罪	1. 官吏失职造成经济损失的犯罪 2. 军职罪 3. 司法官员渎职犯罪： 见知不举 不直（罪应重而故意轻判，应轻而故意重判） 纵囚（应当论罪而故意不论罪） 失刑（因过失而量刑不当）

（二）隋唐的罪名

<table>
<tr><td rowspan="12">隋</td><td rowspan="12">十恶</td><td>谋反：谋害皇帝、危害国家</td></tr>
<tr><td>谋大逆：图谋破坏国家宗庙、皇帝陵寝以及宫殿</td></tr>
<tr><td>谋叛：背叛本朝、投奔敌国</td></tr>
<tr><td>恶逆：殴打或谋杀祖父母、父母等尊亲属</td></tr>
<tr><td>不道：杀一家非死罪三人、肢解人及造畜蛊毒、厌魅</td></tr>
<tr><td>大不敬：损害皇帝尊严的行为。例如盗窃皇帝祭祀物品或皇帝御用物、伪造或盗窃皇帝印玺、调配御药误违原方、御膳误犯食禁以及指斥皇帝、无人臣之礼等</td></tr>
<tr><td>不孝：控告祖父母、父母，未经祖父母、父母同意私立门户、分异财产，对祖父母、父母供养有缺，为父母尊长服丧不如礼等不孝行为</td></tr>
<tr><td>不睦：谋杀或卖五服以内亲属，殴打或控告丈夫大功以上尊长等行为</td></tr>
<tr><td>不义：杀本管上司、授业师及夫丧违礼的行为</td></tr>
<tr><td>内乱：奸小功以上亲属等乱伦行为</td></tr>
<tr><td>总结：“十恶”制度所规定的犯罪大致可以分为两类：一为侵犯皇权与特权的犯罪；二为违反伦理纲常的犯罪
唐律将这些犯罪集中规定在名例律之首，并在分则各篇中对这些犯罪相应规定了最严厉的刑罚
【注意】唐律规定凡犯十恶者，不适用八议等规定，且为常赦所不原</td></tr>
<tr><td>评价：这些特别规定充分体现了唐律的本质和重点在于维护皇权、特权、传统的伦理纲常及伦理关系</td></tr>
<tr><td rowspan="13">唐</td><td rowspan="6">六杀</td><td>谋杀：预谋杀人</td></tr>
<tr><td>故杀：事先无预谋，临时起意杀人</td></tr>
<tr><td>斗杀：斗殴过程中激愤失手杀人</td></tr>
<tr><td>误杀：对象错误的杀人</td></tr>
<tr><td>戏杀：以力共戏导致杀人</td></tr>
<tr><td>过失杀：过失杀人</td></tr>
<tr><td rowspan="6">六赃</td><td>受财枉法：官吏收受财物，导致枉法裁判</td></tr>
<tr><td>受财不枉法：官吏收受财物，但无枉法裁判</td></tr>
<tr><td>受所监临：官吏利用职权，非法收受所辖范围内百姓或下属财物</td></tr>
<tr><td>强盗：以暴力获取公私财物的行为</td></tr>
<tr><td>窃盗：以隐蔽的手段将公私财物据为己有的行为</td></tr>
<tr><td>坐赃：官吏或常人非因职权之便非法收受财物的行为</td></tr>
<tr><td>保辜</td><td>内容：伤人罪要求加害方在一定期限内对被害方伤情变化负责的制度
在限定的时间内受伤者死去，伤人者承担杀人的刑责。限外死去或者限内以他故死亡者，伤人者只承担伤人的刑事责任
《唐律》规定：“手足殴伤人限十日，以他物殴伤人者二十日，以刃及汤火伤人者三十日，折跌肢体及破骨者五十日。”
评价：保辜制度，不够科学，也是进步</td></tr>
</table>

（三）明清的罪名

奸党罪	明太祖时期创设，用以惩办官吏结党危害皇权统治的犯罪 该罪无确定内容，实际是为皇帝任意杀戮功臣宿将提供合法依据
充军刑	强迫犯人到边远地区服苦役，并有**本人终身充军与子孙永远充军**的区分

二、刑罚

（一）西周的刑罚

1. 西周的刑罚种类

奴隶制五刑：墨、劓、剕（刖）、宫、大辟。

2. 西周的刑罚适用原则

（1）虽有刑书，但不布之于众："灵活用刑""刑不可知，则威不可测"。

（2）区分故意（非眚）与过失（眚）。

（3）区分惯犯（惟终）与偶犯（非终）。

（二）秦代的刑罚

1. 秦代的刑罚种类

笞刑	以竹、木板责打犯人背部的轻刑
徒刑	剥夺罪犯人身自由，强制服劳役的刑罚。主要包括以下五种： 1. 城旦舂：男犯筑城，女犯舂米，实际从事的劳役不限于此 2. 鬼薪、白粲：男犯伐薪，女犯择米，实际从事的劳役不限于此 3. 隶臣妾：将罪犯及其家属罚为官奴婢 4. 司寇：伺察寇盗 5. 候：发往边地充当斥候
流放刑	包括迁刑和谪刑，都是将犯人迁往边远地区，比后世的流刑要轻
肉刑	黥（墨）、劓、刖、宫
死刑	弃市、戮、磔、腰斩、车裂、枭首、族刑、具五刑
耻辱刑	髡（剃光犯人的头发和胡须）、耐
赀赎刑	赀：一是纯属罚金性质的"赀甲""赀盾"二是"赀戍"，即发往边地做戍卒；三是"赀徭"，即罚服劳役 赎：犯人缴纳一定金钱或者服一定劳役免除刑罚。例如"赎宫""赎死"
株连刑	族、收（在对犯人判处某种刑罚时，还同时将其妻子、儿女等家属没收为官奴婢）

注意 笞刑、徒刑、流放刑、肉刑、死刑相当于主刑。

羞辱刑、赀赎刑、株连刑相当于附加刑。

2. 秦代的刑罚适用原则

刑事责任能力的规定	未成年犯罪，不负刑事责任或减轻刑事处罚 以身高判定是否成年：以大约六尺五寸为标准
区分故意和过失	区分故意（端）与（过失） 故意诬告者，实行反坐；主观没有故意，按告不审从轻处罚

（续）

盗窃按赃值定罪	盗窃罪依据不同数目分为三等赃值（110钱、220钱、660钱），分别定罪
共犯罪与集团犯罪加重处罚	在处罚侵犯财产罪上共犯罪较个体犯罪处罚从重 集团犯罪（5人以上）较一般犯罪处罚从重
累犯加重处罚	本身已犯罪，再犯诬告他人罪，加重处罚
教唆犯加重处罚	教唆未成年人犯罪者加重处罚。例如，教唆未成年人抢劫杀人，虽分赃仅为10文钱，教唆者也要处以碎尸刑
自首减轻	凡携带所借公物外逃，主动自首者，不以盗窃论处，而以逃亡论处；若犯罪后能主动消除犯罪后果，可以减免处罚
诬告反坐	以被诬告人所受的处罚，反过来制裁诬告者

【经典题目】

关于秦代的刑事罪名和刑罚，下列哪一说法是错误的？（　　）（2020年考生回忆版）

A. 偶语《诗》《书》、以古非今、非所宜言都是危害皇权的犯罪

B. 赎刑是秦代附加刑的一种，是指已被判刑的犯人通过金钱或者劳役来赎免刑罚

C. 秦代年满14岁即需承担刑事责任，不能减轻刑事处罚

D. 秦代区分故意犯罪与过失犯罪，分别称为“端”和“不端”

解析要点：

C项：秦代未成年者犯罪不负刑事责任或减轻刑事处罚。秦律以身高判定是否成年，大约六尺五寸为成年身高标准，低于六尺五寸的为未成年人。C项错误。

A、B、D项正确。

综上所述，本题答案是C项。

【答案】C

（三）汉代的刑罚

<table>
<tr><td rowspan="7">汉文帝
汉景帝
废肉刑</td><td rowspan="4">汉文帝</td><td>背景</td><td>总结秦亡教训，继续沿用肉刑，不利于政权的稳固</td></tr>
<tr><td>起因</td><td>缇萦救父</td></tr>
<tr><td>内容</td><td>1. 黥刑改为髡钳城旦舂（去发颈部系铁圈服苦役五年）
2. 劓刑改为笞三百
3. 斩左趾改笞五百
4. 斩右趾改为弃市（死刑）</td></tr>
<tr><td>评价</td><td>具有重要意义，但也有由轻改重的现象，因而班固称其为“外有轻刑之名，内实杀之”</td></tr>
<tr><td rowspan="2">汉景帝</td><td>内容</td><td>1. 笞三百改为笞二百
2. 笞五百改为笞三百
3. 颁布《箠令》，规定笞杖尺寸，以竹板制成，削平竹节，以及行刑不得换人等</td></tr>
<tr><td>评价</td><td>顺应了历史发展，为结束传统肉刑制度、建立新的刑罚制度奠定了重要基础</td></tr>
</table>

（续）

秋冬行刑	内容	1. 根据“天人感应”理论，规定春、夏不得执行死刑 2. 除谋反、大逆等“决不待时”者外，一般死刑犯须在秋天霜降以后、冬至以前执行。因为这时“天地始肃”，杀气已至，便可“申严百刑”，以示所谓“顺天行诛”
	评价	对后世有着深远影响，唐律规定“立春后不决死刑”，明清律中的“秋审”制度亦溯源于此

（四）魏晋南北朝时期的刑罚

刑罚制度改革	1. 规定绞、斩等死刑制度 2. 规定流刑。把流刑作为死刑的一种宽贷措施 3. 规定鞭刑与杖刑。北魏时期开始改革以往五刑制度，增加鞭刑与杖刑，后北齐、北周相继采用 4. 废除宫刑制度，西魏与北齐相继宣布废除宫刑，自此结束了使用宫刑的历史
死刑附奏制度	北魏太武帝正式确立，奏请皇帝批准执行死刑。这一制度的建立既加强了皇帝对司法审判的控制，又体现了皇帝对民众的体恤
妇女犯罪行刑特殊规定	魏明帝时，为免对女犯用刑使身体裸露，改妇人加笞还从鞭督之例，以罚金代之 《晋律》规定：女人当罚金杖罚者，皆令半之 《梁律》规定：女人当鞭杖罚者，皆半之（沿用《晋律》且扩大对女子的照顾）《北魏律》规定：妇人当刑而孕，产后百日乃决

（五）唐代的刑罚

1. 五刑

笞刑；杖刑；徒刑；流刑；死刑。（隋《开皇律》确立，唐律承用）

2. 刑罚原则

区分公私罪原则	公罪：“缘公事致罪而无私曲者”，即在执行公务中，由于公务上的关系造成某些失误或差错，而不是为了追求私利而犯罪 私罪：1. “不缘公事私自犯者”，即所犯之罪与公事无关，如盗窃、强奸。2. “虽缘公事，意涉阿曲”的犯罪，即利用职权，徇私枉法，如受人嘱托枉法裁判 公罪从轻，私罪从重
自首原则	自首：犯罪未发，主动交代。自首可以免罪 自新：犯罪已发，然后投案。自新可以减轻
	谋反等重罪，不适用自首 造成严重危害后果无法挽回，不适用自首
	“自首不实”：交代不真实 “自首不尽”：交代不彻底 自首不实及自首不尽者，各依不实不尽之罪罪之。至死者，听减一等 如实交代的部分，不再追究
类推原则	断罪而无正条的情况下： 出罪者，则举重以明轻 入罪者，则举轻以明重

（续）

化外人原则	属人主义：具有相同国籍外国侨民之间发生的诉讼，依其本国法处理 属地主义：不同国籍的人之间发生诉讼的，依唐律处理

（六）宋代的刑罚

折杖法	宋太祖建隆四年（公元963年）颁行**“折杖法”**，意在笼络人心，改变五代以来用刑严苛的弊端 “折杖法”规定：除死刑外，其他笞、杖、徒、流四刑均折换成**臀杖**和**脊杖**。对反逆、强盗等重罪不予适用
配役	配役刑在两宋多为**刺配**。刺是刺字，配是流刑的配役 宋初并不常行，《宋刑统》也无此规定。宋太祖时偶一用之，宋仁宗以后，刺配之刑滥用，成为常制 刺配是刑罚制度的倒退，在宋代和后世多受非议
凌迟	凌迟始于五代时的**辽** 宋仁宗时使用，宋神宗以后成为常刑，南宋后成为法定死刑的一种（直到《大清现行刑律》被废止）

【经典题目】

《唐律•名例律》规定："诸断罪而无正条，其应出罪者，则举重以明轻；其应入罪者，则举轻以明重。"关于唐代类推原则，下列哪一说法是正确的？（　　）（2014–01–17）

A. 类推是适用法律的一般形式，有明文规定也可"比附援引"

B. 被类推定罪的行为，处罚应重于同类案件

C. 被类推定罪的行为，处罚应轻于同类案件

D. 唐代类推原则反映了当时立法技术的发达

解析要点：

A项："诸断罪而无正条，其应出罪者，则举重以明轻；其应入罪者，则举轻以明重。"意思是说，对律文无明文规定的同类案件，凡应减轻处罚，则列举重罪处罚规定，比照以解决轻案；凡应加重处罚的罪案，则列举轻罪处罚规定，比照以解决重案。可见，类推针对的是法无明文规定的情形。A项错误。

B、C项：类推定罪，既可能举轻以明重，也可能举重以明轻，也就是说对犯罪行为的处罚既可能重于同类案件，也可能轻于同类案件。B、C两项说法片面，故错误。

D项：唐代类推原则的完善反映了当时立法技术的发达。D项正确。

综上所述，本题答案是D项。

【答案】D

第四节　中国古代民事制度★★

应试导读

本节内容是法考的二星级考点，重要性一般，在客观题考试中，一般每套卷每三到

五年出 1 道题，分值 1 分。

知识点

一、西周的民事制度

<table>
<tr><td rowspan="2">契约</td><td>质剂
（买卖契约）</td><td>质：买卖奴隶、牛马所使用的较长的契券
剂：买卖兵器、珍异之物所使用的较短的契券
质剂都由官府制作，并由“质人”专门管理</td></tr>
<tr><td>傅别
（借贷契约）</td><td>傅：把债的标的和双方权利义务等写在契券上
别：在简札中间写字，然后一分为二，双方各执一半</td></tr>
<tr><td rowspan="4">婚姻</td><td>婚姻缔结原则</td><td>1. 一夫一妻：虽然古代男子可以有妾有婢，但法定的妻子只能是一个。 正妻所生子女为嫡出，其他皆为庶出
2. 同姓不婚：一方面，“男女同姓，其生不蕃”另一方面，附远厚别，即通过联姻加强与异姓贵族的联系，巩固家族与宗法制度
3. 父母之命，媒妁之言：在宗法制下，必然要求由父母家长决定子女 的婚姻大事，否则称为“淫奔”</td></tr>
<tr><td>婚姻“六礼”</td><td>西周时期“六礼”是婚姻成立的必要条件。合礼合法的婚姻，必须通过“六礼”程序来完成。“六礼”包括：
纳采：男家请媒人向女家提亲
问名：男方询问女子名字、生辰等，卜于祖庙以定吉凶
纳吉：卜得吉兆后即与女家订婚
纳征（纳币）：男方派人送聘礼至女家
请期：商请女方择定婚期
亲迎：婚期之日男方迎娶女子至家</td></tr>
<tr><td rowspan="2">婚姻关系解除</td><td>七出：
不顺父母、无子、淫、妒、恶疾、多言、窃盗
为人妻者若有此七项之一，丈夫或公婆即可休弃之</td></tr>
<tr><td>三不去：
“有所娶无所归”是指女子出嫁时有娘家可依，但休妻时已无本家亲人可靠，故不能休妻
“与更三年丧”是指女子入夫家后与丈夫一起为公婆守过 3 年孝，如此已尽子媳之道，故不能休妻
“前贫贱后富贵”是指娶妻时贫贱，但以后变得富裕。按礼制夫妻应为一体，贫贱时娶之，富贵时休之，义不可取，故不能休妻</td></tr>
<tr><td>继承</td><td>嫡长子继承制</td><td>“立嫡以长不以贤，立子以贵不以长”
主要是政治身份的继承，土地、财产的继承是其次</td></tr>
</table>

二、宋代的民事制度

契约	买卖契约	绝卖：一般买卖 活卖：附条件的买卖，条件达成买卖才成立 赊卖：采取类似商业信用或预付方式，而后收取出卖物的价金
	租赁契约	对房屋的租赁：租、赁或借 对人畜车马的租赁：庸、雇
	借贷契约	借：使用借贷。不付息的使用借贷称为负债 贷：消费借贷。付息的消费借贷称为出举，又称“出息”
婚姻	结婚	婚龄：“男年十五、女年十三以上，并听婚嫁” 诸州县官人在任之日，不得共部下百姓交婚；但订婚在前，任官居后，及三辅内官门阀相当情愿者，并不在禁限
	离婚	实行“七出”与“三不去”制度，但也有少许变通： 1. 夫外出三年不归，六年不通问，准妻改嫁或离婚；但是“妻擅走者徒三年，因而改嫁者流三千里，妾各减一等” 2. 夫亡，妻“不守志”者，“若改嫁，其现在的部曲、奴婢、田宅不得费用”，从而严格维护家族财产不得转移的固有传统
		“义绝”原则：“义绝”是唐律中首次规定的一种强制离婚原则，宋代继承。指夫妻间或夫妻双方亲属间或夫妻一方对他方亲属凡有殴、骂、杀、伤、奸等行为，依律视为夫妻恩义断绝，无论夫妻双方是否同意离婚，均由官府审断强制离异，对任何不离婚的一方依律处罚。“义绝”构成的条件明显偏袒夫家，对于夫妻双方并不对等
继承	绝户财产继承制度	1. 立继（夫亡妻在——从妻） 2. 命继（夫妻俱亡——从其尊长亲属）
	在室女 出嫁女 遗腹子	允许在室女、出嫁女享受部分继承权： 1. 只有在室女（未嫁女）的：在室女 3/4，继子 1/4 2. 只有出嫁女（已婚女）的：出嫁女 1/3，继子 1/3，官府 1/3 3. 遗腹子与亲生子享有同样的继承权

【经典题目】

关于先秦时期的法律思想和法律制度，下列哪一说法是正确的？（　　）（2018 年考生回忆版）

A. 西周时期，法律思想的特征是德主刑辅，对于德的要求包括三个方面：敬天、尊祖、保民

B. 西周时期，婚姻关系解除的法定理由称为“七出”，如果有七种理由之一，男女即可离婚

C. 西周时期，甲、乙就买卖一头黄牛所签订之契约称为“傅别”因此产生的纠纷法官审理称为“听讼”

D. 战国时期，《法经》是中国历史上第一部比较系统的成文法典，具有六篇制的法典结构，其中《具法》相当于现代刑法的总则部分，置于法典最后

解析要点：

A 项：西周的法律思想是“以德配天，明德慎罚”，“德主刑辅”是汉代法律思想。A 项错误。

B 项：“七出”是指有七种理由之一，夫家可以休妻，而非男女即可离婚。B 项错误。

C 项：买卖契约称为“质剂”，借贷契约称为“傅别”。C 项错误。

D 项正确。

综上所述，本题答案是 D 项。

【答案】D

第五节 中国古代司法制度★★★

应试导读

本节内容是法考的三星级考点，比较重要，在客观题考试中，一般每套卷每两到三年出 1 道题，分值 1 分。

知识点

一、司法机关

	审判、复核机关		监察机关
	中央机关	地方	
西周	周天子：最高裁判者 大司寇：中央设大司寇，负责实施法律法令，辅佐周王行使司法权 小司寇：辅佐大司寇审理具体案件 司法属吏：大、小司寇下设专门的司法属吏	乡士、遂士：基层设有乡士、遂士等负责处理具体司法事宜	
秦汉	皇帝：掌握最高审判权 廷尉：中央司法机关的长官，审理全国案件	郡守：郡守为地方行政长官也是当地司法长官，负责全郡案件审理 县令：兼理本县司法，负责全县审判工作 乡里组织：基层设乡里组织，负责本地治安与调解工作	秦：御史大夫、监察御史 汉：御史大夫（西汉）、御史中丞（东汉）、司隶校尉（监督中央百官与京师辖地的司法官吏）、刺史（专司各地的行政与法律监督之职）

（续）

	审判、复核机关		监察机关
	中央机关	地方	
魏晋南北朝	大理寺：北齐设置，大理寺卿和少卿为正副长官。增强了中央司法机关的审判职能 “三公曹”与“二千石曹”：执掌司法审判，同时掌囚帐，为隋唐时期刑部尚书执掌审判复核提供了前提		御史台：晋以御史台主监察，有权纠举一切不法案件 治书侍御史：纠举审判官吏的不法行为
唐	大理寺：大理寺以正卿和少卿为正副长官，行使中央司法审判权 刑部：刑部以尚书、侍郎为正副长官，负责司法行政事务、复核案件、狱囚管理	唐代地方司法机关仍由行政长官兼理	御史台：御史台以御史大夫和御史中丞为正副长官，作为中央监察机构
宋	大理寺审判 刑部复核（宋沿唐制）	提点刑狱司：宋太宗时设立提点刑狱司，作为中央在地方的司法派出机构，定期巡视州县，监督审判，详录囚徒	台谏合一：宋代将御史台纠举百官职权与谏院规谏君主职权合二为一
明	刑部审判 大理寺复核	明代地方司法机关一般分为省、府、县三级 申明亭：明朝还在各州县及乡设立“申明亭”，张贴榜文，申明教化，由民间德高望重的耆老受理当地民间纠纷，加以调处解决，有力地维护了社会秩序	都察院：都察院是全国最高监察机关，负责督察百官风纪、纠弹不法，同时负有监督刑部、大理寺之责
清	刑部审判 大理寺复核	清代地方司法机关一般分州县、府、省按察司、督抚四级	都察院（清承明制）

注意 明清时期的中央司法机关为刑部、大理寺、都察院。一改隋唐以降的大理寺、刑部、御史台体系。刑部、大理寺、都察院三大司法机关统称“三法司”。对重大疑难案件三法司共同会审，称“三司会审”。

二、诉讼制度

（一）西周的诉讼制度

听讼 断狱	民事案件称为“讼”，审理民事案件叫作“听讼” 刑事案件称为“狱”，审理刑事案件叫作“断狱”
五听	辞听、色听、气听、耳听、目听 “五听”说明西周时期已经注意到司法心理问题，并将其应用到审判实践中
三刺	西周凡遇重大疑难案件，一刺群臣、再刺群吏、三刺万民 “三刺”说明西周对司法判案的慎重，是“明德慎罚”思想在司法实践中的体现
三宥	因主观上不识，过失，遗忘而犯罪者，应减刑
三赦	幼弱，老耄，蠢愚者（智障者），犯罪从赦

（二）汉代的诉讼制度

《春秋》决狱	含义：依据儒家经典《春秋》等著作中提倡的精神原则审判案件，而不仅仅依据汉律审案
	内容：1. 强调审断时应重视行为人的主观动机；同时还要依据事实，分别首犯、从犯和已遂、未遂 2. 实行“论心定罪”原则 犯罪人主观动机符合儒家“忠”“孝”精神，即使其行为构成社会危害，也可以减免刑事处罚 犯罪人主观动机严重违背儒家倡导的精神，即使没有造成严重危害后果，也要认定犯罪给予严惩
	评价：1. 法律儒家化在司法领域的反映 2. 对传统的司法和审判是一种积极的补充 3. 如果专以主观动机“心”“志”的“善恶”，判断有罪无罪或罪行轻重，在某种程度上为司法擅断提供了依据

（三）唐代的诉讼制度

刑讯	1. 刑讯的条件与证据： （1）在拷讯之前，必须先审核口供的真实性，然后反复查验证据 （2）证据确凿，仍狡辩否认的，经主审官与参审官共同决定，可以刑讯 （3）对人赃俱获，经拷讯仍拒不认罪的，也可“据状断之”，即根据证据定罪 2. 刑讯方法： （1）刑讯必须使用符合标准规格的常行杖，以杖外他法拷打甚至造成罪囚死亡者，承审官要负刑事责任 （2）拷囚不得超过 3 次，每次应间隔 20 天，总数不得超过 200 次，杖罪以下不得超过所犯之数 （3）拷讯数满仍不招供者，必须取保释放。此时应当反拷告状之人，以查明有无诬告等情形，同时规定了反拷的限制 3. 禁止刑讯的情形： 对具有特权身份的人和老幼废疾之人（老幼分指 70 岁以上、15 岁以下者），禁止使用刑讯，只能根据证据定罪
回避	回避制度：《狱官令》第一次规定了司法官的回避制度，当时称为“换推”

（四）宋代的诉讼制度

翻异别勘	“翻异”：在诉讼中，人犯否认口供 “别勘”：面对“翻异”，事关重大案情的，由另一法官或另一司法机关重审
证据勘验	原被告均有举证责任 重视现场勘验。南宋地方司法机构制有专门的“检验格目”，并产生了《洗冤集录》等世界最早的法医学著作

（五）明代的诉讼制度

三司会审	中央刑部、大理寺、都察院三大司法机关统称“三法司”，对重大疑难案件三法司共同会审，称“三司会审”

（续）

九卿会审	又称“圆审”。是由六部尚书及通政使司的通政使、都察院左都御使、大理寺卿九人会审皇帝交付的案件或已判决但囚犯仍翻供不服之案
朝审	霜降之后，三法司会同公侯伯爵，在吏部尚书（或户部尚书）主持下会审重案囚犯。清代秋审、朝审皆渊源于此
大审	司礼监一员在堂居中而坐，尚书各官列居左右，会同三法司在大理寺共审囚徒，“每五年辄大审”

（六）清代的诉讼制度

秋审	对象：针对全国上报的斩、绞监候案件 时间：每年秋天 8 月 审理：在天安门金水桥西，由九卿、詹事、科道以及军机大臣、内阁大学士等重要官员会同审理。秋审是最重要的死刑复审制度
朝审	对象：对刑部判决的重案及京师附近绞、斩监候案件进行复审 时间：每年霜降后 10 日举行 审理：秋审或朝审后，分四种情况处理： 其一情实，指罪情属实、罪名恰当者，奏请执行死刑 其二缓决，案情虽属实，但危害性不大者，可减为流三千里，或发烟瘴极边充军，或再押监候 其三可矜，指案情属实，但有可矜或可疑之处，可免予死刑，一般减为徒流刑罚 其四留养承祀，指案情属实、罪名恰当，但有亲老丁单情形，合乎申请留养条件者，按留养奏请皇帝裁决
热审	对象：对发生在京师的笞杖刑案件进行重审 时间：每年小满后 10 日至立秋前 1 日 审理：由大理寺官员会同各道御史及刑部承办司共同进行，快速决放在监笞杖刑案犯

注意 会审制度是一种慎刑思想的反映，但却导致多方干预司法，以致法律文本与司法实际日益脱节，加速了封建王朝整个政体的衰落。

【经典题目】

关于中国古代的法律制度，下列哪一说法是正确的？（　　）（2019 年考生回忆版）

A. 奴隶制五刑以肉刑为中心，包括墨、劓、刖、宫、大辟

B. 封建制五刑中，最轻一级刑罚是杖刑

C. 大理寺在中国古代属于中央审判机构

D. 明代治世，对风俗伦理方面的犯罪处罚比前代较重

解析要点：

A、B 项：奴隶制五刑以肉刑为中心，包括墨、劓、刖、宫、大辟。封建制五刑包括笞、杖、徒、流、死五种刑罚，笞刑最轻。A 项正确，B 项错误。

C 项：大理寺在中国古代曾经作为中央审判机构，明朝以来改为复核机构。C 项错误。

D 项，明代重典治世，但是采用“轻其轻罪，重其重罪”的原则，对风俗伦理方面的犯罪处罚比唐代较轻。D 项错误。

综上所述，本题答案是 A 项。

【答案】A

第二章　中国近代法律史

扫描右侧二维码"听课 + 做题"，直达最佳学习效果

1. 在线听课：学习本章节核心考点讲解课程。
2. 在线刷题：点击进入题库做章节练习。

第一节　清末时期的法律思想与制度★

应试导读

本节内容是法考的一星级考点，重要性一般，在客观题考试中，一般每套卷每五到十年出 1 道题，分值 1 分。同时，清末修律可能和古代变法结合命题。

知识点

一、清末"预备立宪"

《钦定宪法大纲》	1. 定义与性质：清廷宪政编查馆编订，于 1908 年 8 月颁布，是中国近代史上第一个宪法性文件 2. 结构与内容：共 23 条，分正文"君上大权"和附录"臣民权利义务"两部分 3. 特点：皇帝专权，人民无权 4. 实质：给皇权专制制度披上"宪法"的外衣，以法律的形式确认君主的绝对权力，体现了满洲贵族维护专制统治的意志及愿望
"十九信条"	1. 定义：全称《宪法重大信条十九条》，是清政府于辛亥革命武昌起义爆发后抛出的最后一个宪法性文件 2. 背景：1911 年清王朝迫于武昌革命风暴，匆匆命令资政院迅速起草宪法，企图度过危机，资政院仅用 3 天时间即拟定，并于 1911 年 11 月 3 日公布 3. 内容：形式上被迫缩小了皇帝的权力，相对扩大了议会和总理的权力，但仍强调皇权至上，对人民权利只字未提

二、清末修律

《大清现行刑律》	1. **制定过程**：《大清现行刑律》是清政府在《大清律例》的基础上稍加修改，作为《大清新刑律》完成前的一部**过渡性法典**，于1910年5月15日颁行 2. **内容及变化**： 《大清现行刑律》**内容**基本秉承旧律例，**变化**包括： （1）结构：改律名为"刑律"，取消了六律总目，将法典各条按其性质分隶30门 （2）内容：纯属民事性质的条款不再科刑；废除酷刑，如凌迟；增加新罪名，如妨害国交罪、妨害选举罪、破坏交通罪、破坏电讯罪等 3. **评价**：只是在形式上对《大清律例》稍加修改而已，不是一部近代意义上的专门刑法典。例如，最能体现封建旧律本质的"十恶""八议"还保留，诸法合体的形式也未废除
《大清新刑律》	1. **制定过程**：《大清新刑律》起草工作始于1906年，由于引发了礼教派的攻击和争议，至1911年1月才正式公布，但**并未真正施行** 2. **篇章结构**：《大清新刑律》分总则和分则两篇，附《暂行章程》5条 3. **内容及变化**： （1）**体例**：抛弃了旧律诸法合体的编纂形式，以罪名和刑罚等专属刑法范畴的条文作为法典的唯一内容；抛弃了旧律的结构形式，将法典分为总则和分则 （2）**刑罚**：确立了新刑罚制度，规定刑罚分主刑、从刑 （3）**思想制度**：采用了一些近代西方资产阶级的刑法原则和刑法制度，如罪刑法定原则和缓刑制度等 4. **评价**：**中国历史上第一部近代意义上的专门刑法典**，但仍保持着旧律维护专制制度和封建伦理的传统
《大清民律草案》	1. **制定过程**：沈家本、伍廷芳、俞廉三等人主持的修订法律馆着力进行的工作，自1907年即正式着手，1911年8月编纂完成全部草案条文稿，但**未能正式颁布与施行** 2. **篇章结构**：**共分五编**：总则、债权、物权、亲属、继承 3. **内容及变化**： （1）**总则、债权、物权三编**：由**松冈义正**等人仿照德、日民法典的体例和内容草拟而成，吸收了大量的西方资产阶级民法的理论、制度和原则 （2）**亲属、继承两编**：由**修订法律馆**会同保守的**礼学馆**起草，其制度、风格带有浓厚的封建色彩，保留了许多封建法律的精神 4. **评价**：修订民律的基本思路，仍然没有超出**"中学为体、西学为用"**的思想格局
商事立法	**第一阶段（1903—1907年）**：商事立法主要由新设立的**商部**负责。颁布《钦定大清商律》（《商人通例》《公司律》）《公司注册试办章程》《商标注册试办章程》《破产律》 **第二阶段（1907—1911年）**：主要商事法典改由**修订法律馆**主持起草，单行法规仍由各有关机关拟订，修订法律馆于1908年9月起草了《大清商律草案》

【经典题目】

中国历史上曾进行多次法制变革以适应社会的发展。关于这些法制变革的表述，下列哪一选项是错误的？（　　）（2013-01-19）

A. 秦国商鞅实施变法改革，全面贯彻法家"明法重刑"的主张，加大量刑幅度，对

轻罪也施以重刑，以实现富国强兵目标

B. 西汉文帝为齐太仓令之女缇萦请求将自己没官为奴、替父赎罪的行为所动，下令废除肉刑

C. 唐代废除了宫刑制度，创设了鞭刑和杖刑，以宽减刑罚，缓解社会矛盾

D.《大清新刑律》抛弃了旧律诸法合体的编纂形式，采用了罪刑法定原则，规定刑罚分为主刑、从刑

解析要点：

A 项：商鞅变法全面贯彻法家“以法治国”“明法重刑”的主张，强调“轻罪重刑”。A 项正确。

B 项：汉文帝废除肉刑的起因是缇萦上书，文帝、景帝时期的刑制改革，为结束传统肉刑制度，建立新的刑罚制度奠定了重要基础。B 项正确。

C 项：南北朝的刑罚改革废除宫刑，创设了鞭刑和杖刑，而不是唐代。C 项错误。

D 项：《大清新刑律》结构上分总则和分则两篇，后附《暂行章程》5 条，抛弃了旧律诸法合体的编纂形式，以罪名和刑罚等专属刑法范畴的条文作为法典的唯一内容，确立了新刑罚制度，规定刑罚分主刑、从刑，采用了一些近代西方资产阶级的刑法原则和刑法制度，如罪刑法定原则和缓刑制度等。D 项正确。

综上所述，本题答案是 C 项。

【答案】C

三、清末司法体制的变化

清末司法机关的变化	1. 改刑部为法部，掌管全国司法行政事务 2. 改大理寺为大理院，为全国最高审判机关 3. 实行审检合署
四级三审制及诉讼制度	确立一系列近代意义上的诉讼制度： 1. 实行四级三审制 2. 规定了刑事案件公诉制度、证据、保释制度 3. 审判制度上实行公开、回避等制度 4. 初步规定了法官及检察官考试任用制度 5. 改良监狱及狱政管理制度

（续）

领事裁判权	领事裁判权是外国侵略者在强迫中国订的不平等条约中所规定的一种**司法特权**。凡在中国享有领事裁判权的国家，其在中国的侨民不受中国法律管辖，只由该国的领事或设在中国的司法机构依其本国法律裁判 1. **确立：**1843 年 7 月 22 日在香港公布的《中英五口通商章程》《海关税则》及随后签订的《虎门条约》，并在其后签订的一系列不平等条约中得以扩充 2. **内容：**（1）中国人与享有领事裁判权国家的侨民间的诉讼，依被告主义原则 （2）享有领事裁判权国家的侨民之间的诉讼，由所属国审理；不同国家的侨民之间的争讼，适用被告主义原则 （3）享有领事裁判权国家的侨民与非享有领事裁判权国家的侨民之间的争讼，前者是被告，则适用被告主义原则，后者是被告，则由中国法院管辖 总结：领事裁判权，对列强有利 3. **审理机构：**（1）一审案件，由各国在华领事法院或法庭审理 （2）二审上诉案件，由各国建立的上诉法院审理 （3）终审案件，则由本国最高审判机关受理 4. **评价：**严重破坏了中国的司法主权，同时也是外国侵略者进行各种犯罪的护身符和镇压中国人民革命运动的工具
观审制度	1. **内容：**外国人是原告的案件，其所属国领事官员也有权前往观审，如认为审判、判决有不妥之处，可以提出新证据等 2. **评价：**观审制度是原有领事裁判权的扩充，是对中国司法主权的粗暴践踏
会审公廨	会审公廨是 1864 年清廷与英、美、法三国驻上海领事协议在租界内设立的特殊审判机关 1. **内容：**（1）凡涉及外国人案件，必须有领事官员参加会审 （2）凡中国人与外国人诉讼案，由本国领事裁判或陪审 （3）租界内纯属中国人之间的诉讼也由外国领事审判并操纵判决 2. **评价：**会审公廨的确立，是外国在华领事裁判权的扩充和延伸

四、清末变法修律的特点及影响

特点	1. **立法指导思想：**借用西方近现代法律制度的形式，坚持中国固有的专制制度内容 2. **内容：**皇权专制主义传统与西方资本主义法学最新成果的混合 3. **法典编纂形式：**改变“诸法合体”形式，明确了实体法之间、实体法与程序法之间的差别，形成了近代法律体系的雏形 4. **实质：**清末修律是统治者为维护其反动统治，在保持皇权专制政体的前提下进行的，因而既不能反映人民群众的要求和愿望，也没有真正的民主形式
影响	1. 标志着延续几千年的中华法系开始解体 2. 为中国法律的近代化奠定了初步基础 3. 一定程度上引进和传播了西方近现代的法律学说和法律制度，促进了部分中国人的法治观念的形成 4. 客观上有助于推动中国资本主义经济的发展和教育制度的近代化

【经典题目】

下列关于会审公廨的说法，哪一选项是错误的？（　　）（2019 年考生回忆版）

A. 会审公廨是 1864 年清廷与英、美、法三国驻上海领事协议在租界内设立的特殊审判机关

B. 凡涉及外国人案件，必须有领事官员参加会审，中国人之间的案件，仍由清朝司法机关独立审理

C. 会审公廨是领事裁判权的扩充和延伸

D. 会审公廨是对中国司法主权的严重践踏

解析要点：

B 项：会审公廨是 1864 年清廷与英、美、法三国驻上海领事协议在租界内设立的特殊审判机关，不仅涉及外国人案件，必须有领事官员参加会审；凡中国人与外国人诉讼案，由本国领事裁判或陪审；甚至租界内纯属中国人之间的诉讼也由外国领事审判并操纵判决。B 项错误。

A、C、D 项正确。

综上所述，本题答案是 B 项。

【答案】B

第二节　中华民国时期的法律思想与制度★

应试导读

本节内容是法考的一星级考点，重要性一般，在客观题考试中，一般每套卷每五到十年出 1 道题，分值 1 分。

知识点

一、法律思想

人物	思想内容		
孙中山	三民主义	民族主义	旧：驱除鞑虏，还我中华
			新：民族自求解放；民族平等
		民权主义	旧：创立民国
			新：各革命阶级的共同民主专政
		民生主义	旧：平均地权
			新：耕者有其田；节制资本
	五权宪法	1. **权能分治理论：“政”权，**管理政府的力量，交由人民执掌；“治”权，政府自身的力量，完全交由政府实施 2. **五权宪法理论：**行政权、立法权、司法权、考试权、监察权	
章太炎	推崇民主共和，坚决反对君主专制与国家至上的观念		

（续）

宋教仁	1. 主张民主的立宪政体，推行议会政治，以监督政府机关 2. 法律上的国家主权属于国民，事实上发出意思或指示的是政党 3. 主张责任内阁制 4. 地方行政主体划分为地方自治行政主体与地方官治行政主体 （1）对外的行政多归于中央，对内的行政多归于地方 （2）消极的维持安宁的行政多归于中央，积极的增进幸福的行政多归于地方

二、南京临时政府的法律制度

修正中华民国临时政府组织大纲	1. 产生：武昌起义后，1912 年 1 月 2 日在南京公布 2. 内容：受美国宪法影响，基本采用总统共和政体；三权分立；一院制（参议院是国家立法机关） 3. 意义：实际上是政府组织法，起着临时宪法的作用，以孙中山为首的中华民国第一届政府得以依法成立
中华民国临时约法	1. 产生：1912 年 3 月 11 日由临时大总统孙中山颁布，清帝退位，袁世凯继任总统，换取形式上民国南北统一 2. 目的：用法律制约袁氏，防范其专权，维护民国政体 3. 内容：以孙中山民权学说为指导思想；确定资产阶级民主共和国的国家制度；肯定资产阶级共和国的政治体制和组织原则（三权分立原则）；体现一般民主自由原则，规定人民享有各项权利；保护私有财产 4. 特点：责任内阁制代替总统制，限制袁世凯权力；扩大参议院权力；规定特别修改程序防止袁世凯擅自变更约法 5. 意义：中国历史上第一部资产阶级共和国性质的宪法文件，彻底否定封建帝制，肯定了资产阶级民主共和制度和资产阶级民主自由原则，使民主共和观念深入人心
南京临时政府的司法制度	1. 建立新型的司法机关：中央设“临时中央审判所”作为全国最高审判机关，地方审判机构的设置未及制定新法；法官独立审判，不受上级官厅干涉 2. 改革审判制度：废除刑讯体罚，不论何种案件一概不准刑讯 3. 采用律师制度：仿照西方国家律师制度草拟了《律师法草案》 事实上，律师辩护制度、公审制度、陪审制度在临时政府司法实践中已经采用

三、北京政府的法律制度

中华民国宪法草案（“天坛宪草”）	1913 年 4 月 8 日首届国会正式召开，组成宪法起草委员会，开始起草宪法 “天坛宪草”采用了资产阶级宪法的形式和原则，肯定中华民国为资产阶级共和国，规定国会有较大的权力，还规定采取责任内阁制 1914 年 1 月 10 日袁世凯下令解散国会，“天坛宪草”未及公布便胎死腹中
中华民国约法（“袁记约法”）	1914 年 5 月 1 日正式公布，其特点为： 1. 废除责任内阁制，行总统制 2. 无限扩张总统权力 3. 废除国会制，设立立法院

（续）

中华民国宪法（"贿选宪法"）	1922年6月，直系军阀控制北京，曹锟继续修订宪法。1923年10月10日，《中华民国宪法》公布，其特点为： 1. 以资产阶级共和国粉饰军阀独裁 2. 以资产阶级民主自由掩盖军阀独裁
北京政府的司法制度	北京政府的司法机关体系： 1. 普通法院系统：大理院（最高审判机关）、高等审判厅、地方审判厅、初等审判厅（915年被废除，改四级三审制为三级三审制） 2. 兼理司法法院：未设普通法院的各县所设 3. 特别法院：军事审判机关和地方特别审判机关，后者是临时在少数民族地区或特别区域设立的 4. 平政院：主管行政诉讼

四、南京国民政府的法律制度

南京国民政府法律体系	1. 法律体系：南京国民政府的法律体系由制定法、判例、解释例和党规党法、蒋氏手谕等构成 2. 六法全书：南京国民政府成立后，从1928年始进行大规模立法活动，先后制定了宪法、民法、刑法、商事法、诉讼法、法院组织法及其他单行法规、特别法规，通称"六法全书" 3. 特点： （1）法律内容：法律制度是继受法与固有法的混合 （2）立法权限：受制于国民党中央 （3）文本层次：特别法效力高于普通法 （4）立法文本与司法实践层面：脱节严重
训政时期约法	1. 立法背景：1928年，南京国民政府宣布"军政时期"结束，"训政时期"开始，实行"约法之治"。1931年5月12日"国民会议"讨论并通过《中华民国训政时期约法》，6月1日由国民政府正式公布 2. 主要内容： （1）中华民国"主权属于国民全体"，国体"永为统一共和国" （2）采取五院制的政权组织形式，"国民政府设行政院、立法院、司法院、考试院、监察院及各部会" （3）规定了一系列公民的民主自由权利，国民"在法律上一律平等"。但人民的政权，即选举、罢免、创制、复决四种权力的行使，由国民党政府训导之 3. 核心精神：以根本法形式确认训政时期国民党为最高"训政"者，代行国民大会的统治权

（续）

中华民国宪法	1. 背景：抗战胜利后，南京国民政府慑于全国各界、各党派要求和平、民主的呼声压力，以及共产党关于成立联合政府的宣言，不得不召开政协会议，通过政治协商，解决召开国民大会、改组政府、制定宪法等问题。1946 年 12 月 25 日国民大会通过《中华民国宪法》，1947 年 1 月 1 日公布 2. 特点： （1）表面上的“民有、民治、民享”和实际上的个人独裁，即人民无权、党国一体、个人集权 （2）政权体制不伦不类：既非国会制、内阁制，又非总统制。实际上是用不完全责任内阁制与实质的总统制的矛盾条文，掩盖总统即蒋介石的个人集权专制统治的本质 （3）罗列人民各项民主自由权利，比以往任何宪法性文件都充分。但依据宪法颁布的《维持社会秩序临时办法》《戒严法》《紧急治罪法》等，把宪法抽象的民主自由条款加以具体切实的限制否定
南京国民政府的司法制度	司法机关体系： 1. 司法院：司法院为国家最高司法机关，有掌握民事、刑事、行政诉讼之审判及公务员之惩戒、解释宪法，并有统一解释法律及命令之权。司法院之下设立各级法院 2. 普通法院：分地方、高等、最高法院三级，实行三级三审制。对“危害民国”经司法警察官署移送的案件，不须经检察官提起公诉，法院可径行判决，且不得上诉，只能申请复判，复判后还可作出重于原判的刑罚 3. 特别法庭：依据特别法规设置，如特种刑事法庭、军事审判组织 4. 其他特殊审判机关：国民党各级党部操纵司法审判权；南京国民政府军事机关在戒严时期也有司法审判权

【经典题目】

关于《中华民国临时约法》，下列哪一选项是正确的？（　　）（2011–01–21）

A.《临时约法》是辛亥革命后正式颁行的宪法

B.《临时约法》设立临时大总统，采行总统制

C.《临时约法》是中国历史上唯一一部具有资产阶级共和国性质的宪法性文件

D.《临时约法》确立了五权分立的原则

解析要点：

A、C 项：《临时约法》是中国第一部也是唯一一部具有资产阶级共和国性质的宪法性文件，但不是正式颁行的宪法，首部正式颁行的宪法是“贿选宪法”，即北洋政府于 1923 年公布的《中华民国宪法》。A 项错误，C 项正确。

B 项：革命党人希望利用《临时约法》制约袁世凯，保护革命成果，所以在国家政权体制上，改总统制为责任内阁制，以限制袁世凯的权力。B 项错误。

D 项：《临时约法》依照资产阶级三权分立原则，采用责任内阁制，规定临时大总统、副总统和国务员行使行政权力，参议院是立法机关，法院是司法机关。D 项错误。

综上所述，本题答案是 C 项。

【答案】C

第三节 新民主主义革命时期民主政权法制 ★★★

应试导读

本节内容是法考的三星级知识点，比较重要，预计在客观题考试中，每套卷每两到三年出1道题，分值1分。本节的知识点均为法考改革后近年的新增点，值得考生重视。

一、宪法

（一）《中华苏维埃共和国宪法大纲》

制定经过	1930年7月党中央成立“中华工农兵苏维埃第一次全国代表大会中央准备委员会”，负责草拟宪法 1931年11月7日第一次代表大会在江西瑞金召开，通过《中华苏维埃共和国宪法大纲》 1934年1月第二次代表大会作某些修改，最主要的是在第1条内增加**“同中农巩固的联合”**条文
主要内容	《中华苏维埃共和国宪法大纲》遵循党中央提出的**“制宪七大原则”**，规定苏维埃政权的性质、政治制度、公民权利义务、外交政策等内容，共17条。主要内容是： 1. **国家性质**：规定苏维埃国家性质是**“工人和农民的民主专政国家”**。所谓专政，一是将地主资产阶级（军阀、官僚、地主、资本家、豪绅、僧侣及一切剥削者）拒绝于政权之外；二是剥夺他们的言论、出版、集会、结社等自由；三是使用革命武力和法庭镇压一切反革命复辟活动 2. **政治制度**：规定苏维埃国家政治制度是**工农兵苏维埃代表大会制度**。它保证工农大众参加国家管理，便于工人阶级及其政党的领导，实行民主集中制和议行合一原则。它是根据革命实践及苏联经验建立的新式民主制度 3. **公民权利义务**：规定苏维埃国家公民的**权利和义务**，包括政治、经济、文化等各方面。工农兵及一切劳苦民众享有广泛民主权利。各级政府采取切实有效措施，提供力所能及的物质保障条件 4. **外交政策**：规定苏维埃国家**外交政策**。宣布中华民族完全自由独立，不承认帝国主义在中国的特权及不平等条约。与世界无产阶级和被压迫民族站在一起，苏联是巩固的同盟者。对受迫害的世界革命者给予保护。对居住在苏区从事劳动的外国人给予法定的政治权利
制定意义	1. 它是**第一部由劳动人民制定，确保人民民主制度的根本大法**，是共产党领导人民反帝反封建的工农民主专政的伟大纲领 2. 它同民国政府制定的“约法”“宪法”有本质的区别 3. 它肯定革命胜利成果，提出斗争方向。尽管受到**“左”的影响**，但仍是划时代的宪法性文件 4. 它的颁行调动了苏区人民的革命积极性，为以后制定民主宪法提供了宝贵经验

（二）《陕甘宁边区施政纲领》

制定经过	中国共产党领导的**地方抗日民主政权**以 1937 年 8 月 25 日公布的《抗日救国十大纲领》为准绳，继承发扬苏区法制传统，建立起**切合国情**的抗日民主法制，**标志着新民主主义法制的形成和重大发展** 陕甘宁边区政府于 1939 年 1 月公布《陕甘宁边区抗战时期施政纲领》 1941 年抗日根据地制定了新的《陕甘宁边区施政纲领》，完善了原有的保障抗战，加强团结，健全民主，发展经济，普及文化教育的规定。增加了**"三三制"政权组织形式和保障人权**等崭新内容
主要内容	1. **保障抗战：**团结边区内各阶级、党派，发动一切人力、物力、财力抗战。严厉镇压汉奸及反共分子 2. **加强团结：**坚持抗日民族统一战线方针，团结边区内各抗日阶级、工人、农民、地主、资本家。主要措施是：调节各阶级的关系，**地主减租息，农民交租息**；改善工农生活，资本家有利可图；一致对外，共同抗日 3. **健全民主制度：**将其提到保证全国人民团结的高度。规定几项重大措施： 其一，普遍、直接、平等、无记名投票的选举制度 其二，保障**一切抗日人民**的选举权与被选举权 其三，**"三三制"政权组织原则**（共产党员占 1/3，非党左派进步人士占 1/3，中间派占 1/3） 其四，保障**一切抗日党派、团体、人民**的人权、财权及各项自由 其五，人民享有**用任何方式控告任何公务人员非法行为的权利** 其六，男女平等，提高妇女地位，保护其特殊利益 其七，反对民族歧视，实行民族平等、自治，尊重宗教信仰、风俗习惯 4. **发展经济：**从"发展经济，保障供给"总方针出发，发展农、林、牧业、手工业和工业，奖励扶助私人企业，保障经营自由。实施外贸统治。贯彻统筹统支的财政制度。征收统一累进税，**巩固边币，维护法币** 5. **普及文化教育：**举办各类学校，普及免费义务教育。尊重知识分子，提高边区人民政治文化水平
制定意义	1. 以反对日本帝国主义，保护抗日人民，调节各抗日阶级利益，改善工农生活，镇压汉奸反动派为基本出发点 2. 全面系统反映了抗日民族统一战线的要求和抗战时期的宪政主张，是实践经验的科学概括与总结

（三）《陕甘宁边区宪法原则》

制定经过	1945 年抗日战争结束，国共两党于 10 月 10 日签订"双十协定" 1946 年 1 月南京国民政府在重庆召开政治协商会议，通过《关于宪草问题的协议》，规定了制定省宪的原则。因此，**各解放区**政府开始制定宪法原则与施政纲领。其中，有代表性的是 1946 年 4 月 23 日陕甘宁边区第三届参议会通过的《陕甘宁边区宪法原则》。其结构分为"政权组织""人民权利""司法""经济""文化"五部分，共二十余条

（续）

主要内容	1. 确立边区、县、乡人民代表会议为管理政权机关，各级权力机关开始由抗日时的参议会过渡为人民代表会议制度。为新中国基本政治制度奠定了初步基础 2. 规定人民政治上行使的各项自由权利，受政府指导与物质帮助。边区人民不分民族一律平等 3. 规定除司法机关、公安机关依法执行职务外，任何机关、团体不得有逮捕审讯行为。人民有权用任何方式控告失职的任何公务人员。司法独立不受任何干涉 4. 应保障耕者有其田的原则。劳动者有职业，企业者有发展机会。经济上采取公营、合作、私营三种方式，组织一切人力、财力促进经济繁荣，为消灭贫穷而斗争 5. 普及提高人民文化水准。从速消灭文盲，减少疾病与死亡

（四）《华北人民政府施政方针》

制定经过	1948 年 8 月《华北人民政府施政方针》由中共中央华北局提出，华北临时人民代表大会通过，规定了华北人民政府的基本任务及有关各项政策，是解放战争后期具有代表性的宪法文件
主要内容	1. 规定华北人民政府的基本任务是继续进攻敌人，支援前线，争取全国胜利；有计划、有步骤地进行建设和恢复发展生产；继续建设为战争和生产服务的民主政治；培养干部，吸收人才，奠定新中国的基础 2. 规定了实现基本任务的方针政策 在政治方面，健全人民代表大会制度；保障人民民主权利及自由与安全；破除迷信；保护守法的外国人及合法的文化宗教活动 在经济方面，发展农业，颁发土地证确认地权；建立农民生产合作互助组织；促进城乡经济交流；发展工商业，贯彻公私兼顾、劳资两利方针 在文化教育方面，建立正规教育制度，提高大众文化水平；建立广泛的文化统一战线，团结知识分子为建设事业服务

（五）废除伪宪法伪法统

背景	1949 年元旦，蒋介石在求和声明中竟提出保留伪宪法伪法统等无理要求。1 月 14 日中共中央毛泽东主席发表《关于时局的声明》，针锋相对提出和平谈判八项条件
主要内容	1. 惩办战争罪犯 2. 废除伪宪法 3. 废除伪法统 4. 依据民主原则改编一切反动军队 5. 没收官僚资本 6. 改革土地制度 7. 废除卖国条约 8. 召开没有反动分子参加的政治协商会议成立民主联合政府，接收南京国民党反动政府及其所属各级政府的一切权力

二、司法制度

（一）工农民主政权的司法制度

新型体制	1. 政审合一：新的司法体制否定了南京国民政府形式上三权分立的原则，实行各级司法机构受同级政府领导的体制。这种政审合一的体制适于当时战争环境需要，利于政府政策、法令的执行及对司法的领导 2. 审检合一：检察机关附设于审判机关内，独立行使检察权 3. 审判权和司法行政权：审判权和司法行政权在中央采分立制，在地方采“合一制”
司法机关	1. 审判机关 （1）中央设临时最高法庭（1934 年改为最高法院） （2）地方设立省、县、区三级裁判部。由部长裁判员、书记员组成。省、县裁判部设裁判委员会。各级裁判部设刑庭和民庭。省、县裁判部有权判决警告、罚款、没收财产、强迫劳动、监禁、枪决等。区裁判部审理不重要的案件，判处强迫劳动或监禁的期限在半年以内的案件 2. 检察机关 检察机关附设于同级审判机关内。各级检察员受同级审判机关负责人领导，其职责是预审、起诉等工作
审判原则	1. 司法机关统一行使审判权。其他机关无司法权 2. 废止肉刑，重视证据，依靠群众审判反革命分子
审判制度	1. 实行四级二审终审制。在特殊地区及紧急情况下，对反革命、豪绅、地主犯罪，剥夺上诉权，一审终审 2. 审判公开 3. 人民陪审。陪审员是不脱产、义务非专职的，无选举权者不得充当陪审员 4. 巡回审判。审判的多为具有重大影响的典型案件或群体性的刑事案件 5. 死刑复核。死刑判决不论被告是否上诉一律报请上级审判机关复核批准 6. 合议制度和辩护制度

（二）抗日民主政权的司法制度

司法机关	1. 高等法院。高等法院为陕甘宁边区最高司法机关，负责边区审判及司法行政工作 2. 高等法院分庭。高等法院分庭是高等法院派出机关，受理不服各县司法处一审判决要求上诉的民刑案件，是二审机关 3. 县司法处。县司法处初期只有一个裁判员主持审判业务，1940 年成立由县委书记、县长、裁判员、保安科长、保安大队长组成的裁判委员会，1941 年因“三三制”被取消，重大案件交县政府委员会或政务会议决定 4. 边区政府审判委员会。1942 年边区政府度设立边区政府审判委员会，职权是解释法令，受理第三审上诉案件，1944 年撤销 5. 检察机关。高等法院设检察员，在院长领导下独立行使检察权。实行审检合一制。职权是侦查、起诉，监督判决执行

（续）

诉讼原则	1. 调查研究、实事求是的原则 2. 相信群众、依靠群众的原则。各根据地创造了许多依靠群众的诉讼组织形式。（1）群众公审。主要适用于汉奸、反革命、敌特、盗匪等政治性案件和人命案。（2）就地巡回审判。具体做法是审判员携卷下乡，亲赴出事地点，深入群众调查研究，在有威望、有能力的群众参与下，将舆论、法律融为一体，就地判决这种方式结案迅速，当事人省钱、省时，有利生产。高等法院及其分庭运用这一审判方式受理新案和上诉案 3. 法律面前人人平等的原则。各根据地宪法性文件规定，凡赞成抗日民主的地主、富农、资本家与工人、农民在人权、财权、参政权和民主自由权各方面平等地受法律保护。《陕甘宁边区施政纲领》规定党员犯法从重治罪，体现了无产阶级政党严于律己的精神
审判制度	1. 上诉制度 2. 审级制度。抗日战争时期，陕甘宁边区设立边区高等法院，县设司法处。基本上实行两级终审制。1942 年 7 月，边区政府一度设立边区政府审判委员会，受理第三审上诉案件，至 1944 年 2 月撤销，恢复两审终审制 3. 人民陪审制度 4. 审判公开和辩护制度 5. 复核和审判监督制度。审判监督制度分两种：一是上级对下级监督，主要是审核案件，解决疑难问题；二是群众监督，指司法机关向同级参议会报告工作，听取意见，执行参议会决议案
马锡五审判方式	马锡五审判方式是把群众路线的工作方法创造性地运用到审判工作中去的司法民主的崭新形式，也是从一系列司法案件中总结归纳出的经验成果 马锡五审判方式的特点：（1）深入农村调查研究，实事求是了解案情。（2）依靠群众，教育群众，尊重群众意见。（3）方便群众诉讼；手续简便、不拘形式。 马锡五审判方式的产生和意义：延安整风运动为马锡五审判方式的产生奠定了思想基础，群众智慧是其产生的源泉。这一方式是在巡回审判基础上成长起来的，成为陕甘宁边区司法工作的一面旗帜 【背诵口诀】马锡五审判方式的特点：方便群众做调研
人民调解制度	1. 调解的原则：（1）调解须双方自愿。不得强迫命令或威胁。（2）调解须遵守法律与政策法令，照顾民间善良习俗。（3）调解不是诉讼必经程序 2. 调解范围：（1）民事纠纷（除法律另有规定外）。（2）轻微刑事案件（社会危险性较大的刑事案件不属调解范围） 3. 调解方式：（1）民间调解。（2）群众团体调解，如专设调解委员会。（3）政府调解，即在基层政权组织下调解纠纷。（4）司法调解，这是司法机关处理案件的形式之一。达成的调解协议对双方有强制效力，须无条件执行 4. 调解处理方式：一般有赔礼道歉、认错、赔偿损失或抚慰金以及其他善良习惯 5. 调解和解书：一般包括双方争执的简要事由，调解的方式，和解的原则，以及调解人姓名、签字、盖章等。调解和解书对促成和巩固调解成果有重要作用 6. 调解纪律：主要规定调解人须奉公守法，不受贿舞弊，尊重当事人人权，不乱打乱罚等。目的在于保证公正，取得民众信赖，维护调解声誉 7. 调解意义：调解制度为解放战争时期和新中国人民调解工作提供了丰富的经验，是人民司法的一大特色和补充

（三）解放区人民司法制度的建立

人民法院与人民法庭	1. 人民法院：各解放区均设立了大行政区、省、县三级司法机关，一律改称人民法院，沿用抗战时期各项司法制度 2. 人民法庭：人民法庭不同于地方法院，是县以下基层农会以贫、雇农为骨干并有政府代表参加的群众性临时审判机关，专门审判一切违抗、破坏土地法的案件
实施新的法制原则	1. 实行人民民主法制原则 （1）严禁乱打乱杀、使用肉刑 （2）坚持有反必肃有错必纠的方针 （3）简化诉讼手续，执行群众路线的审判方式 （4）放宽上诉制度，一般刑事案件上诉期为 7 至 10 天，民事案件则为 20 天 （5）严格案件复核制度，由过去的两级终审制普遍改为三级终审制 2. 废除《六法全书》 1949 年 2 月 22 日中共中央委员会发布《中共中央关于废除国民党的六法全书与确定解放区的司法原则的指示》。其要点是： （1）指出国民党政府法律的反动实质，即“只能是保护地主与买办官僚资产阶级反动统治的工具，是镇压与束缚广大人民群众的武器” （2）宣布“国民党的六法全书应该废除，人民的司法工作不能再以国民党的六法全书为依据” （3）确定人民司法机关的办事原则是：有纲领、法律、命令、条例、决议规定者，从规定；无规定者，从新民主主义的政策。人民法院以此来审理各种案件 （4）要求各司法机关人员学习和掌握马列主义、毛泽东思想的国家观法律观及新民主主义的政策、纲领、法律、命令、条例、决议；以此教育和改造司法干部 1949 年 4 月 1 日华北人民政府又发布《废除国民党的六法全书及一切反动法律的训令》，进一步强调指出要“彻底地”“全部地”废除以国民党《六法全书》为代表的“一切”反动法律；命令“各级人民政府的司法审判，不得再援引其条文” 中共中央的指示是从政治上宣告伪宪法伪法统的灭亡；华北人民政府训令是代表各解放区人民政府，并代行国家最高政权机关的职权从法律上宣布终止国民党政府一切反动法律的效力

【经典题目】

解放前某地有某女甲，其父大甲为其与大乙之子乙包办婚姻。之后大甲为多要聘礼，解除婚约并把甲另许他人，大乙得知后便强抢甲回家，两家产生纠纷。马锡五亲自赴当地调查，并询问甲乙对婚姻的意见，最终确认婚姻有效，撤销错误判决，并对大甲大乙作相应处罚。关于本案体现的马锡五审判法的特点，下列哪一选项是错误的？（2023 年考生回忆版）

A. 就地解决问题　　B. 注重调解优先

C. 方便群众诉讼　　D. 注重调查研究

解析要点：

马锡五亲自赴当地调查，并询问甲乙对婚姻的意见，最终确认婚姻有效，撤销错误判决，体现了方便群众诉讼，注重调查研究，就地解决问题。因此，ACD 项正确。本案中没有体现马锡五对案件进行调解，同时，调解优先并非马锡五审判法的特点。B 项错误。

综上所述，本题答案是 B 项。

【答案】B